파트너십 과세제도의 이론과 논점

김석환 지음

경인문화사

파트너십 과세제도의
이론과 논점

서 문

이 책은 저자가 2010년 8월 발표한 서울대학교 법학박사 학위논문을 일부 수정한 것이다.

우리나라는 논란 끝에 2009년부터 미국 파트너십 과세제도를 매우 단순화시킨 꼴의 동업기업과세제도를 시행하였고, 이에 따라 최근 이 제도에 대한 연구와 관심이 커지고 있다.

오랜 과세실무 경험을 바탕으로 精緻한 법령구조를 갖춘 미국 파트너십 과세제도는 소득세와 법인세를 연결하는 고리로서 법인과세에 버금가는 중요한 사업체 과세의 역할을 담당하고 있다. 파트너십 과세제도는 회사를 포함한 사업체의 소득이란 결국 구성원의 소득을 계산하기 위한 하나의 매개체 노릇을 한다는 관념을 그 출발점으로 삼고 있다. 그 결과 사업체를 그저 구성원의 소득을 재는 단위로 삼아 이를 구성원에게 그대로 투과시키는 투시과세 방식이 사업형태의 선택에 중립적이면서 담세력에 따른 공평과세를 실현하는데 보다 이상적인 과세형태로 평가된다. 이 점에서 법인과세와는 별도로 파트너십 과세제도의 독자적 존재의의가 인정된다고 하겠다.

하지만 사업체의 소득과 조세특성을 구성원에게 모두 투과시키는 것은 현실 세제에서 도저히 받아들이기 어려운 기술적 한계에 봉착하게 된다. 이로 인해 오늘날 미국 파트너십 과세제도는 집합론적 접근뿐만 아니라 실체론적 접근이 광범위하게 퍼져 있으며, 이는 이 제도를 극도로 복잡하게 만드는 원인으로 지적된다. 그럼에도 불구하고 우리나라가 미국의 제도를 본 떠 동업기업과세제도를 도입한 배경에는 법인과세만으로는 달성할 수 없는 이 제도만의 뚜렷한 정책적 매력이 있기 때문이리라.

이 연구는 이러한 문제의식을 바탕으로, 파트너십 과세제도와 같은 투시과세 제도가 어떻게 만들어졌고 무엇을 지향하는지 그리고 그 운영원리는 무엇인지를 역사적 맥락에서 고찰한 다음, 미국, 일본 및 우리나라에서 오늘날 이 제도가 실제로 어떻게 운용되고 있는지를 비교법적으로 검토한다. 이를 통해 아직은 생소한 투시과세제도에 대한 인식의 지평을 넓히고 새로 도입한 동업기업과세제도의 틀을 개선하는데 필요한 입법론적 대안을 모색하는데 그 목적이 있다. 새로운 제도가 본연의 역할을 수행하는데 이 연구가 조금이나마 도움이 되기를 기대해 본다.

이 책이 나오기까지 많은 분들의 도움이 있었다. 세법 연구의 매력을 깨우쳐 주시고 연구의 방향과 틀을 제시해 주신 이창희 교수님을 비롯하여 논문심사를 맡아주신 박준 교수님, 송옥렬 교수님, 윤지현 교수님, 이재호 교수님의 소중한 가르침을 잊을 수 없다. 저자의 논문이 출간되도록 배려해 주신 서울대 법학연구소 소장 윤진수 교수님을 비롯한 관계자들과, 정성껏 좋은 책을 만들어주신 경인문화사 여러분께 감사드린다. 곁에서 항상 인내하면서 용기를 주는 사랑하는 아내와 재유, 민영이, 그리고 양가의 부모님께도 감사드린다. 여러 현실적 不利를 감수하면서 힘든 세법공부를 기꺼이 마다 않는 조세법 수강생들의 노고를 격려하며, 모두 훌륭한 법률가로 성장하기를 간절히 소망한다.

2010년 11월 5일
춘천 연구실에서
김 석 환

<문헌 인용방법>

이 책 각주의 문헌 인용은 아래와 같이 하기로 한다.

1. 해당 문헌이 국내문헌인 경우에는 한글로, 일본문헌인 경우에는 한자 및 일본어로, 미국문헌인 경우 영어로 각각 표기하며, 표기방법은 각 나라의 일반적인 용례에 따른다.
2. 각주 번호는 각 장의 각 절 별로 새로 번호를 시작하기로 한다. 해당 절 내에서 이미 인용된 문헌을 재차 인용하는 경우 국내문헌은 "앞의 글(주50)"(논문의 경우) 또는 "앞의 책(주50)"(저서의 경우), 일본 문헌의 경우 "前掲論文(주50)"(논문의 경우) 또는 "前掲書(주50)"(저서의 경우), 미국 문헌의 경우 "*supra* note 50"(논문과 저서 구별없이)의 방식으로 표시한다.
3. 앞의 장 절에서 이미 인용된 문헌이 다시 등장하는 경우 이 문헌을 처음 인용하는 각주에서 저자명 뒤에 "(이 책 123쪽·주50)"의 방식으로 표시한 다음 해당 절 내에서는 위 2.의 방식에 따른다.

제 1장

서 론

제1절 연구의 동기와 목적

학계와 실무계의 오랜 논란과 검토 끝에 미국 세법상의 파트너십 과세제도(Subchapter K)를 본 뜬 동업기업 과세제도가 2007년 말 조세특례제한법에 전격적으로 도입되어 2009년부터 시행에 들어갔다.[1] 이 제도는 복잡하기 짝이 없는 미국의 파트너십 과세제도를 매우 단순화된 형태로 수용한 것이지만, 그 동안 개인에 대한 소득세 및 법인에 대한 법인세의 이분화된 소득과세 체계에 새로운 형태의 투시과세(透視課稅, pass-through taxation) 방식이 더해짐에 따라 우리나라의 소득과세 체계상의 근본적인 변화의 첫 걸음을 떼었다는 점에서 그 의의가 매우 크다. 이에 따라 새로운 과세방식의 적용범위 및 그 운용방식에 관하여 앞으로도 지속적인 연구와 토론이 활발해지고 입법상의 수정·보완이 지속될 것으로 전망된다.

한편, 최초 도입된 동업기업 과세제도의 주요 골자는 i) 기존에 소득세법상 공동사업장 과세를 적용받던 민법상의 조합과 상법상 익명조합뿐만 아니라 법인세법의 적용을 받던 합명회사, 합자회사 및 일부 유한회사를 대상으로 동업기업 과세 적용의 선택권을 부여한 점, ii) 동업기업으로의 재산출자에 따른 과세이연이나 일부양도설에 따른 자기지분 해당분의 양도배제를 허용하지 않은 점, iii) 당사자간 약정에 따른 단일의 손익배분비율만 인정하고 있는 점, iv) 미국 연방세법[2]상의 outside basis에 해당하는 지분가액(持分價額) 제도를 도입하여 동업자의 지분가액을 한도로 결손금의 배분(配分, allocation)을 제한하는 한편, 이를 초과하는 결손금은 5년에 한해 이월을 허용하고

---

1) 조세특례제한법 제10절의 3 제100조의14 내지 제100조의22.
2) Internal Revenue Code, 이하 이 책에서 "IRC"라고 부르기로 한다.

있는 점, v) 지분가액 제도와 함께 도입이 검토되었던 자본계정(資本計定, capital account) 제도를 도입하지 않은 점, vi) 일정한 요건 하에 동업자와 동업기업간의 거래를 제3자간의 독립적인 거래로 인정하고 있는 점, vii) 지분양도에 대해 미국과 마찬가지로 실체적 입장을 좇아 개인 동업자의 경우 양도소득세를, 법인 동업자의 경우 각 사업연도 소득으로 과세키로 한 점, 및 viii) 동업기업 자산의 분배(分配, distribution)에 대해서는 지분가액 한도 내에서는 과세계기로 보지 않되 분배자산의 장부가가 아닌 시가를 기준으로 지분가액과 비교함으로써 분배를 동업기업 단계에서 발생한 미실현손익의 인식계기로 파악한다는 점 등이다.

하지만 도입단계에서 가장 큰 논란이 되었던 현물출자에 대한 과세이연(課稅移延)을 불허키로 한 점, 약정에 의한 다양한 손익배분비율을 세법상 허용하지 않고 단일의 손익배분비율만을 인정하고 있는 점, 동업기업 부채의 증감에 따른 지분가액 조정제도를 두지 않는 점 및 동업자들간의 조세회피 행위의 판단기준으로 동업자들의 경제적 실질에 기초한 자본계정 제도를 도입하지 않는 등 유연한 사업체 형성을 세제가 지원하고자 하는 동업기업 과세제도의 도입취지[3])를 무색하게 하는 매우 취약한 형태의 투시과세의 형태를 띠고 있는 것으로 판단된다. 이러한 입법 내용에 비추어볼 때, 과세체계의 근본 틀을 바꿀 수 있는 동업기업 과세제도라는 새로운 소득과세 형태를 도입하는데 있어 입법자 및 과세당국이 가장 주안점을 두었다고 평가되는 사항은, 기업조직 형태의 다양성과 유연성을 제고하고 사적 자치의 영역을 확대하자는 이 제도 본연의 긍정적 가치를 지지하고 보완하기 보다는 새로운 제도의 시행에 따라 예상되는 각종 조세회피 행위에 대한 규제 및 제도가 복잡해짐에 따라 예견되는 과세행정과 납세순응비용의 증가에 대한 우려가

3) 정부에서 발표한 동업기업 세제도입관련 자료에 따르면, 이 세제의 도입에 따른 효과로서, 사업형태 선택과 전환에서의 조세중립성 제고, 이중과세 해소에 따른 세부담 경감 및 납세편의 및 조세행정의 효율제고를 들고 있다. 기획재정부, "동업기업 과세특례의 이해", 2009.3.9., 2쪽 참조.

보다 크게 작용한 것으로 보인다.

현행 동업기업 과세제도의 이러한 불완전성은 제도시행 초기의 현실적 여건을 고려할 때 불가피한 측면이 있다. 하지만 상법 및 자본시장과 금융투자업에 관한 법률 등에 따른 다양한 형태의 사업 또는 투자기업의 지속적인 증가, 새로운 조직형태를 띤 해외 투자기업과의 역외거래의 증대 및 동업기업 과세제도 운영에 따른 경험의 축적이 진행되어 가는 과정에서 필연적으로 좀 더 유연하고 당사자들의 자율적 선택을 세법이 수용하는 방향으로 동업기업 과세제도가 한층 더 발전해 나갈 것으로 예상된다.

한편, 투시과세제도에 대해 가장 오랜 경험과 비교적 완비된 과세체계를 구축하고 있는 미국의 파트너십 과세제도는 우리나라의 동업기업 과세제도와는 달리 제도의 핵심적 지향점을 조세회피의 방지나 과세행정상의 편의에 두지 않고 다양한 형태의 기업 형성과 그 운영에서의 유연성을 최대한 보장한다는 정책적 목표를 위주로 하면서 이로 인해 파생되는 조세회피나 부당한 세수의 감소를 방지하기 위한 복잡한 남용방지 규정을 두는 형태로 과세의 틀을 짜고 있는 것으로 평가된다.

또한 애초 우리나라의 공동사업장 과세제도와 매우 유사한 형태의 조합과세 방식을 운영하던 일본의 경우 우리나라와 마찬가지로 새로운 투시과세 방식으로 미국의 파트너십 과세제도의 도입을 논의하였으나 결국 이를 전면적으로 도입하는 대신 그 동안의 조합과세 방식을 보완하면서 그 적용범위를 확대하는 방식으로 과세의 틀을 짜 나가고 있는 것으로 평가된다.

이렇듯 투시과세 제도를 둘러싸고 각국이 취하고 있는 상이한 입장은 소득과세의 본질적인 문제로서, 법인격의 유무에 따라 법인과세와 투시과세로 구별하는 입법태도, 사업체의 소득에 대하여 사업체 단계와 그 구성원 단계의 이중과세를 허용하고 있는지 여부, 법인 단계의 소득에 대한 배당성향 및 세제 이외의 요인에 따른 법인 이외의 다양한 사업체의 활용 정도 등에 큰 영향을 받고 있다고 볼 수 있다.

현재 이러한 투시과세제도에 대한 지금까지 국내 연구동향은 미국의 투시과세 제도를 본뜬 동업기업 과세제도 도입 전과 도입 후로 나누어 볼 수 있다. 이 제도의 도입 전에는 주로 소득세법의 공동사업장 과세제도의 입법상 불완전성 및 지나치게 조세회피방지와 세수확보에만 치우친 일부 규정에 대한 문제제기를 비롯하여 소득세제의 본질과 법인격의 의미를 천착하여 법인세의 본질을 규명하면서 전체적인 소득세제의 틀 속에서 공동사업장 과세제도를 새롭게 자리매김해야 한다는 주장 등이 다수 제시되었다. 동업기업 과세제도 도입 후에는 이 제도가 실제로 조세의 중립성 확보에 기여하면서 다양한 사업체의 형성에 기여할 것인지에 대한 비판적 고찰 및 적용범위, 출자, 손익배분 등 새로운 제도의 각 항목별로 이 제도의 모델인 미국의 파트너십 과세제도와 비교분석한 연구가 다수 제시되었다. 하지만 미국식 투시과세 제도가 형성된 역사적 배경, 이론적 기초, 정책적 목표 및 운영원리를 바탕으로 우리나라가 새로 도입한 제도의 내용에 대한 평가와 분석 및 향후의 입법적 지향점을 종합적으로 검토한 연구는 부족한 상태이며, 이 책은 이러한 문제의식에서 출발하였다.

이런 점들을 염두에 두고, 이 책이 주목적으로 삼는 바는 미국, 일본 및 우리나라가 오늘날 서로 다른 형태의 투시과세 제도를 가지게 된 배경을 소득세제의 형성과정이라는 역사적 맥락에서 고찰하고, 역사라는 큰 틀 안에서 현행법 해석론상의 문제점을 법령의 조문 하나하나마다 분석하는 것이다. 이 작업은 당연히 동업기업 과세제도에 관한 국내외 법해석론의 기존성과를 이해하는 것에서 시작한다. 동업기업 과세제도 전체를 포괄적으로 분석한다는 이 책의 성격상 글 전체의 논지를 한 마디로 요약하기는 어렵다. 그럼에도 불구하고 글 전체를 이끄는 큰 틀을 무리하게 몇 가지로 줄여보자면, 우선 동업기업 과세는 사업체가 아니라 출자자를 바로 과세한다는 투시과세라는 본질적 속성 때문에 동업기업을 사단이 아니라 출자자의 집합일 뿐이라고 보는 이른바 집합적 접근을 요체로 할 수밖에 없다는 것이다. 그러나 이런 집합적 접근을 현실세제에 완벽히 투영시키는 것은 불가능하다. 제도가 너무 복잡해져서 도저히 실행할 수 없는 비현실적 제도가 되고 말기 때문이다. 이 때문에 현실세제의 동업기업 과세는 집합적 접근과 동시에 사업체를 마치 하나의 과세단위처럼 취급하는 실체적 접근이라는 모순적 속성을 함께 가질 수밖에 없다. 이런 모순이 생길 수밖에 없는 사정을 현행법 해석상의 각 논점마다 하나하나 살피고, 그 모순의 타협 속에서 생긴 현행법이라는 해답을 각 논점마다 하나하나 분석평가하고 과연 그 답이 정답인가를 입법론적 시각에서 분석해보는 것이 이 책의 과제이다.

투시과세와 더불어 이 글을 이끌어가는 또 다른 주제는 동업기업을 포함하여 일반론으로 기업과세에서는 사업체의 설립이나 해산·청산 기타 기업구조의 변경이 경제적 실질에 별 변화가 없는 그저 단순한 법률적 껍질의 변화일 뿐이라면, 그런 변경은 세금부담 없이 가능해야 한다는 생각이다. 이런 과세이연 제도는 동결효과를 피하기 위한 것으로 투시과세와는 다른 별개의 이념이다. 동업기업 과세는 투시과세와 과세이연이라는 두 가지 원칙이 서로 교착하고, 다시 이런 교착은 제도의 단순화라는 현실적 필요의 제약 하에 있다. 이런 여러 가지 이념과 제약이 현실법제 속에 어떻게 투영되는가, 이런 시각에서 현행법 해석론을 분석하고 나아가 입법론적 대안을 모색해 보는 것이 이 글의 과제이다.

이런 시각에서 이 책은 투시과세의 주요 항목별로 우리나라의 동업기업 과세제도가 모델로 삼고 있고 현 시점에서 가장 유연하면서도 완비된 투시과세 체계를 갖추고 있는 미국의 파트너십 과세제도의 구체적인 내용을 출발점으로 해서 일본의 입법태도와 판례 및 학계의 논의를 살펴본 다음 우리나라의 제도상의 문제점과 개선방안을 비교법적으로 검토해 보기로 한다. 이를 통해 개인에 대한 소득과세와 법인 등에 대한 법인과세에 더하여 경제활동의 국제화 및 사업형태의 다양화·복잡화 추세에 따라 새로운 과세형태로서 그 중요성이 날로 증가해 가고 있는 투시과세 제도에 대한 이해의 폭을 넓히고 우리나라 세제상의 문제점과 개선방안을 찾는데 도움을 주고자 한다.

제2절 연구의 범위와 방법

이 책의 제2장에서는 우리나라 동업기업 과세제도의 모델이라고 할 수 있는 미국의 파트너십 과세제도가 형성되고 발전되어 온 과정을 살펴봄으로써 소득세제의 발생 초기부터 법인과세와 함께 투시과세 제도가 형성·발전되어 온 과정을 역사적 맥락에서 고찰해 본다. 또한 투시과세제도의 典範이라 할 수 있는 이러한 미국의 파트너십 과세제도의 기본적인 운용원리와 함께 이러한 제도의 형성에 가장 큰 영향을 미친 이론적 논의로서 실체적 접근방식과 집합적 접근방식의 대립 및 과세이연 제도가 현실의 세계에서 어떻게 상호작용하면서 조화하고 있는지를 살펴보고자 한다. 이와 함께 미국의 파트너십 과세제도의 도입 여부와 관련하여 우리나라와 유사한 역사적 과정을 겪어 왔으면서도 오늘날 서로 다른 입법태도를 보이고 있는 일본의 조합과세 제도의 현황과 전망을 살펴보고, 우리나라의 소득과세 체계에 새로 도입한 동업기업 과세제도가 어떤 역할과 의미를 가지는지를 주요 연구대상으로 한다. 이를 통하여 투시과세 제도가 단지 소득세제 또는 법인세제의 조그마한 모퉁이를 차지하는 것에 그치지 않고, 법인세제와 함께 사업체에 대한 소득과세의 한 축을 담당하면서, 개인에 대한 소득세와 회사(또는 법인)에 대한 법인세만으로 달성할 수 없는 영역에 대한 과세체계를 제공함으로써 소득세제의 전체적인 틀을 완성하는데 필수적인 과세방식임을 논증하고자 한다.

이 책의 본론에 해당하는 제3장에서는 투시과세제도의 주요 쟁점들에 대하여 투시과세의 적용범위, 설립에 따른 과세이연 허용 여부, 노무출자에 대한 과세상 취급, 파트너십 운영상의 소위 "특별배분(special allocation)"의 허용 여부, 파트너십 부채의 처리문제, 파트너와 파트너십 간의 거래, 지분의 양도 및 분배에 따른 과세문제 등에 대하여 그 전범으로서 역할을 하는 미국의 제도를 살펴본 다음 이를 바탕으로 일본 및 우리나라 제도의 내용과 문제점을 살펴보고 현 시점에서의 나름대로의 입법적 대안을 제시해 보고자 한다.

마지막으로 제4장에서는 앞에서 살펴본 현황과 문제점을 요약하고 연구한 내용을 종합적으로 검토함으로써 결론을 제시하고자 한다.

이 책의 연구범위와 관련하여 몇 가지 지적해 둔다.

먼저 이 책은 우리나라가 미국의 파트너십 과세제도를 본 뜬 동업기업 과세제도를 이미 도입하여 시행에 들어간 상황임을 고려하여 미국의 Subchapter K와 같은 완비된 형태의 투시과세 제도를 도입하는 것이 타당한지 여부에 대한 검토는 생략키로 한다. 그 대신, 기왕 도입한 동업기업 과세제도를 위주로 하여 투시과세 제도가 가장 발달한 미국 및 오랫동안 우리나라와 유사한 조합과세 제도를 운용해 왔던 일본의 제도와의 비교를 통해 그 문제점을 짚어보고 우리나라 현실에 맞는 바람직한 방향을 모색해보는데 주안점을 두었다.

또한 대부분의 과세상의 쟁점에 대한 연구에서와 마찬가지로 투시과세 제도에 대한 연구에서도 국제조세적인 측면 및 금융투자상품의 매개체로서의 역할이 갈수록 중요해지며, 우리나라와 일본 등에서 이러한 투시과세 제도가 현실적인 문제로 대두된 계기 또한 투시과세 대상 사업체의 국제적 사업활동, 특히 해외 펀드활동의 증가에 기인한 바가 크다. 그럼에도 불구하고 이 책은 단일의 과세관할권 내에서의 투시과세 사업체의 생성·운영·소멸에 따른 과세문제만을 그 대상으로 하며, 이와 관련된 국제조세상의 쟁점 및 신종금융상품에서의 과세상의 문제에 대한 연구는 후속 연구과제로 미루기로 한다. 다만 본 논문의 연구는 이러한 국제조세 및 투자 펀드에 대한 연구를 위한 하나의 전제가 될 수 있으리라 본다.

이 책의 연구방법은 기본적으로 비교법적 분석이다. 이런 비교법적 연구의 주된 대상은 미국의 파트너십 과세제도이다. 그 이유는 미국의 Subchapter K가 과세이연을 폭넓게 허용하면서 집합적 접근방식과 실체적 접근방식을 적절히 혼용함으로써 입법형식이나 논리구조에서 비교할 수 없을 정도로 완비된 과세형태를 구축하고 있기 때문이기도 하지만 우리나라가 새로 도입한 동업기업과세제도의 직접적인 모델인 점도 고려하였다. 또한 투시과세 분야에서 세법 특유의 논리나 과세체계를 구축하지 않은 채 조합에 대한 민사법상의 성질에 따라 과세효과를 줌으로써 결국은 집합적 접근을 충실히 따르고 있는 것으로 평가되는 일본의 조합과세를 함께 검토한다. 일본 제도에 대한 검토의 실익은 결국 집합적 접근방식을 일관할 경우 투시과세가 어떤 모습을 띠는지를 파악할 수 있다는 점과 이로 인한 세제 운용상의 문제점을 함께 파악할 수 있다는 점이다.

제3절 용어의 정리

이 책에서 사용하는 용어는 해당 부분에서 달리 특별히 정함이 없으면 다음과 같이 정의하기로 한다.

"사업체"(enterprise)란 일정한 사업을 수행하기 위해 설립한 일체의 조직형태를 의미하며, 여기에는 개인기업(sole proprietorship), 조합(partnership), 각종 형식의 회사(corporation) 또는 법인 및 신탁이나 비법인 사단 등을 모두 포함하는 개념으로 사용하기로 한다.

"투시과세"란 미국의 pass-through taxation을 일컫는 말로서, 사업체 단계와 그 구성원 단계에 대한 이중적 과세구조를 취하지 않고 사업체와 그 구성원간의 금전 등의 현실적 수수와 무관하게 사업체 단계의 손익 및 각종 조세특성을 그 사업체를 구성하는 구성원들에게 그대로 통과시키는 방법으로 사업체를 독자적인 과세대상으로 삼지 않고 직접 그 구성원들에게 과세하는 방식을 말한다. 이와 관련, 사업체 단계의 과세를 원칙으로 하면서 그 구성원에 대한 배당 등의 분배를 사업체의 손금에 산입하는 배당손금산입방식[1]은 그 실질에 있어서 투시과세와 유사하지만 일단 사업체를 과세대상으로 삼고 있으므로 투시과세의 범위에서 제외키로 한다.[2] 이러한 투시과세에 해

---

1) 일본의 다수 학자들은 이를 "pay-through"라 칭한다. 增井良啓, "多様な事業組織をめぐる税制上の問題点", フィナンシャル·レビュ- 69号(2003), 98頁 참조.

2) 종래 일본에서 자주 사용하던 "도관과세(conduit taxation)"란 말도 이러한 투시과세와 같은 의미로 파악한다. 일본의 경우 논자에 따라 위의 pay-through를 투시과세의 개념에 포함할 것인지 여부를 기준으로 도관과세와 투시과세를 구분하자는 주장도 있으나(長谷部啓, "パス·スルー課税のあり方 - 組合事業における組合

당하는 과세방식은 ①미국의 각종 파트너십, S Corporation, 유한책임회사(Limited Liability Company－이하 "LLC"라 함) 등 미국세법의 Subchapters K 및 S가 적용되는 과세방식,[3] ②일본의 임의조합, 익명조합, 유한책임사업조합, 투자사업유한책임조합 등(이하 이 책에서 "임의조합 등"이라 함)에 대한 과세방식 및 ③우리나라의 소득세법 제87조에 따른 공동사업장 및 조세특례제한법에 따라 신설된 동업기업에 대한 과세방식을 포함한다.

"**법인과세**"(entity taxation)란 사업체에 대한 과세방식에 있어서 위의 투시과세에 대한 상대적 의미를 지니는 것으로서, 사업체를 그 구성원으로부터 독립된 납세의무자로 파악하여 과세의 대상으로 삼는 과세방식을 말한다. 우리나라와 일본의 법인과세와 미국의 C Corporation[4]에 대한 과세를 포함한다.

미국의 각종 파트너십에 대하여, 무한책임파트너(General Partner)와 유한책임파트너(Limited Partner)로 구성된 Limited Partnership은 "**유한파트너십**"으로, 무한책임파트너만으로 구성된 General Partnership은 "**무한파트너십**"으로, 유한책임파트너만으로 구성된 Limited Liability Partnership은 "**유한책임파**

員の課稅關係とその諸問題", 稅大論叢 56号(2007.7.) 136頁 참조) 굳이 그럴만한 실익이 있어 보이지 않는다. 同旨, 增井良啓, 前揭論文(주1), 96頁.

3) 미국의 투시과세는 파트너십의 경우 Subchapter K가, 소규모 폐쇄회사인 S Corporation에는 Subchapter S가 적용되며, 연방세법의 목적상 LLC는 파트너십으로 취급된다(Rev. Rul. 88-76). 이 중 Subchapter S(IRC §§1361-1379)는 회사의 부채로 인해 주주의 지분가액(주식가액)이 변동하지 않는(IRC §1367) 등 회사로서의 특징에 기인한 몇 가지 차이점이 있지만 그 규정이 매우 간단하고 대부분 Subchapter K의 규정이 준용되고 있으므로 이 책에서는 Subchapter S는 별도로 다루지 않는다. Subchapter K와 S를 비교한 국내 연구로는 황인경, "인적회사의 과세방안", 조세법연구 XI-1호, 한국세법학회(2005) 참조.

4) 미국의 경우 사업체 단계의 과세 여부를 법인격의 유무를 기준으로 따지지 않으므로 엄밀한 의미에서 미국의 C Corporation에 대한 과세는 "회사소득세"로 부르는 것이 적합하지만 우리나라의 일반적 용례를 따라 "法人課稅"에 포함시키기로 한다. 아래 각주 9(23쪽) 참조.

트너십"으로 부르기로 한다.

이러한 투시과세의 적용대상으로서, 각국의 제도를 논의할 때는 그 나라의 용어로서 "**파트너-파트너십**", "**조합원-조합**"("**영업자/익명조합원-익명조합**"), "**동업자-동업기업**"("**공동사업자-공동사업장**") 등의 용어를 그대로 사용키로 한다. 이렇듯 각국의 개별적 제도가 아닌 투시과세 일반에 대한 논의에 있어서는 대표적으로 "**파트너-파트너십**"의 용어를 사용키로 한다.

"**배분**"(allocation)이란 투시과세 대상인 사업체 단계에서 발생한 손익 및 각종 조세특성을 금전 등의 현실적인 수수와 무관하게 각 구성원에게 세무상 귀속시키는 것을 의미하며, "**분배**"(distribution)란 이러한 세무상 귀속과 무관하게 사업체의 자산을 그 구성원에게 현실적으로 이전하는 것을 의미한다. 구성원들간의 배분의 비율은 "손익배분비율"이라 한다.[5] 다만, 우리나라의 "배분"에 해당하는 말로 일본은 "配賦"라는 말을 쓰며, 우리나라의 "손익배분비율"은 일본에서는 여전히 민법의 용어를 그대로 차용하여 "손익분배비율"이라 하는데, 이 책에서도 일본의 제도를 논하는데 있어서 일본의 용례를 그대로 쓰기로 한다. 또한 우리나라와 일본의 민법의 조합에 관한 규정에서는 종래로부터 "손익분배의 비율"이라는 용례를 사용하고 있고[6] 이를 따라서 소득세법상 공동사업장 과세 규정에서도 "**손익분배비율**"이라는 용어를 그대로 사용하고 있으나,[7] 이 때 손익의 "분배"란 동업기업 과세 하에서의 "**배분**"과 "**분배**"의 개념분화가 있기 전에 양자를 모두 아우르는 개념으로 이해하는 것이 타당하므로[8] 이 책에서는 동업기업 과세제도하에서의 용례에 맞추어 양자를 구별하여 사용하고자 한다.

"과세이연"이란 자산(주로 사업용 유형고정자산)의 양도나 출자가 있는 경

---

5) 조세특례제한법 제100조의14 제3호 및 제8호 및 IRC §701(d) 참조.
6) 민법 제711조 및 日本 民法 第674條
7) 소득세법 제43조 제2항
8) 같은 취지의 주장으로 增井良啓, "組合損益の出資者への歸屬", 税務事例研究 49号(1999), 58-69頁 참조.

우 양도나 출자 전에 발생한 미실현이익에 대해 과세하지 않고 나중에 양수인 또는 출자받은 회사가 처분 또는 감가상각할 때까지 과세를 미루는 일종의 조세특례를 말한다.[9] 이 책의 목적상 미국 연방 세제의 "non-recognition" 또한 과세이연과 같은 의미로 사용한다. 다만 미국 세제상의 non-recognition[10] 원칙은 구체적인 과세이연의 방법에 있어서 우리나라의 기업재조직에서의 과세이연과는 종래 상당한 차이가 있으나 2010년 법인세법 개정을 통해 이러한 차이가 상당히 해소되었고,[11] 양도나 출자로 인해 실현된 과세소득을 영구히 면제하는 것이 아니라 일정기간 과세를 유예한다고 하는 점에서는 동일하므로 양자를 구별하지 않고 같은 뜻으로 사용하고자 한다.

9) 조세특례제한법 제2조 제1항 7호 참조.

10) 대부분의 일본 문헌에서는 이를 "不認識"이라 옮겨 적고 있으나, 영원히 비과세하는 것이 아니라 단지 과세시기를 이연하는데 불과한 것이므로 굳이 옮기자면 "未認識" 정도가 타당하다고 본다.

11) 이 책 제3장 제2절 제II항의 논의 참조.

제 2 장

파트너십 과세제도의 연혁과 기본성격

제1절 개설

사업체는 ①개인기업(Sole Proprietorship), ②법인이나 회사의 꼴이 아닌 공동사업 형태인 조합(Partnership)이나 공동사업체(Joint Venture) 및 ③다양한 형태의 회사(Corporation) 등의 다양한 꼴을 띨 수 있다. 그 중, 회사의 형태는 또 다시 사원의 무한책임 유무를 기준으로 사원의 전부 또는 일부가 무한책임을 지는 인적회사(우리나라의 합명회사와 합자회사)와 사원 전원이 유한책임을 지는 물적회사(우리나라의 유한회사와 주식회사)의 형태로 나눌 수 있다. 한편, 이렇듯 다양한 꼴의 사업체에 대해 어느 범위에서 어떠한 내용으로 독립된 권리의무의 귀속주체로서의 지위, 즉 법인격을 부여할 것인가의 문제는 의제설과 실재설로 대표되는 법인의 본질에 대한 대립되는 주장과 함께 오랫동안 사법 영역에 있어서 큰 논쟁이 되어왔으며, 나라마다 서로 다른 역사적 과정을 거쳐 오늘날 각국은 다양한 형태의 입법구조를 띄고 있다.[1)]

이렇듯 법인의 본질에 대한 사법 영역에서의 논쟁은 법인에 대한 과세의 본질이 무엇인가의 문제와 밀접한 관련을 맺으면서 세법 영역에까지 크게 영향을 미쳐 왔다. 일찍이 독일을 비롯한 대륙법계의 영향 하에 있던 우리나라는 사법 영역에서의 법인실재에 대한 영향을 크게 받았고 일본의 입법태도에 영향을 받아 회사는 법인으로 한다고 규정하고,[2)] 법인은 모두 법인세의 과세대상으로 삼는 입법태도를 오랫동안 유지해 왔다.[3)] 이리하여 우리나

1) 이에 관한 자세한 논의는 이창희, "독일법상의 인적회사와 조합의 과세", 조세학술논집 제19집, 한국국제조세협회(2003) 참조.

2) 상법 제171조

3) 법인세법 제1조 제1항. 다만, 일부 예외적인 경우 법인격이 없더라도 법인세의 과세대상이 될 수 있다. 국세기본법 제13조. 다만 동 국세기본법 제13조에 따라 법인

라는 전통적으로 '자연인'에 대한 소득세와 '법인'에 대한 법인세의 이원적 소득과세 구조를 바탕으로 하면서, 주로 민법상의 조합을 대상으로 소득세법상의 공동사업장 과세제도를 통하여 공동사업장 단계에서 소득금액을 계산한 다음 이를 공동사업자별로 분배하는 매우 단조롭고 초보적인 수준의 투시과세 제도를 운용해 왔다.

한편, 미국의 경우 사업체에 대한 과세체계를 구축하는데 있어서 사법영역에서의 법인의 본질론에 거의 영향을 받지 않고, 기업에 대한 과세행정상의 효율과 조세중립성 확보를 통한 기업설립 및 활동의 유연성을 제고하기 위한 목적으로 개인과 회사에 대한 전통적 이중과세 체계(classical system)와 더불어 투시과세를 특징으로 하는 파트너십 과세제도가 법인세제와 더불어 소득세제의 중요한 한 축을 형성하면서 발전해 왔다. 그 과정에서 사업체를 통해 번 소득임에도 불구하고 사업체를 투시하여 구성원에게 직접 과세하는 구조로 말미암아 필연적으로 집합적 접근과 실체적 접근 간의 이론적 대립이 있어왔고 사업체의 설립과 해산·청산에 따르는 동결효과에 대한 대책으로서 과세이연의 논리가 더해지면서 복잡한 과세구조를 띄게 되었다. 또한 투시과세로 인해 이중과세를 피할 수 있다는 매력이 있음은 물론 기업단계의 가공손실을 이용할 목적의 다양한 조세은신처(tax shelter)를 만들 수 있어 이 세제의 적용을 받는 사업체가 크게 번성하였고 이러한 남용에 대응하기 위한 입법적 대응이 이어지면서 오늘날 이 제도는 나름대로의 독특한 제도 운용원리에 기초하면서 한결 복잡한 과세구조를 형성하고 있다.

한편 미국에서의 국제적 활동이 증가함에 따라 자연스럽게 우리나라나 일본 등에서도 이들 투시과세 대상 사업체에 대한 과세상의 대응 및 국내에서도 이에 상응하는 투시과세 체계의 구축이 논의되기 시작하였다. 그 결과 우

으로 보는 법인격 없는 단체는 법인세법상 비영리내국법인에 해당되어 일정한 수익사업에서 생기는 각 사업연도 소득과 토지 등의 양도소득에 대해서만 과세된다. 법인세법 제3조.

리나라의 경우 학계와 실무계의 오랜 논란과 검토 끝에 미국의 파트너십 과세제도(Subchapter K)를 본 뜬 동업기업 과세제도를 2007년 말 조세특례제한법에 전격적으로 도입하여 2009년부터 시행에 들어갔다.

이에 본 장에서는 우리나라 동업기업 과세제도의 모델이라고 할 수 있는 미국의 파트너십 과세제도가 형성되고 발전되어 온 과정과 의의를 살펴보고, 이 제도의 운용방식을 둘러싼 이론적 논쟁과 이를 통해 형성된 현행 제도의 주요 운용원리가 무엇인지를 고찰해보고자 한다. 그런 다음 이 제도의 도입 여부와 관련 우리나라와 유사한 역사적 궤적을 밟아 왔으면서도 사뭇 다른 입법태도를 보이고 있는 일본의 조합과세제도의 현황과 전망을 살펴본 다음, 우리나라의 소득과세 체계에 새로 도입한 동업기업 과세제도가 어떤 역할과 의미를 가지는지를 살펴보고자 한다.

제2절 미국 파트너십 과세제도의 연혁과 기본원리

I. 미국 파트너십 과세제도의 입법연혁

1. 1954년 Subchapter K 제정 전

미국에서 오늘날과 같은 모습의 투시과세 체계가 입법된 것은 1954년 IRC 개정에서 비롯된다. 하지만, 미국에서 소득세제의 탄생과정[1]에서 사업체에 대한 과세과정을 되돌아보면 최초의 소득세제인 1862년 소득세법에서 철도회사 및 금융기관이 지급하는 배당과 이자에 대한 원천징수로부터 시작하여[2] 1864년 개정법에서 회사나 파트너십을 불문하고 배당 또는 이자 방식의 지급형태와 무관하게 모든 사업체의 이익에 대해 주주 등 구성원에 대해 직접 과세하는 방식이 채택되었다.[3] 그 후 미대법원은 이렇듯 미분배된 회사의 이익에 대해 주주에게 직접 과세하는 것은 합헌이라고 판단하였다.[4]

남북전쟁의 종전에 따라 미국의 소득세법은 1874년에 폐지되었다가 1894

1) 미국에서 소득세제가 탄생한 배경과 의의 및 오늘날의 세제에 미치는 영향에 대한 글로서, 졸고, "미국 소득세제의 기원에 대한 소고", 조세법연구 XV-2호, 한국세법학회(2009) 참조.

2) Act of July 1, 1862, Ch. 119, §§81-82, 12 Stat. 432, pp.469-70

3) Act of June 30, 1864, Ch. 173, §117, 13 Stat. 223, pp.281-82

4) Collector v. Hubbard, 79 U.S. 1, 18(1870). 물론 이러한 과세방식 및 이에 대한 법원의 태도는 회사법의 정비를 통하여 회사의 독립성과 권리능력 등이 확립되기 전이라는 시대적 상황도 함께 고려할 필요가 있다.

년 다시 제정되었는데, 동 1894년 법에 따르면, 회사를 파트너십과 구별하여 처음으로 독립된 과세의 대상으로 삼아 회사의 순이익에 대해 직접 과세하는 방식을 취하였다.[5] 하지만 1894년 소득세법은 제정 직후부터 미 헌법상의 직접세에 대한 주별 인구비례원칙 위반을 둘러싼 위헌 논쟁에 휩싸이면서 결국 시행 첫 해인 1895년 대법원에 의해 위헌으로 결정되어 제대로 시행에 들어가 보지도 못하고 폐기되었다.[6]

그 이후 소득세제 도입을 위한 16차 헌법개정 운동이 전개되는 도중인 1909년에 헌법개정 및 소득세법 제정에 앞서 "사업수행에 관한 특별한 물품세"의 형태로 오늘날과 같은 모습의 법인세(정확히는 회사소득세)가 제정되었다.[7] 한편, 1909년 법인세는 특징적으로 배당에 대한 손금산입을 허용[8]하는 방식으로 이중과세를 해소하는 장치를 두었는데 이는 법인세를 개인소득세의 선납으로 파악한 결과라고 할 수 있겠다.

1909년 법인세는 1913년의 16차 헌법개정에 따라 제정된 소득세법으로 통합되면서, 미국의 소득세제는 ①개인에 대한 개인소득세, ②회사에 대한 법인세[9]와 더불어 ③파트너십과 같은 회사 외의 사업체에 대해 종래로부터 적용되어 오던 파트너십 과세제도라는 세 가지 과세체계가 상호 보완적인 관계를 형성하면서 발전되어 왔다. 한편, 1909년 법인세에서 인정했던 배당

---

5) Tariff Act of 1894, Ch. 349, §32, 28 Stat. 509, 556

6) Pollock v. Farmer's Loan & Trust Co. 157 US 429(1895). 1894년 소득세법에 대한 위헌결정 및 이를 둘러싼 헌법개정운동의 자세한 내용에 대해서는, Edwin E. Seligman, *The Income Tax: A Study of the History, Theory and Practice of Income Taxation at Home and Abroad*, The MaCmillan Co.(1911) (Kessinger Publishing社에서 재출간)

7) Tariff Act of 1909, Ch. 6, §38, 36 Stat. 11, 112-13

8) *Id*.

9) 미국의 경우 우리나라와 일본처럼 사업체 단계의 과세에 대하여 이를 법인격 유무를 기준으로 개인소득세와 구별하고 있지 않으므로, 엄격히 말하자면 '법인세'라 칭하는 것은 부정확하다. 하지만 비교법적으로 이에 대응되는 우리의 세제가 법인세에 해당한다는 현실을 고려하여 '회사소득세(corporate income tax)'라는 명칭과 함께 이와 같은 의미로 '법인세'라는 명칭을 함께 사용키로 한다.

손금산입 제도는 1913년 소득세제에서 계속 인정되어 오다가[10] 1939년 내국세입법(IRC)[11]의 제정에 따라 폐지된 이후,[12] 오랫동안 회사소득에 대한 전통적인 이중과세 체제를 유지하여 왔다.[13]

2. 1954년 Subchapter K 제정

위에서 살펴본 바와 같이 미국에서 사업체의 소득에 대한 과세는 회사제도의 발전과 궤를 같이 하면서 사업체의 구성원이나 채권자에 대한 과세의 선납이라는 세무행정상의 편의에서 비롯된 원천징수 과세방식에서 출발하여 투시과세 방식을 회사와 파트너십에 공통적으로 적용하는 단계를 거쳐 파트너십에 대한 투시과세와 별도로 '회사'라는 법적 형식을 갖춘 기업 형태에 대하여 회사소득세를 부과하는 이원적 사업체 과세방식으로 발전하여 왔다. 사업체에 대한 이러한 과세방식의 발전은 미국에서 소득세제가 탄생하던 19세기 말~20세기 초의 회사제도의 발달과 밀접한 관련을 맺고 있다. 즉 날로 증가하는 회사에 대한 법인과세를 통해 회사가 벌어들이는 소득에 대한 효율적인 과세체계의 구축을 도모하는 한편, 회사 이외의 다양한 사업체의 설립과 활동의 유연성을 확보하고 이들 사업체의 소득에 대한 사업체 단계와 구성원 단계의 이중과세 해소를 통한 조세중립성을 확보할 목적으로 파트너십 과세제도는 독자적인 존재의의를 가지게 되었다.

---

10) Tariff Act of 1913, ch. 16, 38 Stat. 114, 166-81

11) 1939년 소득세법부터 처음으로 "Internal Revenue Code"의 명칭이 사용되기 시작하였다.

12) Revenue Act of 1939, ch. 690, Pub. L. No. 74-740, 49 Stat. 1648

13) 미국 소득세제에서 회사소득에 대한 이중과세의 기원과 전개과정을 다룬 대표적인 글로, Reuven Avi-Yonah, "The Story of the Separate Corporate Income Tax: A Vehicle for Regulating Corporate Managers", Chapter 1 of *Business Tax Stories*, Foundation Press(2005), pp.11-26; Steven A. Bank, "Corporate Managers, Agency Costs, and the Rise of Double Taxation", 44 Wm. & Mary L. Rev. 167(2002) 참조.

그 후 1930년대의 대공황과 1940년대의 2차 세계대전을 겪으면서 극도로 증가한 개인소득세 누진세율[14] 하에서 회사소득에 대한 이중과세의 문제를 완화하고자 하는 납세의무자의 노력으로 인해 파트너십이 광범위하게 활용되었다. 그러나 1939년 IRC의 파트너십 과세에 관한 규정이 일반 회사에 대한 과세규정에 비해 지나치게 불완전하고 불충분하여 과세상의 예측가능성이 현저히 떨어진다는 비판[15]이 지속되자, 전후 최대의 조세개혁인 1954년 개정 세법에서 회사에 대한 과세체계에 버금가는 파트너십에 대한 과세규정이 IRC의 Subchapter K에 상세히 규정되었으며, 이는 오늘날까지 미국의 파트너십 과세제도의 기본골격을 이루고 있다.[16]

1954년 IRC 개정을 통해 파트너십 과세제도를 정비하면서, 의회는 Subchapter K의 주요한 정책적 목표로서 단순성(simplicity), 유연성(flexibility) 및 파트너들간의 공평(equity)을 천명한 바 있다.[17]

3. Subchapter K의 역할과 존재의의

1954년 Subchapter K의 제정 이후 미국의 파트너십 과세제도는 회사의 소

---

14) 1913년 개인소득세의 최고세율이 6%에 불과하던 것이 대공황과 2차례의 세계대전을 거치면서 2차 대전이 한창이던 1940년대에는 최고세율이 94%에 이르게 되었다.

15) 1939년 IRC의 불완전한 파트너십 규정의 문제점과 새로운 과세체계의 구축 필요성을 주장한 대표적 글로는, Mark Johnson, "Report on the Committee on Taxation of Partnerships to A.B.A. Section of Taxation" (1950). 이 글에서 Johnson은 9개의 간단한 조문으로 구성된 1939년 파트너십 과세규정을 "hopelessly obscure and confused"하다고 비판한 바 있다. Mark P. Gergen, "The Story of Subchapter K: Mark H. Johnson's Quest in Business Tax Stories", *Business Tax Stories*, Steven Bank & Kirk Stark eds., Foundation Press(2005), p.210에서 재인용.

16) 1954년 IRC 개정에 따라 오늘날과 같은 파트너십 과세제도가 도입된 경위에 대한 분석 글로, Mark P. Gergen, *supra* note 15, pp.207-237 참조.

17) H.R.Rep. No. 1337, 83d Cong., 2d Sess. 65(1954) 참조.

득에 대한 이중과세를 씨줄로 해서 개인 및 회사의 소득세율과 장기 주식양도차익에 대한 세율의 변화를 날줄로 삼아[18] 돈 있는 사람들에 의해 실로 다종다기한 형태의 절세수단으로서 그 핵심적 역할을 수행하게 되었으며, 이러한 조세전략에 대응하기 위한 과세당국의 행정입법이 지속되어 왔다. 이에 따라 오늘날 Subchapter K는 비록 정교하게 잘 고안된 과세체계를 구축하고 있음에도 불구하고, "대참화(calamity)에 비견할 만큼 주목할 만한 과세상의 성과"라는 비아냥[19]의 대상이 되는 등 복잡하고 혼란스럽기 짝이 없는 성격으로 말미암아 가장 이해하기 힘든 세제로서 악명이 매우 높다.

하지만, 이렇듯 복잡성과 혼란스러움을 특징으로 하는 미국의 파트너십 과세제도는 완전히 지도 없는 항해는 아니며, 몇 가지 반복되는 기본원칙들의 충분한 숙고를 통해 이해될 수 있고 복잡성과 혼란의 상당부분은 이러한 기본원칙들 간의 상호작용 속에서 충분히 추적 가능하다.

본질적으로 파트너십의 혼합적 성격에서 기인하는 파트너십 과세제도의 복잡성에 대한 비판에도 불구하고 이 제도가 개인소득세제 및 법인세제와 더불어 여전히 소득세제의 한 축을 형성하고 있는 배경은 이 제도를 통하여 달성할 수 있는 기업형태 선택에서의 유연성과 조세 중립성의 확보가 세제의 복잡성에서 비롯되는 부작용을 충분히 상쇄할 수 있다는 정책적 판단이

---

18) 파트너십의 투시과세 방식을 이용한 조세은신처 등 각종 조세회피행위가 극에 달한 시기는 1960년~1970년대인데, 이 기간 동안 개인소득세율은 70%(장기자본이득의 경우 이득의 40%만 과세), 회사소득세율은 46%에 달했던 점에 주목할 필요가 있다. 이러한 高세율 구조는 1990년대에 들어오면서 개인소득세율 39.6%(장기자본이득세율은 20%), 회사소득세율 35%로 변화한 다음, 2003년부터는 개인과 회사의 소득세율이 35%로 같아지고 배당소득과 장기자본이득의 세율도 15%로 낮아지게 되었다. 파트너십에 대한 각종 남용방지 규정과 더불어 이러한 세율의 변화는 절세수단으로서의 파트너십의 활용가치를 현저히 감소시켰다고 볼 수 있겠다.

19) Bittker & Lokken, *Federal Taxation of Income, Estates and Gifts*, WG&L(3d ed. 2001), ¶85.1.1

밑바탕에 깔려 있다고 볼 수 있겠다.[20] 이러한 투시과세 제도의 정책적 취지는 이 책을 관통하는 일관된 지향점이라고 할 수 있겠다.

II. 미국 파트너십 과세제도의 기본적 성격과 의의

1. 파트너십의 혼합적 성격

개인기업과 회사의 중간 형태인 파트너십은 구성원과 별도의 실체로서의 속성을 중요시하는 실체적 성격과 구성원의 집합에 불과하므로 개별적 속성을 중요시하는 집합적 성격이 혼재하고 있다. 이로 인해 파트너십에 대한 과세방식 또한 실체적 접근방식(entity theory)과 집합적 접근방식(aggregate theory)간의 대립과 조화의 연속이라고 볼 수 있다.[21] 이 때 실체적 접근방식이란 파트너와 사업체(파트너십)간의 거래를 정상적 거래에서 행하는 독립된 자들간의 거래와 마찬가지로 분석하는 방식으로, 이 방식에 따르면 "파트너십-파트너-지분"은 곧 "회사-주주-주식"과 마찬가지가 되며, 파트너십은 사실상 0%의 세율이 적용되는 회사로 취급된다. 이에 반해 집합적 접근방식에 따르면 사업체의 독립적 존재는 무시되고 파트너들은 파트너십 손익에 대한 그들의 몫에 대하여 마치 그들이 그 몫을 직접 번 것처럼 매년 인식하게 된다. 이 때 파트너십은 개인기업의 집합처럼 취급되고 각 파트너는 파트너십 자산과 소득에 대한 비례적 몫을 독자적으로 지배하는 것으로 취급된다.

---

20) 오늘날 파트너십 과세제도의 존재의의에 대한 이와 같은 취지의 분석으로, Wiedenbeck & Berger, *Cases and Materials on Partnership Taxation*, West(1989), p.42 참조.

21) 투시과세 제도의 이론적 기초로서의 이와 같은 두 가지 접근방식의 의미와 대립 및 시사점에 대해서는 아래 본 절 제III항의 1.에서 자세히 논한다.

파트너십 과세에 대한 이러한 두 가지 방식간의 혼합적 성격은 단순히 어느 한 관점을 선택함으로써 해결될 수 없다. 완전한 실체적 접근방식은 파트너십 과세의 핵심인 투시적 과세원칙으로부터 명백히 벗어나는 문제가 발생한다. 그렇다고 해서 완전한 집합적 접근방식 또한 비현실적이면서도 불필요하게 복잡할 뿐만 아니라 현실에서 실행이 거의 불가능하다. 그리하여 미국의 세법은 거래의 성격에 따라 이 중 한 가지 분석방법을 선택적으로 적용하여 이 문제에 보다 실용적인 접근을 하고 있으며,[22] 이러한 실체성과 집합성에 대한 논란은 1954년 Subchapter K 제정 당시부터 오늘날에 이르기까지 파트너십 과세제도의 개혁 논의에 있어서 오랫동안 그 핵심적 주제가 되어 왔다.[23]

집합적 접근방식이 투시과세제도의 원리에 충실하다는 이론적 장점이 있고 남용가능성을 억제함으로써 세부담의 공평성을 확보할 수 있다는 이상적 가치를 지님에도 불구하고 여전히 실체적 접근방식에 상당한 양보를 하고 있는 현실은 결국 집합적 접근방식을 관철할 경우 발생할 수 있는 집행상의 부담을 쉽게 감당하기 어렵다는 현실적 한계에서 기인한다고 볼 수 있겠다.

---

22) 이러한 선택적 적용의 구체적 내용은 아래 제3장의 논의를 전개하는 기본 틀이라 할 수 있다.

23) 이 점에 대한 1954년 당시의 논쟁에 대해서는 Mark P. Gergen, *supra* note 15 참조. 또한 그 후 Subchapter K 개혁에 대한 대표적 논의에 대해서는 American Law Institute("ALI"), *Federal Income Tax Project: Subchapter K*(1984) 참조. 이를 개괄하면, 애초 Subchapter K의 입법초안을 기초한 Mark Johnson은 집합적 접근을 기초로 입법안을 제안하였으나 의회 입법과정에서 세무행정상의 어려움과 업계의 반발에 부딪혀 실체적 접근방식에 대폭적인 양보를 할 수밖에 없었으며, 이러한 입법태도로 인하여 파트너십이 조세회피의 수단으로 남용되자 1982년 ALI 연구에서 다시 "완전분할(full fragmentation)" 방식이라는 가장 집합적 접근방식에 가까운 입법제안이 나왔지만 결국 입법의 결실을 맺지 못하였고, 현실의 법제에서 여전히 실체적 접근방식을 압도하지 못하고 있는 상태라고 평가할 수 있다.

2. 유연성

파트너십은 근본적으로 합의에 따른 공동사업체로서 파트너들이 만들고자 하는 대로 다양한 형태를 띨 수 있다. 이러한 유연성은 다양한 합의방식으로 이익분배를 가변화시키는 비전통적인 소유구조를 가진 사업체의 형성과 성장을 촉진시켜 왔으며, 이는 기업형태로서의 파트너십 제도를 두는 가장 큰 의의라고 할 수 있다. 기업형태로서의 파트너십의 이러한 특징에 더하여, Subchapter K는 일반적으로 파트너들의 자발적 합의가 조세효과에 결정적인 요소가 되게 함으로써 파트너십 조직형태의 유연성을 지키고 더욱 촉진하는 역할을 수행한다. 예를 들어, IRC §704(a)는 파트너들이 합의하는 경우 파트너십의 소득, 손실, 경비공제 또는 세액공제의 특별한 항목을 그들의 일반적 손익배분비율과 다른 비율로 파트너들 간에 특별배분(special allocation)하는 것을 허용한다.[24] 따라서 파트너들 간의 합의는 사업자금 조달이나 사업의 운영방식뿐만 아니라 ("실질적인 경제적 효과" 등의 중요한 제한이 있기는 하지만) 조세효과를 결정하기까지 한다.

3. 조세중립성

조세중립성의 원칙이란 가능한 한 사업수행의 조세효과는 기업의 형태와 독립적이어야 한다는 것을 의미한다. 이러한 조세중립성의 원칙은 C Corporation과 주주들에 대해 이중과세를 하고 있는 전통적 조세체제에 의해 가장 크게 벗어나고 있는 반면, 소규모 폐쇄회사인 S Corporation을 C Corporation으로부터 분리하여 파트너십과 조화시키는 입법조치에 의해 가장 잘 실현되고 있는 것으로 평가할 수 있다. 한편 이러한 조세중립성은 파트너

24) 이에 대해서는 아래 제3장 제3절(손익의 배분)에서 자세히 논한다.

십의 혼합적 성격과 빈번히 충돌한다. 대표적인 경우가 파트너십 지분의 양도 및 파트너십 재산의 분배(distribution) 시 과세문제인데,[25] 조세중립성의 측면에서 집합적 접근방식이 요구됨에도 불구하고, 세무행정의 집행상의 어려움으로 인하여 실체적 접근방식이 개입되는 경우 파트너의 조세상 지위는 유사한 입장에 있는 개인사업자의 그것과 크게 달라진다.

4. 남용의 제한

미국의 파트너십 과세제도의 발전과정을 살펴보면, 파트너십을 이용한 다양한 조세은신처[26]를 통제하기 위한 계속되는 입법적 정비과정으로 평가하기에 충분하다. 파트너십을 이용한 이러한 조세상의 남용은 대부분 위에서 살펴본 실체성과 집합성 간의 긴장관계와 기업형태에서의 유연성 제고라는 이 제도 본연의 정책적 취지에서 비롯되는데, 이로 인한 남용을 통제하기 위한 노력은 필연적으로 이러한 특성들간의 적절한 타협을 불가피하게 한다.

이러한 타협의 대표적인 경우로서, 유연성에 따라 일반적으로 인정되는 특별배분에 대한 제한으로서IRC §704(b)에 따라 실질적인 경제적 효과 기준(substantial economic effect)을 설정한 점[27]과 지분양도에 대한 실체적 접근방식에 대한 제한으로서 IRC §751(a)에 따라 파트너십이 보유한 미실현 매출채권, 재고자산 및 감가상각 환입항목(recapture items)에 귀속되는 금액은 자본자산 이외의 재산, 즉 통상소득자산에 대한 대가로 취급되어야 한다고 규정한 점[28] 등을 들 수 있다.

---

25) 이에 대해서는 아래 제3장 제5절(지분의 양도) 및 제6절(분배)에서 자세히 논한다.

26) IRC §6662(d)(2)(C)(iii): ... the **"tax shelter"** means - (I) a partnership or other entity, (II) any investment plan or arrangement, or (III) any other plan or arrangement, if a significant purpose of such partnership, entity, plan, or arrangement is the avoidance or evasion of Federal income tax.

27) 아래 제3장 제3절(손익의 배분)에서 자세히 논한다.

5. 실질과 형식의 대립(Substance versus Form)

파트너십 과세제도를 둘러싼 또 다른 쟁점은 모든 조세영역에서 공통된 질문인데, 즉 납세의무자가 경제적 실질과 상이한 방식으로 거래를 구성할 때 경제적 실질이 조세상의 결과에 결정적 요소가 되어야 하는가 여부이다. 실질의 형식 우위 원칙(substance over form doctrine)은 조세정의의 선결조건으로서 소득세제의 근간이라고 할 수 있다. 이 원칙은 대개 파트너십 세제도 마찬가지로 지배하지만 이에는 몇 가지 명백히 다른 점이 있는데, Subchapter K 영역에서는 납세의무자가 선택한 거래의 형식이 조세효과를 결정하도록 하는 영역이 광범위하게 허용되고 있기 때문이다.

조세상의 결과가 거래의 경제적 실질에 의해 결정된다는 일반적 원칙은 조세회피를 방지하기 위해 분명히 필요하다. 다른 한편으로, 형식이 지배하는 경우는 파트너십 소득의 조세상 취급에 유연성을 불어넣는 것으로 보일 수 있으며, 이러한 경우 납세의무자는 check-the-box 규칙[29]에서와 같이 선택적 조세취급을 스스로 택할 수 있다. 그럼에도 불구하고 형식이 조세효과를 결정하는 그러한 경우들은 행정비용의 절감이나 파트너십 제도의 유연성 제고 등의 취지에서 긍정적인 효과가 있으나, 파트너십에 대한 현재와 같은 조세취급에서의 개념적 취약성(conceptual weakness)을 반영하고 있는 것이며, 세법의 개정과 보완의 일차적 대상이 되고 있다.[30]

---

28) 아래 제3장 제5절(지분의 양도)에서 자세히 논한다.

29) 이에 대해서는 아래 제3장 제1절(투시과세제도의 적용범위) 제II항에서 자세히 논한다.

30) Wiedenbeck & Berger, *supra* note 20, p.45

III. 미국 파트너십 과세제도의 주요 운용원리[31)]

1. 집합적 접근 vs. 실체적 접근

놀라운 일이지만 파트너십 과세의 가장 밑바닥에 있는 기초개념으로서 다음에 살펴볼 내부기준가액(inside basis)과 지분가액(outside basis)의 구별은 기실 파트너십을 파트너의 집합으로 보는 것이 아니라 하나의 독자적 실체로 보는 생각을 전제로 한다. 만일 세법이 각 파트너가 파트너십 재산에 대한 각자의 몫을 직접 소유하는 것으로 취급한다면 각 파트너는 파트너십 재산의 다양한 항목들에서 별개의 기준가액을 가져야 하지만 집합적 접근방식은 파트너십의 존재를 무시하므로 파트너십의 기준가액이나 파트너십 지분에 대한 기준가액이라는 개념이 설 자리가 없다. 이렇듯 내부 및 외부 기준가액은 실체적 접근방식의 결과이지만 미국의 Subchapter K에 따른 파트너십 과세제도는 실체적 성격과 집합적 성격 간의 혼합으로 인해 내부 및 외부기준가액의 관련성은 보유자산에 대한 회사(C Corporation)의 기준가액과 주주들의 주식 기준가액 간의 관련성보다 더욱 밀접하면서도 한층 복잡한 논리구조를 띄게 된다. 이러한 사정에 의해 파트너십 과세에 대한 연구는 내부 및 외부 기준가액 간의 관계에 특별한 주의가 필요하며 이는 미국 Subchapter K로 대표되는 투시과세 제도의 전반적 체계를 이해하는 핵심 요소 중의 하나이다.

사업체의 존재를 투시의 대상으로 삼아 그 구성원을 과세하고자 하는 투시과세의 본질을 현실의 세제에서 철저히 관철시키고자 하는 경우 이는 필

---

31) 본 제III항의 내용 중 2. 및 3.은 졸고, "동업기업 과세제도상의 자본계정을 통한 다양한 손익배분비율 허용 여부에 대한 고찰", 세무학연구 제26권 제4호, 한국세무학회(2009.12.) 245-250쪽을 참조.

연적으로 집합적 접근방식으로 귀결될 수밖에 없다. 그런 측면에서 집합적 접근방식은 투시과세의 본질과 잘 조화될 수 있는 이론적 수월성을 갖춘 것으로 평가할 수 있다. 또한 이러한 관점은 종래부터 영미의 보통법(common law)상 파트너십을 구성원들의 단순한 집합으로 파악한 태도[32]와도 잘 조화한다. 이러한 입장은 미국에서 1954년 Subchapter K 제정 당시 이 작업을 주도한 Mark H. Johnson[33]에 의해 잘 표현되는데, 그는 파트너십 과세제도가 집합적 접근방식을 따라야 하는 핵심적 이유로 공평(equity)과 이론적 일관성(theoretical consistency)을 들었다.[34] 즉, 파트너십을 통해 경제적 이익을 얻거

---

32) Arthur B. Willis, John S. Pennell & Philip F. Postlewaite, *Partnership Taxation*, WG&L(6th ed., 1997 & Supp. 2007), ¶2.04 (3d ed. 1981). 하지만 20세기 이후 회사제도의 발달과 더불어 그 대안으로서 파트너십이 널리 활용되고 있고 이에 따라 파트너십에 적용되는 사법상의 성질에 따르면 오히려 사업체 자체의 독립적 성격이 두드러진다는 비판이 있고, 현 시대에서의 파트너십의 이러한 성격은 실체적 접근방식의 주요 논거가 되고 있다. Philip F. Postlewaite, Thomas E. Dutton & Kurt R. Magette, "A Critique of the ALI's Federal Income Tax Project-Subchapter K: Proposals on the Taxation of Partners", 75 Geo. LJ. 423 (1986) pp.447-450 참조. 미국의 개정모범파트너십법안의 내용을 중심으로 파트너십의 사법상의 성질을 논한 국내의 문헌으로는, 이창희, "미국법상 파트너십 세제의 정책적 시사점", 21세기 한국 상사법학의 과세와 전망(심당 송상현 선생 화갑기념논문집), 박영사(2002) 779쪽 이하 참조.

33) 1954년 Subchapter K 제정에 있어서 당시 NYU 법대 교수였던 Mark H. Johnson의 역할은 지대하였다. 1942년 동료 교수인 Jacob Rabkin과 공동으로 발표한 논문(아래 각주 51)은 미국의 파트너십 세제 개혁의 시발점이 되었고, 37세인 1948년에 ABA Partnership Tax Section의 창립의장을 맡아 Subchapter K 입법 작업을 주도하였다. 그가 주창한 집합적 접근방식은 오늘날까지 Subchapter K 개정을 둘러싼 논쟁의 이론적 자양분을 제공하고 있다. NYU Law Review의 편집자로서 Wall Street 로펌의 기대주였음에도 불구하고 Jewish에 대한 사회적 편견으로 인해 본의 아니게 학자의 길을 걷게 된 것이 오히려 세제발전에 큰 기여를 하게 된 일화로서 자주 회자된다. Subchpater K 제정에 있어서 Mark H. Johnson의 역할과 주장이론에 대해서는, Mark P. Gergen, *supra* note 15 참조.

34) Jacob Rabkin & Mark Johnson, "The Partnership Under the Federal Tax Law", 55 Harv. L. Rev. 909 (1942), footnote 1 참조.

나 경제적 손실을 입는 파트너는 그러한 경제적 실질에 상응하는 조세상의 부담이나 경비공제를 받아야 공평하다는 점이며, 이러한 방법을 통해 법인과세와 구별되어 이론적으로 수미일관한 투시과세 체계를 짤 수 있다고 보았기 때문이다.

그렇다면 이러한 집합적 접근방식을 끝까지 관철시키는 경우 투시과세로서의 파트너십 과세제도는 어떤 모습을 가질까? 이는 결국 사업체로서의 파트너십의 존재를 무시하고 구성원들이 각 파트너십 자산을 직접 소유하고 있는 모습을 띠게 된다. 그 결과 출자(contribution) 또는 분배(distribution)의 경우 특정 자산에 대한 지분비율에 변화가 없다면 아무런 과세효과를 낳지 않게 되며(지분비율에 변화가 있다면 그에 따른 양도차손익을 인식), 파트너십 지분의 양도는 파트너십 자산들에 대한 비례적 몫의 양도로서 양도인은 각 자산별로 분산된(fragmented) 양도차익을 실현하는 한편, 양수인은 각 자산에 대한 별개의 기준가액을 가지게 된다. 또한 파트너십 지분은 파트너십의 각 자산에 대한 파트너의 몫과 구분된 별도의 자산으로 취급되지 않으므로 지분가액과 같은 파트너십 지분에 대한 세무상 기준가액은 불필요하게 된다. 이렇듯 순수한 형태의 집합적 접근방식을 끝까지 일관하면 결국 파트너십 및 파트너에 대한 민사법상의 법률효과가 그대로 과세상의 효과로 연결되어 Subchapter K와 같은 법인과세와 별개의 독립적인 투시과세 제도가 불필요하게 된다. 한편 이 책에서 다루는 일본의 임의조합 등에 대한 과세제도는 논리적으로 따지자면 이러한 집합적 접근방식에 대체로 충실한 것으로 평가할 수 있다.

그러나 위와 같은 집합적 접근방식은 각 거래의 경제적 실질을 기초로 하므로 공평(equity)의 원칙에 부합하고 나름대로 논리적 일관성을 유지할 수 있다는 커다란 장점을 지닌다. 그럼에도 불구하고 현실의 세제에서는 이 방법만으로 일관하기 어려운 여러 가지 제약이 따르는데, 그 중 가장 중요한 요인으로는 일반적으로 불가측성(unpredictability), 복잡성(complexity) 및 과도한 행정비용 및 납세순응비용 등이 거론되고 있다.[35] 만일 파트너십을 파트너와 구분되는 별개의 실체로 사고한다면, 회사와 마찬가지로 사업체 단계의 소득에 대해 과세될 수 있고,[36] 출자(contribution)와 분배(distribution)는 별도의 과세이연 규정이 없다면 과세거래가 되며, 파트너십 지분의 양도는 파트너십 단계의 특성(character)이나 기준가액(basis)과 무관하게 과세될 것이다. 하지만 이러한 과세결과는 기본적인 성격에 있어서 사업체의 존재를 꿰뚫어 보고자 하는(look-through) 투시과세의 본질에서 벗어날 뿐만 아니라 파트너십의 형식을 이용하여 통상손익 vs. 자본손익, 장기자본손익 vs. 단기자본손익 등 손익특성의 전환 및 차입·감가상각을 이용한 조세은신처의 부작용을 낳을 수밖에 없어 과세상의 공평을 달성하는데 필수적인 경제적 실질에 따른 과세에 중대한 탈출구를 제공하게 된다.

이에 미국의 Subchapter K는 제정 시부터 위와 같은 두 가지 관점의 적절한 타협일 수밖에 없었는데, 파트너십 손익에 따른 파트너에 대한 과세, 파트너십 부채에 대한 파트너의 지분가액 조정 및 현물출자와 분배에 따른 손익특성과 보유기간의 승계 등에 대해서는 대체로 집합적 접근방식에 따른 반면, 파트너십의 과세소득의 계산, 지분양도 및 파트너와 파트너십간의 거래 등에 대해서는 실체적 접근방식에 따른 것으로 평가된다.[37] 또한 Subchapter K 제정 이후에도 이러한 두 가지 입장의 대립은 파트너십 세제개혁의 핵심적인 의제로서 지속적인 논쟁의 대상이 되어왔으며[38] 앞으로도

---

35) ALI, *supra* note 23, pp.525-26 참조. 이런 제약들로 인해 집합적 접근방식을 끝까지 관철하는 경우 투시과세 사업체의 이용가능성을 현저히 떨어뜨리게 될 것임은 자명하다.

36) 이 때 사업체 단계와 구성원 단계의 이중과세를 배제하고자 한다면, 일정한 요건 하에서 사업체 단계의 세율을 0으로 정하는 방법을 고려할 수 있다.

37) William S. McKee, William F. Nelson & Robert L. Whitmire, *Federal Taxation of Partnerships and Partners*, WG&L(3rd ed., 1996), ¶1.02[3]

38) Subchapter K가 제정된 이후 이러한 두 가지 관점이 가장 첨예하게 대립된 사례는 ALI가 1984년에 집합적 접근방식에 기초해서 발표한 보고서(위 각주 23) 및 이에

Subchapter K 세제 개혁의 주요 의제가 되리라 예상된다.

투시과세 제도를 설계하는데 있어서 현실적인 제약에 따라 실체적 관점을 부분적으로 수용하는 것은 불가피하다고 할지라도 투시과세로서의 논리적인 체계의 구축 및 사적 자치의 확대와 조세중립성의 확보라는 정책적 지향점을 고려한다면 입법론이나 해석론 모두에 걸쳐 결국은 현실적 여건이 허용하는 한 가급적 집합적 접근방식을 우선시하는 것이 바람직하다고 하겠다. 이 논쟁에 대한 이러한 관점은 미국의 Subchpater K가 제정된 후의 변천과정과도 일맥상통한데, 비록 제정 당시 집합적 접근방식을 강하게 주장하였던 Mark Johnson의 의도와 달리 실제로는 실체적 접근방식에 대폭 양보한 꼴이었으나, 그 이후 여러 과세환경의 변화와 시가평가의 확대와 같은 과세 인프라의 발전과 더불어 오늘날 Subchapter K의 모습은 전반적으로 집합적 접근방식이 실체적 접근방식에 크게 잠식해 들어갔을 뿐만 아니라 앞으로 이러한 추세는 더욱 확대되리라는 평가에서 확인할 수 있다.[39)]

한편, 투시과세를 둘러싼 이러한 이론적 대립이 현실의 법제에서 어떤 의미를 가지는지를 살펴보면, 결국 현행 법규가 양자의 접근방식 가운데 어느

대한 학계 및 실무계의 반발을 들 수 있다. 1984년 ALI 보고서는 일반적이고 포괄적인 제안으로 실체적 접근방식을 따라야 할 정당한 요인이 없다면 원칙적으로 집합적 접근방식에 따를 것을 권고하고 있다. 1984년 ALI 보고서에 대한 대표적인 비판 글로는, Philip F. Postlewaite, et al., *supra* note 32 참조. 1984년 ALI 보고서에도 불구하고 현실의 법제에서 동 보고서의 내용이 그대로 채택되지는 못하였다. 앞의 각주 23 참조.

39) 이와 관련, Mark Gergen 교수는, 1954년 Subchapter K 제정 당시 실체적 접근방식에 대폭 양보해야 했던 Mark Johnson의 집합적 접근방식은 그 이후 지속적으로 현실의 세제에서 그 영역을 넓혀왔고, 특히 그 당시 그가 전혀 예상하지 못했던 속도로 급속히 확산되어 가고 있다고 평가한다. 그 원인으로 Subchpater K 제정 당시만 해도 파트너십을 이용한 가공손실의 활용과 같은 방안을 예상하지 못하였으나, 이러한 남용의 가능성이 확인된 다음에는 Mark Johnson이 주장했던 집합적 접근방식의 확대는 불가피한 선택이 되었음을 지적하고 있다. Mark P. Gergen, *supra* note 15, p.209 참조.

쪽을 취하고 있는지가 불분명한 경우 법원은 어느 관점에서 이에 대한 과세효과를 주어야 할 것인가에 달려있다고 볼 수 있다. 이 점에 있어서 미국의 경우 의회는 1954년 법 제정 당시 IRC §707에 따른 파트너와 파트너십 간의 거래의 취급에 있어서 실체적 접근방식을 취한다는 점을 분명히 하였지만, 나머지 모든 사항들에 대해서는 양자의 관점 중 어느 쪽이 바람직한지에 대하여 어떠한 예단(inference)도 제공할 의도가 없다고 밝힌 바 있다.[40] 이러한 입장은 집합적 접근방식을 일반원칙(catch-all provision)으로 삼자는 1984년 ALI 보고서[41]에도 불구하고 의회가 이에 따른 아무런 입법적 대응을 하지 않은 점에 미루어볼 때 현재까지 유효하다고 할 수 있다. 이러한 현실의 이유는 비교적 분명하다고 볼 수 있는데, 결국 집합적 접근방식의 이론적 수월성이 구체적인 실행가능성 또는 타당성 앞에 타협한 꼴이라 볼 수 있으며, 집합적 접근방식을 일관할 경우 예상되는 집행상의 어려움과 이로 인해 투시과세 사업체의 활용도를 떨어뜨릴 수 있다는 정책적 측면에서의 우려에서 비롯된 것으로 보인다.

투시과세에 대한 두 가지 접근방식의 대립에 대한 위에서와 같은 미국에서의 논의와 평가에 비추어볼 때, 우리에게 시사하는 바는 무엇인가? 현실의 세제에서 집합적 접근방식을 어느 정도 반영할 것인가 하는 점에 대하여 일률적으로 하나의 기준을 설정하는 것은 애초에 가능하지도 않고 무의미하다. 그럼에도 불구하고 입법 및 해석의 지향점으로서 집합적 접근방식의 우월성을 인정하는 토대 위에서 각 나라의 세제의 상황, 세법과 민사법의 해석원칙에 대한 司法전통, 투시과세 사업체의 운용실태와 회계제도의 정비수준 등을 고려하여 그 수준과 폭을 정해나가는 것이 바람직할 것이다.

---

40) H.R. Conf. Rep. No. 2543, 83d Cong., 2nd Sess. 59 (1954) 참조.
41) ALI, *supra* note 23, p.5 참조.

2. 과세이연-실현주의(realization)로의 타협

파트너십 과세제도에 대한 집합적 접근과 실체적 접근 간의 대립과 별개로 파트너십과 같은 각종 투시과세 사업체로의 자산의 이전과 분배(distribution)를 과세의 계기로 삼을 것인가 하는 과세이연의 문제는 조세이론적인 측면뿐만 아니라 조세중립성 제고를 통한 사업체의 설립과 재조직의 활성화라는 산업 및 재정상의 정책적 고려가 개입해 들어와서 세제를 더욱 복잡하게 만들었다. 즉, 이러한 과세이연의 문제는 그 내재적인 속성상 법인과세에서와 마찬가지로 사업체의 설립·조직변경·탈퇴에서 조세부담을 제거함으로써 그 활용가능성을 높이는 긍정적 측면과 세제를 어렵게 만드는 부정적 측면이 혼재되어 있다고 할 수 있으며, 이로 인해 파트너십 과세제도와 같은 투시과세가 한결 복잡한 형태를 띠는데 큰 영향을 미쳤다고 볼 수 있다.

세제가 이러한 과세이연을 과연 허용해야 하는가에 대해서는 이 제도가 기업재조직(reorganization)에 처음 도입되었던 1918년 미국 세법 개정[42] 시부터 숱한 논쟁의 대상이 되어 왔는데, 이를 허용해야 한다는 주장의 주된 논거는 ①단순한 종이상의 거래(mere paper transactions)에 대한 과세경감의 필요성, ②기업의 설립과 인수·합병 등의 조직재편(reorganization)의 촉진 및 ③이를 과세하는 경우 발생하는 평가와 유동성(valuation and liquidity)의 문제를 들 수 있으며,[43] 이는 결국 동결효과의 문제로 귀결된다. 동결효과(lock-in effect)란 실현(realization)을 과세의 계기로 삼는 경우, 투자자가 기존의 투자에 묶이게 된다는 말인데, 기업의 설립에 수반하는 재산의 출자 또는 조직재편을 계기로 실현된 이득을 과세한다면 세금부담 때문에 환경변화에 맞는 법률형태의 형성을 도모할 수 없다는 주장이 그것이다.

---

42) Revenue Act of 1918, Ch. 18 §202(b), 40 Stat. 1057 (1919)

43) Jerome R. Hellerstein, "Mergers, Taxes, and Realism", 71 Harv. L. Rev. 254 (1957), p.276 참조.

미국의 파트너십 과세제도에서도 이러한 과세이연의 논리는 곳곳에서 위력을 발휘하고 있는데, 특히 미실현 내재손익을 가진 자산의 현물출자와 이러한 자산의 분배(distribution)에서 특히 두드러진다. 또한 이러한 과세이연이 허용되는 영역에서는 위에서 살펴본 집합적 접근과 실체적 접근 모두 과세이연의 현실적 필요성 앞에서 그 논리를 굽히게 되는데, 예를 들어 파트너십으로의 현물출자의 경우 집합적 접근을 관철한다면 출자자산에 대한 자기지분 이외의 몫에 대해 양도손익을 인식하고, 실체적 접근을 관철한다면 출자자산 전부에 대해 양도손익을 인식하게 되나, 현행 과세제도는 이러한 출자에 따른 양도손익을 전혀 인식하지 않은 채 취득원가와 보유기간을 승계하는 방법으로 사업체의 형성에 세금이 관여하지 않는 방식을 택하고 있다.

본디 동결효과를 제거하기 위해 사업체의 설립과 재조직 등에 과세이연을 허용하는 방식이 과연 타당한지에 대해서는 여전히 논란이 많으며, 위에서 든 과세이연의 필요성은 여러 가지 이론적 취약성을 드러내고 있다.[44] 그럼에도 불구하고 과세이연 제도가 여전히 오늘날의 소득세제에서 중요한 역할을 담당하는 이유는 현실의 세제에서 경제적 의미의 소득(= Haig-Simons형

---

44) 동결효과의 해결을 위해 과세이연을 허용하는 방식에 대한 대표적인 비판 글로는, Jerome R. Hellerstein, *supra* note 43 및 Stanley S. Surrey, "Income Tax Problems of Corporations and Shareholders: ALI Tax Project - ABA Committee Study on Legislative Revision", 14 Tax. L. Rev. 1 (1958) 참조. Hellerstein의 비판에 따르면, 본문에서 든 과세이연의 논리에 대하여 ①과세이연의 대상이 되는 거래는 단순한 종이상의 거래만을 포함하고 있지 않으며(ex. 동네의 구멍가게 주인이 전국적인 소매유통망을 가진 체인점의 0.00001% 주주가 되는 거래를 생각해 보라), ②이론적 측면 및 실증적 고찰의 결과 기업의 인수·합병이 반드시 경제의 효율을 증가시킨다고 볼 수 없으며, ③경제적 파급효과가 큰 M&A 거래는 대부분 상장회사를 대상으로 하므로 평가와 유동성의 문제가 크지 않다는 점을 지적한 다음, 공화당의 집권시기인 1918년~1924년의 기간 동안 M&A에 대한 광범위한 과세이연 제도를 도입한 것은 1차 대전 직후의 고세율 및 경기침체의 상황에서 인수합병을 통한 기업의 몸집키우기를 위한 산업계의 요구를 정치권(의회)이 무비판적으로 수용한 결과라고 비판하고 있다.

소득) 개념을 끝까지 관철할 수 없고 소비세제의 논리가 실현주의(realization)의 이름으로 소득세제에 깊숙이 침투해 들어와 타협하고 있는 현실을 반영한 결과라고 볼 수 있다.[45] 즉 실현주의란, 자산의 가치가 증가했을 때 이의 실현 여부와 상관없이 소득이 발생했으므로 과세가 가능하다는 주장(accretion-type taxation)과, 소득은 인식되기 전에 실현되어야 할 뿐만 아니라 이러한 실현을 위해서는 재투자 대신 소비되어야 한다는 주장(consumption-type taxation) 간의 타협의 산물이다.[46]

파트너십과 같은 투시과세 사업체는 법인과세의 대상인 회사보다 사업체의 독립성 또는 실체성이 훨씬 약한 반면 사업체 구성원이 자기 사업을 계속한다는 집합적 성격이 더욱 두드러지므로 위에서와 같은 과세이연의 정당성은 법인과세에서 보다 한결 크다고 볼 수 있다. 이러한 점은 미국 세법에서 1918년 회사의 합병 등의 재조직에 대한 과세이연 제도가 도입되고 상당한 시일이 지난 1954년에 IRC §351에 따른 과세이연이 회사설립에까지 확대된 데 반해, 투시과세의 경우 1954년 Subchapter K의 제정 시부터 별다른 논란 없이 현물출자 및 분배에 있어서 과세이연이 허용되어 왔으며,[47] 오늘날에

---

45) 미국에서 과세이연 제도의 형성과정에서 실현주의가 미친 영향에 대하여 고찰한 글로써, Steven A Bank, "Merger, Taxes and Historical Realism", 75 Tul. L. Rev. 1 (2001) 및 Ajay K. Mehrotra, "The Story of the Corporate Reorganization Provisions: From "Purely Paper" to Corporate Welfare", *Business Tax Stories*, Steven Bank & Kirk Stark eds., Foundation Press (2005), pp.27-87 참조. 또한 동결효과에 대한 대책으로서 과세이연을 비판적으로 지적한 국내의 문헌으로는 이창희, 『세법강의』, 박영사(2009), 602쪽 참조.

46) Steven A Bank, *supra* note 45, p.44-47 참조.

47) IRC §721. 1954년 Subchapter K 제정 당시 일관되게 집합적 관점을 주장했던 Mark Johnson 및 실체적 관점을 주장했던 J. Paul Jackson도 파트너십으로의 출자와 분배에 있어서 과세이연은 당연한 것으로 전제하였다. J. Paul Jackson, Mark H. Johnson, Stanley S. Surrey, Carolyn K. Tenen, William C. Warren, "The Internal Revenue Code of 1954: Partnerships", 54 Colum. L. Rev. 1183 (1954), pp.1204-1207 참조.

도 법인과세에서와는 달리 투시과세의 경우 이에 대한 특별한 문제제기가 없는 데서도 이를 확인할 수 있다.

결론적으로, 집합적 접근방식과 실체적 접근방식간의 대립과는 달리 과세이연이란 세법 또는 사법상의 법 해석 또는 적용이라는 논리의 산물이라기보다는 "실현주의(realization)"라는 소득세제 자체가 안고 있는 한계에서 비롯된 일종의 정치적 타협의 산물이라고 평가할 수 있다. 이러한 특성을 지닌 과세이연 제도는 전통적인 Haig-Simons형 소득세제를 옹호하는 진영으로부터 숱한 문제제기에도 불구하고 오늘날 미국의 파트너십 과세제도에 있어서 투시과세 사업체의 설립과 해산·청산에 있어서 조세의 중립성을 제고함으로써 제도의 유연성과 활용도를 제고하는 중요한 요소로 작용하고 있음은 부인하기 어렵다. 이러한 점은 투시과세 제도를 이용하여 달성하고자 하는 정책적 목표가 비슷한 우리나라에 있어서도 세법 또는 사법 영역에서의 이론적 논의만으로는 해결할 수 없는 여러 어려운 과제를 던지고 있으며, 세제를 더욱 어렵게 만든다는 단점이 있음에도 불구하고 투시과세라는 새로운 제도 운영의 폭과 깊이를 정하는데 있어서 피해 갈 수 없는 주제라 할 수 있다.

3. 내부기준가액(Inside Basis)과 지분가액(Outside Basis)

미국 파트너십 과세제도의 가장 큰 특징은 무엇보다 복잡하고 어렵다는 것이다. 이렇듯 세제가 복잡하고 난해한 근본적인 이유는 파트너십의 설립, 운영상의 배분(allocation)과 분배(distribution), 지분의 양도 등 파트너십 세제 전반에 걸쳐 이 세제의 혼합적 성격, 즉 실체적 접근방법과 집합적 접근방법간의 취사선택 및 상호 작용이 불가피하다는 점에서 찾을 수 있다. 이러한 두 가지 접근방식간의 대립과 조화는 투시과세제도의 내재적 성격으로부터 불가피한 측면이 있지만 이러한 혼합적 성격은 투시과세제도의 전범이 되고 있는 미국의 Subchapter K에 있어서 가장 두드러지게 나타나고 있으며 우리나라의 투시과세제도의 운용에 있어서도 이론적인 토대를 제공하고 있다고 볼 수 있다.

사업체를 독립된 실체로 본다면 파트너십에 대한 파트너의 지분은 회사에 대한 주주의 주식과 유사하게 된다. 주식처럼 파트너의 지분은 무형의 개인자산(분배 및 청산 시 회사 이익과 잔여재산을 나누어 가질 권리)을 표시하며, 이러한 지분 투자는 조세목적상 취득원가(기준가액)를 가진다. 사업자산의 소유자로서 파트너십은 회사와 마찬가지로 파트너십 재산의 각 항목에서 스스로의 취득원가(기준가액)를 가지게 되는데, 이는 다시 파트너십 재산에 대한 파트너십의 기준가액과 파트너십에 대한 파트너 지분의 기준가액으로 구분되며, 각각 내부기준가액(inside basis) 및 지분가액(outside basis)으로 불린다.

4. 세무상 가액과 파트너십 회계

세무상 가액의 이해에서 핵심적인 것 중 하나는 파트너십 자산 및 파트너의 자본에 대하여 시가에 기초한 장부가액과 세무상 원가를 분리해서 운용한다는 점이다. 즉, A, B, C가 모여 ABC파트너십(이하 "ABC(파)"라 함)을 설립하면서 A는 현금 $10,000을, B는 원가(기준가액) 및 시가가 $30,000로 동일한 토지를, C는 원가 $40,000/시가 $60,000인 주식을 각각 출자했다고 가정하자.[48] 이 때, ABC(파)가 보유한 자산에 대한 세무상 기준가액(이를 "inside basis"라 하며 "내부기준가액"라고도 함)은 출자파트너의 장부상 기준가액이 그대로 승계되고(carryover basis),[49] 각 파트너의

48) 이 글에서, 파트너십 회계처리에 대한 내용 중 사례는 Stephen A. Lind, Stephen Schwarz, Daniel J. Lathrope & Joshua D. Rosenberg, *Fundamentals of Partnership Taxation*, Foundation Press(2005), Ch.2-A-2(Introduction to Partnership Accounting)를 기초로 재구성하였다.

ABC(파)에 대한 지분의 기준가액(이를 "outside basis"라 하며, 동업기업 과세제도상의 "지분가액"과 동일) 또한 각 파트너가 출자 전에 출자자산에 대해 보유하던 장부상 기준가액을 그대로 승계하므로 세무 목적상으로는 차변의 자산 계정(inside basis)과 대변의 outside basis는 각각 $80,000로 균형을 이룬다. 하지만 파트너들의 출자자산에 대한 경제적 실질은 각 파트너들의 세무상 기준가액과는 무관하게 시가에 의해 결정되는 것이므로 ABC(파)의 사업성과에 대한 배분은 이와 같은 세무상 지분가액이 아니라 출자자산의 시가를 반영한 별도의 자본계정(capital account)에 따라 이루어져야 한다. 즉, A, B 및 C의 ABC(파)에 대한 지분비율은 세무상 원가, 즉 지분가액에 따른 1:3:4가 아니라 시가를 반영한 자본계정에 따른 1:3:6이 되어야 한다. 그 결과, 세무상 내부기준가액/지분가액과 장부상의 자본계정 간에는 불일치가 생기게 되며,[50] 이를 반영한 ABC(파)의 재무상태표는 다음과 같게 된다.[51]

자산			부채 및 출자		
	inside basis	장부가치		outside basis	자본계정
현금	$ 10,000	$ 10,000	부채		없음
주식	$ 40,000	$ 60,000	자본		
토지	$ 30,000	$ 30,000	A	$ 10,000	$ 10,000
			B	$ 30,000	$ 30,000
			C	$ 40,000	$ 60,000
합계	$ 80,000	$ 100,000		$ 80,000	$ 100,000

ABC(파)의 운영상의 조세효과를 고찰하기 위해 첫 해에 $10,000의 영업이익과 토지를 $40,000에 매각하여 $10,000의 처분이익을 냈다고 가정하자. 총

49) IRC §723
50) 이를 "book/tax disparity"라 한다.
51) 이러한 출자에 따른 과세효과는 이 책 제3장 제2절에서 다룬다.

$20,000의 소득은 지분가액(= 자본의 세무상 기준가액)이 아닌 장부상의 자본계정에 따라 A, B, C에게 1:3:6, 즉, $2,000:$6,000:$12,000씩 배분(allocation)되며, 이 금액은 파트너들의 지분가액 및 자본계정의 증가를 야기한다. 그 결과 첫 해 말의 재무상태표는 다음과 같다.[52)]

자산			부채 및 출자		
	inside basis	장부가치		outside basis	자본계정
현금	$ 60,000	$ 60,000	부채		없음
주식	$ 40,000	$ 60,000	자본		
			A	$ 12,000	$ 12,000
			B	$ 36,000	$ 36,000
			C	$ 52,000	$ 72,000
합계	$ 100,000	$120,000		$100,000	$120,000

또한, 지분가액과 자본계정에 영향을 미치는 중대한 요소는 파트너십의 부채인데, 위 예에서 ABC(파)는 2차 연도에 은행으로부터 $30,000을 차입했다고 가정하자. 이 경우 차변의 자산이 $30,000 늘고, 그만큼 대변의 부채가 새로 생기게 되는데, 이 때 자본계정과 지분가액에는 상당한 차이가 발생한다. 즉, 부채는 파트너들의 자본계정에는 영향을 미치지 않는데 반해, 파트너들은 부채에 대한 자신의 몫만큼 현금을 출자한 것으로 보아 지분가액을 증가시킨다.[53)] 이에 따라 $30,000에 대한 A, B, C의 배분 몫인 $3,000, $9,000, $18,000씩 지분가액이 증가하게 되며, 이를 반영한 재무상태표는 다음과 같다.[54)]

52) 이러한 손익의 배분(allocation)에 따른 과세효과는 이 책 제3장 제3절에서 다룬다.
53) IRC §752(b)
54) 이와 같이 파트너십 단계에서 부채의 발생에 대한 과세효과에 대해서는 이 책 제3장 제3절 제VI항에서 다룬다.

자산			부채 및 출자		
	inside basis	장부가치		outside basis	자본계정
현금	$ 90,000	$ 90,000	부채		$30,000
주식	$ 40,000	$ 60,000	자본		
			A	$ 15,000	$ 12,000
			B	$ 45,000	$ 36,000
			C	$ 70,000	$ 72,000
합계	$130,000	$150,000		$130,000	$150,000

이제 ABC(파)는 2차 년도에 아무런 손익을 실현하지 않았지만 넘쳐나는 현금을 이용하여 파트너들에게 $60,000의 현금을 분배(distribution)하였다고 가정하자. 그 결과 차변에서는 현금이 줄어들고, 대변에서는 지분가액 및 자본계정이 파트너들이 분배받는 몫(A:B:C = $6,000:$18,000:$36,000)만큼 같이 감소하여[55] 재무상태표는 다음과 같이 된다.[56]

자산			부채 및 출자		
	inside basis	장부가치		outside basis	자본계정
현금	$ 30,000	$ 30,000	부채		$30,000
주식	$ 40,000	$ 60,000	자본		
			A	$ 9,000	$ 6,000
			B	$ 27,000	$ 18,000
			C	$ 34,000	$ 36,000
합계	$ 70,000	$ 90,000		$ 70,000	$ 90,000

이 시점에서 주식의 가치가 취득 당시와 달라질 수 있다는 점에 주목할 필요가 있는데, 그럼에도 불구하고 그 주식은 여전히 역사적 원가인 장부가치로 재무상태표에 계속 나타난다. 물론, 그 주식이 팔리고 차익이 실현되면

55) IRC §733(b) 및 美재무부 규칙("Treas. Reg.") §1.704-1(b)(2)(iv)(b)(4)
56) 이와 같은 분배(distribution)에 대해서는 이 책 제3장 제6절에서 다룬다.

그때서야 주식이 현금으로 전환하게 되므로 이득이나 손실이 파트너십 재무상태표에 반영될 것이다.

예를 들어, ABC(파)가 그 주식을 $160,000에 처분했다고 가정하자. 그 주식은 C가 취득한 시점과 파트너십에 출자한 시점 사이에 가치가 증가하였으므로 출자 전 가치증가분은 파트너십이 그 주식을 처분할 때 출자파트너에게만 배분되어야 한다.[57] 따라서 $20,000의 세무상 이득은 C에게 배분되지만 그 이득은 이미 파트너십 장부의 주식의 가치 항목과 C의 자본계정에서 이미 반영되어 있으므로 C의 자본계정은 조정되지 않는다. 그러나 $100,000의 출자 후 이득은 자본계정에 반영되어 있지 않으므로 파트너들의 자본계정 잔액을 증가시키는 형태로 이들 계정 잔액에 배분된다. 매각 이후 재무상태표는 다음과 같다.[58]

자산			부채 및 출자		
	inside basis	장부가치		outside basis	자본계정
현금	$ 190,000	$ 190,000	부채		$30,000
			자본		
			A	$19,000	$16,000
			B	$57,000	$48,000
			C	$114,000	$96,000
합계	$190,000	$190,000		$190,000	$190,000

이제 3차년도의 始期에 ABC(파)가 보유한 주식의 시가가 $160,000으로 오른 시점에서 위와 같이 주식의 매각이 일어난 대신 새로운 파트너인 D가 ABC(파)에 10%의 지분을 현금 출자키로 하였다고 가정하자. 이 때 10% 지분의 가치는 장부상 주식의 가치인 $60,000이 아니라 시가인 $160,000을 기

57) IRC §704(c)(1)(A)

58) 이와 같은 현물출자 자산의 출자 후 매각에 따른 과세효과는 이 책 제3장 제3절 제V항에서 다룬다.

준으로 산정될 것이다. 이런 상황에서 파트너들은 그들의 자본계정에 대한 조정을 원할 것이며, 이러한 조정은 재무부 규칙에 의해 허용되고 있다.[59] 이 때 주식 및 여타 파트너십 자산들은 시가로 파트너십 장부에 반영될 것이며, 각 파트너의 자본계정은 출자 후 미실현이익(이 경우 $100,000)에 대한 각자의 몫(A:B:C = $10,000:$30,000:$60,000)만큼 증가하게 되나, 파트너들의 파트너십 지분에 대한 세무상 기준가액인 지분가액에는 아무런 영향을 미치지 않는다. 이러한 재평가 후의 재무상태표는 다음과 같다.[60]

자산			부채 및 출자		
	inside basis	장부가치		outside basis	자본계정
현금	$ 30,000	$ 30,000	부채		$30,000
주식	$ 40,000	$160,000	자본		
			A	$ 9,000	$ 16,000
			B	$ 27,000	$ 48,000
			C	$ 34,000	$ 96,000
합계	$ 70,000	$190,000		$ 70,000	$190,000

마지막으로, 3차년도 始期에 D의 출자가 없는 상태에서 ABC(파)가 보유한 주식을 시가인 $160,000에 매각하고 은행 차입금 $30,000을 상환한 다음 곧바로 청산한다고 가정하자. 주식 매각에 따른 세무상 처분이익인 $120,000은 출자 전의 미실현 내재이익(built-in gain)인 $20,000은 주식을 출자한 파트너인 C에게 모두 배분되고, 출자 후의 가치증가분인 $100,000은 파트너들의 배분율에 따라 A, B, C에게 각각 $10,000, $30,000, $60,000씩 배분된다.[61] 그 결과 자본계정은 이미 시가가 반영되어 있으므로 변화가 없는 반면, 파트

---

59) Treas. Reg. §1.704-1(b)(2)(iv)(f)

60) 이와 같은 내재이익을 가진 자산을 보유 중 신규 파트너 가입에 따른 자본계정 조정에 대해서는 이 책 제3장 제3절 제V항의 2.-라. 참조.

61) IRC §704(c)

너들의 지분가액은 배분액만큼 증가하게 되며, 이를 반영한 재무상태표는 다음과 같다.

자산			부채 및 출자		
	inside basis	장부가치		outside basis	자본계정
현금	$160,000	$160,000	부채		없음
			자본		
			A	$ 16,000	$ 16,000
			B	$ 48,000	$ 48,000
			C	$ 96,000	$ 96,000
합계	$160,000	$160,000		$160,000	$160,000

그런 다음 현금의 청산분배는 파트너들의 마지막 자본계정에 따라 이루어지게 된다.

5. 지분가액과 자본계정의 이원적 운용

파트너십 회계처리 방법에서 파악할 수 있듯이, 미국 파트너십 과세제도 운용의 기본 틀은 파트너십 자산 및 파트너 지분의 가치에 대하여 세무상 가치와 장부상 가치(또는 시가)의 이원적 방식을 혼용해서 사용하고 있다는 점이다. 이러한 이원적 운용의 결과 파트너십 재무상태표의 대변(부채와 출자)에는 지분가액(세무상 가액)과 자본계정(장부상 가액)이 구분되어 나타난다.

먼저 "지분가액(outside basis)"이란 파트너가 보유하고 있는 파트너십 지분에 대한 세무상의 기준가액을 의미한다. 이는 출자한 현금액 및 재산의 기준가액(≠시가)으로 구성되며, 파트너십 운영에 따라 과세소득 및 비과세소득에 대한 자신의 배분 몫만큼 증가되고, 파트너십으로부터 실제 분배받는 금액과 파트너십 손실에 대한 자신의 배분 몫 및 일부 손금불산입되는 금액에 대한 자신의 몫만큼 감소되는 조정과정을 거친다.[62] 이러한 지분가액을 유지하는 목적은 출자 시의 과세이연(기준가액 승계)의 효과를 얻음은 물론 파트너십 소득에 대하여 분배(distribution) 여부와 무관하게 과세되므로 사후적인 분배나 파트너십 지분의 매각에 따라 재차 과세되는 것을 방지하기 위함이다. 또한 파트너십 손실의 배분은 파트너십의 과세연도 종료 시 파트너의 지분가액 범위 내에서만 공제가 허용되므로[63] 손실배분에 대한 중대한 제한으로 작용하며, 파트너가 그 지분을 매각하거나 파트너십으로부터 현금 분배를 받는 경우 과세목적의 소득 및 손실의 폭을 따지는 기준으로 작용하기도 한다.[64]

이와 달리, "자본계정(capital account)"이란 파트너십에 대한 파트너의 경제적 실질에 기초한 지분으로서 어느 한 시점에서 파트너들이 그들의 지분을 청산할 때 파트너십으로부터 받을 수 있는 금액을 나타낸다.[65] 이러한 자본계정은 파트너가 출자한 현금 및 현물재산의 시가와 파트너십의 소득(비과세소득을 포함)에 대한 파트너의 배분에 의해 증가하고, 파트너십에 의한 파트너로의 실제 분배하는 현금 및 현물재산의 시가와 파트너십의 일부 손금불산입 항목, 파트너십 손실 및 필요경비 공제의 배분에 의해 감소한다.[66] 지분가액과는 별도로 이러한 자본계정을 유지하는 가장 중요한 목적은 파트너십 손익 등의 각종 항목을 파트너에게 배분함에 있어서 그 배분이 파트너들 간의 실질적인 경제적 효과(substantial economic effect)를 가지는지를 판단하는 기준이 된다는 점이다.[67] 즉, 단일의 손익배분비율이 아니라 파트너들

---

62) IRC §705(b)

63) IRC §704(d). 그 이유에 대해서는 본 절 제IV항의 1.에서 상세히 논한다.

64) IRC §705(a) 및 IRC §1001(a). 뒤에서 살펴보겠지만, 우리나라의 동업기업 과세제도는 자본계정은 도입하지 않은 반면, 이러한 지분가액 개념을 새로 도입하였다(조세특례제한법 제100조의14 제7호).

65) A. Gunn & J. Repetti, *Partnership Income Taxation*, Foundation Press(4th Ed., 2005), p.45 참조.

66) Treas. Reg. §1.704-1(b)(2)(iv)

간의 사적 자치에 따른 다양한 형태의 손익배분비율[68]에 세무상 효과를 그대로 인정하기 위한 전제로서 그러한 파트너들 간의 실질적인 경제적 거래관계, 즉 배분의 내용이 실제로 이에 상응하는 경제적 이득과 부담을 수반하는지를 따져서 배분받는 파트너가 실제로 그 이득을 받거나 부담을 지는 경우에만 사적 자치에 따른 "특별배분"을 인정하게 된다.

이와 같이 지분가액과 자본계정은 서로 다른 목적과 계산구조를 가지며 각각 독립적인 역할을 수행하는데, 양자 간의 차이를 가장 잘 표현하는 사례는 파트너십의 부채일 것이다. 즉 파트너십의 차입이 있는 경우 이 부채에 대한 각 파트너의 몫이 증가하게 되어, 부채에 대한 자신의 몫이 증가하는 만큼 이는 현금 출자가 있는 것으로 보아 파트너의 지분가액은 증가하게 되며, 반대로 파트너십 부채의 감소에 따라 파트너의 부채 몫이 감소하면 이는 현금의 분배가 있는 것으로 보아 파트너의 지분가액은 감소하게 된다.[69] 하지만 부채는 경제적 실질에 있어서 파트너들의 몫인 자본이 아니고 파트너십의 청산 시 파트너들이 받을 권리를 나타내지 않으므로, 자본계정의 목적상으로 적절하지 않으며, 따라서 부채는 자본계정에 아무런 영향을 미치지 못한다. 또한 지분가액을 초과하는 손실의 공제가 불가능하므로 음(-)의 지분가액은 허용되지 않지만 자본계정의 경우 결손보전의무를 전제로 원칙적으로 음(-)의 자본계정이 허용되고 있다.

---

67) 이 책 제3장 제3절 제II항에서 자세히 논한다.

68) 이를 미국세법에서는 "특별배분(special allocation)"이라 한다.

69) IRC §§752(a) & (b). 우리나라의 동업기업 과세제도의 경우 지분가액 제도는 도입하였으나, 이의 조정에 대해서는 여러 미비점이 지적되고 있다. 자세한 내용은, 이준규·이은미, "조세특례제한법상 동업기업 과세특례제도의 타당성에 관한 연구", 조세법연구 XIV-1호, 한국세법학회(2008), 89-91쪽 참조. 이준규·이은미의 지적에 더하여 실질적인 문제점으로 동업기업 부채에 대해 미국에서와 같은 조정을 허용하는 규정이 없다는 점인데, 이에 대해서는 제3장 제2절 제IV항에서 살펴보기로 한다.

IV. 손실배분을 통한 조세회피의 방지

집합적 접근과 실체적 접근이라는 모순보다도 한결 더 세제를 복잡하게 하는 요소는 파트너십을 통한 조세회피를 막기 위한 온갖 남용방지 규정이다. 파트너십 과세제도가 도입되는 사업체의 가장 큰 특성은 조직의 설립 및 운영상의 유연성에 있는 것이므로, 구성원간의 이익·손실의 배분·분배가 계약에 의해서 자유로이 결정됨에 따라 조세회피의 가능성이 커진다. 미국에서 이와 관련한 대표적인 방법으로, 감가상각이나 지급이자를 발생시켜 인위적인 손실을 만들고 이 손실의 pass-through를 통해 다른 소득과 통산하여 과세소득을 경감시키는 조세은신처가 1970년대 및 1980년대에 광범위하게 유행하였다.[70)]

이러한 납세의무자의 조세회피 노력에 대하여 의회와 정부는 기존의 Subchapter K에 규정된 지분가액 상한에 따른 손실배분의 제한 규정(IRC §704(d))만으로는 부족하다고 판단하여, 1976년 IRC §465에 따른 위험부담 제한 원칙(at-risk rule) 및 1986년에는 IRC §469에 따른 수동적 손실의 공제 제한 원칙(passive loss limitation rule)을 도입함으로써 오늘날 이런 방법을 활용한 조세회피의 가능성은 대부분 사라진 것으로 평가되고 있다.[71)]

---

70) 파트너십을 이용한 조세은신처가 가장 기승을 부린 1980년대 초에 미국 재무부가 작성한 보고서에 따르면, 1983년 기준으로 350억불의 파트너십 손실이 조세은신처를 통해 다른 원천의 과세소득에서 차감되었고, 이 가운데 82%인 286억불의 파트너십 손실이 총소득의 9%를 차지하는 년 소득 $100,000 이상인 개인들로부터, 60%인 210억불 기준으로는 총소득의 4%를 차지하는 년 소득 $250,000 이상인 개인들로부터 보고되었다. 미국 재무부, "Tax Reform for Fairness, Simplicity, and Economic Growth: The Treasury Department Report to the President, November, 1984"(http://www.treas.gov/offices/tax-policy/library/tax-reform/) Vol. 1, p.15 참조.

71) IRC §704(d)에 따른 지분가액 상한 제한규정과 달리, IRC §465에 따른 위험부담 제한 및 IRC §469에 따른 수동적 손실제한은 파트너십 과세제도뿐만 아니라 소득세제 전반에 걸친 조세회피 규제수단이다.

1. 지분가액(Outside Basis) 상한에 따른 제한

IRC §704(d)에 따르면 자본손실을 포함한 파트너십 손실에 대한 파트너의 배분 몫은 그 손실이 발생한 파트너십의 과세연도 종료 시의 파트너의 지분가액(outside basis) 범위 내에서만 공제가 허용된다. 이는 파트너의 지분가액이 IRC §705(a)(2)(A)에 따른 파트너십 손실의 자기 몫만큼 감소하고, 0 미만으로 줄어들지 않는다는 결론과 합리적으로 조화를 이루고 있다. IRC §704(d)는 단지 공제를 이연하는데 불과하고 초과손실은 장래에 무한히 이월되어 파트너가 추가적인 지분가액을 취득할 때 활용될 수 있다. 예를 들어 파트너의 지분가액이 $1,000인데 파트너십 손실에 대한 그의 몫이 $1,200이라 가정하자. IRC §704(d)는 만일 그 파트너가 어떤 식으로든지 (새로운 출자 또는 파트너십 부채의 증가 등을 통하여) 그의 지분가액을 증가시키지 않는다면 그에게 허용 가능한 손실은 $1,000에 국한된다. $200의 초과 손실은 공제가 불가하며 그 파트너가 추후에 추가적인 지분가액을 가질 때 사용될 수 있다.

이렇게 이연되는 손실은 일반적으로 각 개별 파트너들에게 인적 특성을 지닌다. 따라서 만일 한 파트너가 그의 파트너십 지분을 매각한다면 양도인의 과거 이연된 손실은 사라져 매수인에게 승계되지 않으며,[72] 그 파트너가 사망하면 이연손실 또한 사라진다.[73]

2. 위험부담(At-risk) 제한

IRC §704(d)에 따른 지분가액 상한 제한과 함께 개인 및 일부 폐쇄회사

72) Sennett v. Commissioner, 80 T.C. 825 (1983)

73) Rev. Rul. 74-175, 1974-1 C.B. 52

들[74)]은 IRC §465의 at-risk 규칙의 적용을 받는데, 이 규칙에 따르면 납세의무자의 사업 및 투자활동으로부터의 손금 산입은 그 납세의무자가 그러한 활동들에 대하여 위험을 감수한 금액까지만 가능하다. 파트너십 형식에 있어서 at-risk 규칙은 파트너십 단계가 아닌 파트너 별로 적용된다. 대개 이 규칙은 파트너십이 영위하는 각 '활동(activity)'에 구분되어 적용되지만 몇몇 거래나 사업활동의 경우 여러 활동들을 합하여 한꺼번에 적용되는 경우도 있다.[75)]

납세의무자의 최초 위험부담 금액은 다음을 포함하는데, ①그 활동에 대한 현금출자, ②기타 출자자산의 조정 기준가액(adjusted basis), ③그 납세의무자가 인적 책임을 지는 활동에 사용할 목적 또는 그의 재산을 담보로 차입한 금액(단, 담보재산의 시가를 한도로 함) 등이다.[76)]

IRC §704(d) 지분가액 상한에 따른 제한과 IRC §465에 따른 위험부담 제한의 중요한 차이점은 파트너십의 non-recourse 부채를 통해 나타나는데, 이는 파트너의 지분가액을 증가시키지만 몇몇 부동산 활동에 대한 것을 제외하고 납세의무자는 non-recourse 차입 및 이와 유사하게 그 납세의무자가 경제적 위험을 부담하지 않는 거래관계에서 아무런 위험을 부담하지 않는 것으로 간주된다는 점이다. 그 결과, IRC §704(d)의 적용에 따라 공제 가능한 손실이더라도 IRC §465 규칙에 따라 불허될 수 있다. IRC §465에 따라 불허된 손실은 이월되어 그 납세의무자가 위험을 부담하거나, 파트너십이 그 활동을 접거나 또는 그 납세의무자가 파트너십 지분을 처분할 때 필요경비로 공제된다. 한편 파트너의 손실이 IRC §465에 따라 공제받지 못하고 이연되더라도 그 파트너의 지분가액은 그 손실액만큼 줄어든다.[77)]

---

74) IRC §752(a)(2)에 정한 개인지주회사(personal holding company)로서 발행주식의 50% 초과분이 5명 이내의 개인에 의해 보유되는 회사를 말한다. IRC §465(a)(1) (B).

75) IRC §465(c)(2)(B), (3)(B) & (C). William S. McKee, et al., *supra* note 37, ¶10.06 [2][c]

76) IRC §465(c)(2)(B), (3)(B) & (C)

파트너는 파트너십의 recourse 부채에 대한 그의 몫에 대하여 위험을 부담하고 있는 것으로 간주된다. 파트너십의 부채가 'recourse'로 판단되기 위해서는 채권자가 州 법에 따라 그 파트너를 상대로 소송을 제기할 수 있어야만 하고 그 차입자금이 사용되는 활동에서 이해관계를 갖지 않는 자로부터 조달되어야만 한다.[78)]

비록 1986년 세법에서 위험부담 원칙을 부동산 활동에도 확대하였지만 거기에는 중요한 탈출구가 있었다. 납세의무자는 '적격 non-recourse 차입'을 구성하는 부동산 담보부 non-recourse 차입에 대하여 여전히 위험을 부담하고 있는 것으로 간주되었다.[79)] 이러한 예외는 매도인 또는 발기인 차입(seller or promoter-financed debt)에 대해서가 아니라 상업 대부업자나 정부로부터 얻은 non-recourse 차입에 적용되었다. non-recourse 차입은 누구도 인적 책임을 지지 않으면서 부동산 보유에 대해 납세의무자에게 발생하고 적격대부자 또는 일정한 정부기관으로부터 차입한 전환불능 채무(nonconvertible debt)인 경우 '적격(qualified)' 차입이 된다.[80)] 이 때 '적격대부자'란 능동적이고 규칙적으로 대부업에 종사하는 자로서 차입자와 특수관계가 없고 재산의 매도인이거나 매도인의 친척 또는 납세의무자의 부동산 투자에 대해 수수료를 받는 사람이거나 그런 수수료를 받는 사람의 친척이 아닌 자를 말한다.[81)] 이러한 적격대부자의 전형적인 예는 은행, 예금 및 대부조합, 보험회사 또는 연금펀드 등이다. 이러한 구분은 납세의무자들이 감가상각 부동산을 과대평가하여 공제금액을 키우는 것을 제한하기 위한 방안으로 생겨났다. 차입자와 특수관계 있는 매도인, 대부업자 등은 그 금융을 담보재산의 실제가치에 제한할 유

---

77) Prop. Reg. §1.465-1(e). 그 결과 지분 양도에 따른 자본이득 금액은 그 만큼 커지게 된다.

78) Treas. Reg. §1.465-8(a)

79) IRC §465(b)(6)(A); Treas. Reg. §1.465-27

80) IRC §465(b)(6)(B)(iii) & (iv)

81) IRC §49(a)(1)(D)(4)

인이 별로 없다고 본 반면 특수관계 없는 적격대부자는 담보부 재산의 실제 가치를 초과해서 대출을 일으키지 않을 것으로 합리적으로 기대되기 때문이다. 그러나 비록 특수관계에 있는 자들이라 할지라도 이들이 정상적인 금전대부업자들이고 차입이 상업적으로 합리적이면서 비특수관계자에 대한 대여와 실질적으로 동일한 조건이라면 적격대부자로 취급된다.

파트너십의 경우, 적격 non-recourse 차입에 대한 파트너의 몫은 이러한 차입이 파트너와 파트너십 모두에 대하여 적격 non-recourse 차입인 경우에 한하여 IRC §752에 따른 파트너십 부채에 대한 파트너의 몫을 기초로 결정된다.[82] 그러나 파트너들이 위험을 부담한 것으로 취급되는 금액은 파트너십 단계에서 적격 non-recourse 차입의 총액을 초과하지 못한다.

3. 수동적 손실(Passive Loss)의 제한

가. 개관

IRC §465의 위험부담 제한원칙의 등장에 따라 IRC §704(d) 지분가액 상한 제한규정의 의의가 퇴색된 것과 마찬가지로 1986년 세법 개정에 따른 IRC §469 수동적 손실제한 원칙의 도입으로 말미암아 위 두 가지 손실제한 원칙은 그 중요성을 잃게 되었다. IRC §469는 비단 파트너십 과세뿐만 아니라 광범위한 과세영역에 적용되지만 여기서는 파트너십 과세에 국한해서 살펴보기로 한다.

IRC §469는 납세의무자가 다른 원천들로부터의 소득을 단지 감추기 위한 수동적 투자활동으로부터 발생하는 필요경비 공제 및 기타 손실의 활용을 제한하기 위해 제정되었다. IRC §704(d)에 따른 지분가액 상한 제한과 IRC

82) IRC §465(b)(6)(C); Treas. Reg. §1.752-3. IRC §752에 따른 파트너십의 non-recourse 부채에 대한 파트너의 몫에 대해서는 아래 제3장 제3절 제VI항에서 다룬다.

§465 위험부담 제한이 비슷한 목적을 가지고 있었지만 이들은 조세 은신처의 확산을 방지하는데 그다지 효과적이지 못하였다. 유한책임파트너가 non-recourse 부채를 그들의 지분가액에 포함시킬 수 있다는 점은 IRC §704(d)의 효과를 제거하기에 충분하였고, 위험부담 원칙의 경우 보다 생소한 조세회피 매개체들로부터 손실을 투과시키는 것을 제한하는데 어느 정도 성공적이었지만, 부동산에 대한 '적격 non-recourse 차입'을 이용한 가장 전형적인 조세은신처들이 계속 성행하였다. 이에 따라 1986년에 의회는 조세은신처 시장에 재갈을 물리고 조세제도의 공평에서의 국민의 신뢰를 회복할 필요가 있다고 밝히면서 IRC §469를 제정하였다.[83]

IRC §469는 수동적 활동으로부터 발생한 세액공제와 필요경비 공제를 불허함으로써 기존의 제한원칙에서 크게 벗어났다. 납세의무자 각각의 수동적 활동에서 생긴 소득과 손실을 먼저 계산하여 모두 합산한 다음, 어느 과세연도의 수동적 활동으로 인한 손해는 그 해의 수동적 활동에서 생긴 소득의 범위 내에서만 공제를 허용한다. 그 과세연도 동안 수동적 활동으로부터의 손실이 그 납세의무자의 수동적 이익을 초과하면, 그 초과액은 이월되어 수동적 활동으로 인한 장래의 순이익에 대하여 공제된다. 간단히 말하면 IRC §469는 초과 수동적 손실을 영원히 불허하지 않고 이를 단지 연기시킬 뿐이지만 이렇게 지연시키는 것만으로도 전형적인 차입형식의 조세은신처에 대한 세후 경제적 혜택을 제거하는데 충분하기 때문이다.[84]

IRC §469는 파트너를 포함한 개인, 유산재단, 신탁, 인적 용역회사 및 일정한 폐쇄회사에 적용된다.[85] 위험부담 제한의 경우에서와 같이 수동적 손실제한은 파트너십 단계가 아니라 파트너별로 적용되며, 이 제한은 IRC §704(d) 및 IRC §465 제한을 적용한 후에만 적용된다.[86] 또한 위험부담 원칙

---

83) Staff of the Joint Committee on Taxation, "General Explanation of the Tax Reform Act of 1986", 100th Cong., 1st Sess.(1987), pp.209-254 참조.

84) Stephen A. Lind, et al., *supra* note 48, p.109 참조.

85) 이러한 적용범위의 자세한 내용은 IRC §469(a)(2) 참조.

에서와 마찬가지로 파트너의 손실이 IRC §469에 따라 공제받지 못하고 이연되더라도 그 파트너의 지분가액은 그 손실액만큼 줄어든다.[87]

이하에서는 이러한 수동적 손실 제한 원칙의 구체적 내용을 하나씩 살펴보기로 한다.

나. '중대한 참여(material participation)' 기준

수동적 손실 제한은 조세회피의 목적 외에는 중대한 경제적 동기를 가진 것으로 보기 어려운 수동적 투자자에 초점을 맞춤으로써 정확히 조세은신처를 겨냥하고 있는데, 이러한 목적에 따라 수동적 활동 여부는 '중대한 참여' 기준에 따라 판단된다.[88] 즉, '수동적 활동'이란 납세의무자가 중대하게 참여하지 않는 거래 또는 사업과 관련한 활동을 말한다. 법령에 따르면 납세의무자가 어떤 활동에 중대하게 참여하기 위해서는 그가 정기적, 계속적 및 실질적으로 그 활동의 운영에 관련되어야만 한다.

재무부 규칙은 납세의무자의 어떤 '활동(activity)'에의 '참여(participation)'가 중대한 것으로 인정되는 7가지 개별적 상황을 제시함으로써 중대한 참여에 대한 기준을 정한다. 한편 '참여'란 납세의무자가 일상적인 관리나 운영에 직접 관여하지 않는다면 그 활동에서 투자자인 경우를 제외한 모든 지위에서 행한 일을 포함한다.[89] 납세의무자는 다음 중 하나를 충족한다면 과세연도 동안 어떤 활동에 중대하게(materially) 참여한 것으로 취급되는데, ①그 납세의무자가 연간 500시간 이상 그 활동에 참여한 경우, ②그 활동에 납세의무자의 참여가 그 해 동안 그 활동에의 참여의 실질적 전부를 구성하는 경우, ③납세의무자가 그 해 동안 100시간 이상을 일하고 다른 어떤 사람의 활동보다

86) Temp. Reg. §1.469-2T(d)(6).
87) *Id.*
88) IRC §§469(c)(1), (6)
89) Temp. Reg. §1.469-5T(f)(2)(ii)

클 경우, ④그 활동이 '중요한(significant) 참여' 활동(즉, 그 납세의무자가 100시간 이상 참여하고 중대한(material) 참여에 대한 다른 기준을 충족하지 못하는 거래 또는 사업활동)이고 그 해 동안 모든 '중요한 참여' 활동들에서 그 개인의 총 참여가 500시간을 초과하는 경우, ⑤납세의무자가 그 과세연도의 직전 10년 중 5년 동안 그 활동에 중대하게 참여한 경우, ⑥그 활동이 인적용역활동이고 납세의무자가 그 과세연도 직전 3년 동안 그 활동에 중대하게 참여한 경우, ⑦모든 사실 및 정황에 의할 때 그 과세연도 동안 납세의무자의 그 활동에의 참여가 정기적, 계속적 및 실질적인 경우 등이다.[90]

다. 임대활동(rental activities)에 대한 예외

의회는 중대한 참여 기준은 역사적으로 조세은신처로 널리 사용되었고 그 성격상 인적 관여를 그다지 필요로 하지 않는 대부분의 임대활동들에는 부적절하다고 판단하였다. 예를 들어, 어느 한 직업에 전적으로 종사하는 납세의무자는 그의 여유시간에 부동산에 대한 모든 필요한 관리활동들을 쉽게 수행할 수 있고, 그가 그 재산을 관리하는데 관여하는 유일한 사람이므로 중대한 참여기준(특히 위 ②의 기준)을 쉽게 충족할 수 있다. 이에 따라 몇 가지 제한적 예외와 함께 IRC §469는 모든 임대활동들의 경우 그 납세의무자의 참여 정도와 무관하게 '수동적'인 것으로 취급된다.[91]

라. 포트폴리오 소득

수동적 소득의 넓은 정의는 대개 주식 및 채권과 같은 납세의무자의 모든 포트폴리오 투자를 포함한다. 그 결과, 납세의무자는 전통적 형태의 투자소득(배당, 이자, 주식 양도차익 등)을 수동적 손실로써 은닉시킬 수 있었다. 따

90) Temp. Reg. §1.469-5T(f)(2)(ii)

91) IRC §469(c)(2). 한편 "임대활동"이란 "유형재산의 사용에 대하여 지급이 이루어지는 일체의 활동"으로 넓게 정의되고 있다. IRC §469(j)(8)

라서 IRC §469는 포트폴리오 소득은 수동적 활동으로부터 발생한 것으로 간주되지 않는다고 규정한다.[92] 또한 투자자들이 배당, 이자 및 자본이득 등의 포트폴리오 소득을 발생시키는 유한파트너십에 투자함으로써 이러한 원칙을 피해가는 것을 막기 위해 파트너십이 번 포트폴리오 소득은 구분해서 표시되고 파트너들에게 투시될 때 그 특성을 그대로 유지한다.[93]

마. 무한책임파트너(General Partner)

손익에 대한 무한책임파트너들의 몫을 수동적 활동으로부터 발생한 것으로 취급할지 여부는 각 무한책임파트너는 물론 그 파트너십이 영위한 각 개별 활동들에 대한 별도의 분석을 요구한다. 중요한 쟁점은, ①파트너십이 여러 활동을 함께 수행하는 경우 이들 활동이 파트너가 수동적 손실제한을 피하기 위해서 중대하게 참여해야 하는 별도의 '활동'으로 어떻게 구분할 것인가? 및 ②이렇게 구분된 '활동'들에서 파트너가 어느 정도로 참여해야 '중대한' 것인가? 이다.

입법연혁에 따르면 무엇이 별도의 '활동'을 구성하는가에 대한 결정은 그 사업들이 통합되고 상호 관련된 경제적 단위로 구성되었는지, 서로 협조 또는 의지하면서 활동하는지 및 손익의 측정을 위해 적절한 단위를 구성하고 있는지 등을 파악함으로써 현실적·경제적 관점에서 이루어지도록 예정되어 있다.[94] 재무부 규칙은 단일의 파트너십은 하나 이상의 활동을 영위할 수 있음을 분명히 하고 있다.[95] 파트너십의 별도의 '활동'으로 구분된 경우, 각 '활동'에서 그 파트너의 '참여'는 위의 2.에서 정한 7가지 기준을 활용하여 그것이 '중대한'지 여부를 결정한다.

---

92) IRC §469(e)(1)
93) IRC §1.469-2T(c)(3)(i)
94) S. Rep. No. 99-313, 99th Cong., 2nd Sess.(1986), p.739 참조.
95) Treas. Reg. §1.469-4(c)

바. 유한책임파트너(Limited Partner)

의회는 대규모 집단으로 구성된 유한파트너십(syndicated limited partnerships)이 조세은신처로 광범위하게 사용되고 있는 현실과 유한책임파트너들이 파트너십 활동을 관리하기 위한 그들의 권한이 제한적이라는 점을 고려하여, 재무부 규칙이 달리 정하지 않는 한 모든 유한책임파트너의 지분은 납세의무자가 중요하게 참여하지 않는 활동이라고 추정하였으며,[96] 이에 따라 재무부 규칙은 유한책임파트너들은 단지 다음의 경우에만 중대하게 참여하는 것으로 간주되었는데, ①그 과세연도 동안 500시간 이상 그 활동에 참여한 경우, ②해당 과세연도 직전 10년 중 5년 간 그 활동에 중대하게 참여한 경우, ③그 활동이 '인적 용역활동'이고 유한책임파트너가 해당 과세연도 이전 3개년 동안 그 활동에 중대하게 참여한 경우 등이다.[97] 용역의 수행으로 받은 소득에 대한 유한책임파트너의 몫은 수동적 활동으로부터의 소득으로 취급되지 않는다.[98]

사. 공개된 파트너십(Publicly Traded Partnership)

파트너십 소득에 대한 유한책임파트너의 몫은 재무부 규칙에 정함이 없는 한 수동적인 것으로 취급되므로[99] 공개된 파트너십("PTP")은 수동적 손실을 활용할 수 있는 수동적 소득의 유망한 원천으로 등장하였다. 이에 재무부가 PTP의 소득을 포트폴리오 소득으로 분류[100]하는 규칙을 제정하여 이러한 전략을 공격하고자 하였지만, 의회는 오히려 PTP로부터의 소득은 수동적 손

96) IRC §469(h)(2)
97) Temp. Reg. §1.469-5
98) IRC §469(e)(3)
99) IRC §469(h)(2)
100) 위에서 살펴본 바와 같이 포트폴리오 소득으로 분류되면 수동적 손실과 통산이 불가능해 진다. IRC §469(e)(1)

실제한의 목적상 이자나 배당과 같은 다른 투자소득과 마찬가지로 취급하는 내용의 구체적 입법이 보다 바람직하다고 결론 내렸다.[101]

이에 따라 의회는 먼저 PTP는 일반적으로 회사와 마찬가지로 과세된다는 내용의 IRC §7704를 제정함으로써 보다 넓은 분류상의 문제에 주목하였다. 이 목적상 PTP는 그 지분이 공개시장에서 거래되거나 2차 시장에서 쉽게 거래될 수 있는 파트너십으로 정의되었다. 그러나 만일 PTP 총소득의 90%가 '적격 소득'(즉, 배당, 이자, 임대료 및 천연자원 사용료 등과 같은 수동적 투자소득)이라면 그 PTP는 회사로 과세되지 않는다.[102]

여전히 파트너십으로 과세되는 PTP의 경우, 파트너에게 투시되는 순소득은 수동적 활동으로 인한 손실과 통산할 수 없는 포트폴리오 소득으로 취급된다.[103] 파트너십으로 과세되는 PTP로부터 투시되는 파트너의 수동적 손실은 동일한 PTP로부터의 수동적 이익에 대해서만 공제될 수 있다. 사용하지 못한 손실은 일단 유예되어 그 PTP가 수동적 이익을 가지거나 그 파트너가 파트너십 지분을 완전히 처분할 때까지 이월된다.[104]

---

101) S. Rep. No. 100-76, 100th Cong. 1st Sess.(1987), pp.185-186 참조.

102) IRC §7704(c)

103) IRC §469(k); S. Rep. No. 100-76, *supra* note 101, pp.186-187 참조.

104) Stephen A. Lind, et al., *supra* note 48, p.114

제3절 일본의 조합과세 발전과정과 최근의 움직임

I. 사업체 과세원칙의 변천과정과 의의

일본은 일찍이 사법 분야뿐만 아니라 조세법 분야에서도 독일의 영향을 많이 받은 관계로 다양한 사업조직에 대한 과세체계를 짜는데 있어서 해당 사업체의 법인격 유무를 기준으로 법인격을 갖춘 사업체에 대해서는 원칙적으로 법인세를 과세하는 구조를 오랫동안 취해 왔다.

일본에서 최초의 소득세제는 1887년의 소득세법인데, 같은 법에 따르면, 법인의 이익은 개인인 주주에게 분배된 때에 그 개인에 대한 배당으로 소득세가 과세되는 구조를 취하였다. 그 후 1899년의 신상법 제정에 따라 회사의 설립이 자유로워지자 모든 형태의 회사에 대해 제1종 소득세의 명목으로 법인 소득의 2.5%의 소득세가 과세되었고, 개인이 법인으로부터 받는 배당에 대해서는 비과세하였다.[1] 즉, 초창기 일본의 사업체 과세는 법인을 독립된 과세주체로 삼지 않고 개인소득세의 선납 내지 원천징수의 성격을 띠었다고 볼 수 있다.[2]

하지만 사업체 과세에 대한 이러한 입법태도는 법인을 독립된 과세주체로서 인정하고, 법인의 소득에는 저율의 과세를 하는 것과 함께 배당을 받는 개인 또는 법인에 대해서 다시 개인소득세 또는 법인세를 과세해야 한다고 하는 의견이 힘을 얻어가고 경제의 비약적 성장에 따라 개인기업의 법인조

---

1) 金子宏, 『租税法 第14版』, 弘文堂(2009年), 43頁

2) 武田昌輔·後藤喜一 編著, 『會社稅務釋義』, 1104頁(第1法規); 長谷部啓, 前揭論文(이 책 12쪽·주2), 81頁의 각주 6에서 재인용

직으로의 변경이 활발해지자 1924년의 소득세법 개정에서 법인을 독립된 과세주체로 인식하게 되었다. 그 결과 법인이 지불한 배당에 대해서는 거듭하여 개인의 소득에 합산하여 과세하게 되어 처음으로 다양한 배당이중과세의 구조가 채용되었다.3)

그 후 1940년에 법인세법이 소득세법으로부터 독립하고, 법인세법에 의한 과세는 법인의 각 사업연도의 소득 및 청산소득, 그리고 각 사업연도의 자본에 대한 과세로 구성되며, 1948년에 개인주주가 받는 배당에 대해서 15%의 배당공제를 허용함으로써 부분적으로 이중과세를 완화하는 조치를 취하였다.4) 그 후 패전에 따른 미국법의 영향을 받은 Shoup 권고 세제에 따라 배당공제의 허용 폭이 커졌다가 배당소득을 근로소득에 비해 우대한다는 비판에 따라 다시 배당공제를 줄이는 등의 변화를 겪게 된다.5) 이리하여 일본의 소득세제는 기본적으로 법인에 대해서는 법인세를, 개인에 대해서는 소득세를 부과하는 이분법이 법제상 정착하여 오늘에 이르고 있으며, 이러한 이분법에 따라 야기되는 이중과세의 문제를 완화하기 위한 다양한 조치가 시행되어 오고 있다.6)

한편 법인 이외의 사업체에 대한 과세의 특징적인 점을 간추리면,7) 먼저 공익법인의 경우 전후에 이르기까지 비과세가 지속되다가 1945년에 수익사업을 영위하는 종교법인에 대한 과세가 시작되고, Shoup 권고에 따라 1950년에는 공익법인 등에 대한 수익사업 과세가 일반화 되었다.8) 다음으로 신

3) 金子宏, 前揭書(주1), 44頁

4) 金子宏, 前揭書(주1), 49頁

5) 金子宏, 前揭書(주1), 56頁

6) 增井良啓, “組織形態の多様化と所得課稅”, 租稅法硏究 30号(2002.12.), 5頁

7) 일본에서의 사업체 과세에 대한 입법의 변화 과정과 투시과세 제도의 전개과정을 설명한 자료로는, 增井良啓, 前揭論文(주6), 3-8頁; 長谷部啓, 前揭論文(주2), 80-92頁 참조.

8) 石村耕治『日米の公益法人課稅法の構造』19頁, 206頁 (1991). 增井良啓, 前揭論文(주6), 각주 10에서 재인용.

탁에 대해서는 1926년에 신탁법이 도입되고 이에 대응하여 수익자 과세원칙을 근간으로 하는 신탁세제 개정이 있었는데,[9] 이는 2000년에 이르러 신탁소득에 대한 법인과세 제도가 들어오기까지 적용되었다. 또한 1957년에 법인세법 개정을 통해 "법인이 아닌 사단 또는 재단에서 대표자 또는 관리인의 정함이 있는 것"을 "법인격 없는 사단 등"으로 정의한 다음,[10] 이를 법인으로 보아 수익사업에서 생긴 소득에 대해서 법인세를 부과하였다. 이러한 개정의 이유로는, "인격 없는 사단 등도 실질적으로 법인과 다르지 않는 활동을 하고 있는 것에 비추어 그것을 법인과 같이 취급하는 것이 실체에 합치할 뿐 아니라 공평하게 세부담을 분배하는 것이기 때문"[11]이라고 설명되고 있다.

이와는 달리, 조합에 대해서는 1955년부터 1958년에 걸쳐 保全經濟會라고 하는 익명조합 형태의 암금융이 발호하자 이익의 분배에 대해서 원천징수의무를 부담시키는 입법이 있었으나,[12] 민법상의 임의조합이나 상법상의 익명조합에 대해 정면으로 과세규칙을 입법하지 않은 채 행정해석인 通達을 통해 오늘날까지 운용하고 있는데, 이에 따르면 "법인이 아닌 사단은 다수의 자가 일정한 목적을 달성하기 위해 결합한 단체 가운데 법인격을 갖지 않는 것으로서 단순히 개인의 집합체가 아닌 단체로서의 조직을 가진 통일된 의지에 따라 그 구성원의 개성을 초월해서 활동을 행하는 것을 말하고, 민법 제667조의 규정에 의한 조합 및 상법 제535조의 규정에 의한 익명조합은 이에 포함되지 않는다"[13]라고 규정하여 행정해석을 통해 임의조합 등은 법인과세에서 제외하고 있음을 분명히 밝히고 있다.

---

9) 占部裕典『信託課税法 - その課題と展望』1頁 (2001). 增井良啓, 前揭論文(주6), 각주 12에서 재인용.

10) 日本 法人稅法 第2條 第3項

11) 金子宏, 前揭書(주1), 146頁

12) 增井良啓, "組合型式の投資媒體と所得課稅", 日稅硏論集 44卷(2000), 134頁

13) 日本 法人稅基本通達 1-1-1

위와 같이 일본에서의 사업체 과세에 대한 입법적 대응을 일괄해보면, 시대별로 사업체 과세에 대한 기본적 인식에 변화가 있어왔고 이에 따라 사업체 및 개인과세 체계에서의 불안정성을 지속적으로 드러냈지만, 사법 영역과 세법 영역에서 미국의 투시과세 제도 도입 여부를 둘러싼 논쟁이 활발해지는 1990년대까지 대체로 법인격 유무를 기준으로 삼아 소득세와 법인세의 이원적 운영을 주축으로 하면서 법인 이외의 단체의 경우 입법적 조치를 통해 사단성이 두드러지는 법인격 없는 사단 등의 경우에는 수익사업에 한해 법인과세를 적용하는 한편, 사단성이 옅은 민법상의 조합과 상법상의 익명조합에 국한하여 법인과세를 배제하고 투시과세 제도를 매우 제한적으로 운용해 온 것으로 평가된다.

즉, 사법 영역에 있어서 의제설과 실재설의 대립과는 별개로, 세법 영역에서는 법인이 개인과는 독립해서 사회적으로 영향력을 가진 실체라는 것을 전제로 해서 법인이 번 소득에 대해서 법인세를 과세하고, 주주에 대한 분배는 세후이익의 배당으로 보았다. 그 결과 배당을 받은 주주는 그 배당을 일단 과세표준으로 삼되 거기서 생기는 이중과세를 완화하는 차원에서 개인주주에 있어서 배당공제 및 법인주주에 있어서 수취배당 등의 익금불산입의 제도를 둠으로써 법인의 실재를 전제로 한 다음 경제사회의 변화에 대응시킨 제도로서 유지되어 오고 있는 것이라 할 수 있다.[14] 이러한 사업체 과세에 대한 일본의 입법연혁과 경험은 2008년에 미국의 파트너십 과세제도를 본 따 동업기업 과세제도를 도입하기 전까지 우리나라의 사업체 과세제도, 특히 뒤에서 살펴볼 공동사업장 과세제도에 가장 큰 영향을 미쳐온 것으로 평가된다.

14) 長谷部啓, 前揭論文(주2), 87頁 참조

II. 최근 사업체 유형의 재구축

1990년대 후반기에 들어서면서 미국의 파트너십 과세제도의 영향에 따라 이 세제가 지향하는 기업설립과 활동에서의 유연성 및 조세중립성의 요청에 따라 자연스럽게 일본에서도 회사와 임의조합 등은 물론 특정목적회사라든지 새로운 형태의 신탁 등에 대한 조직법상의 정비가 크게 이루어지게 되었다. 이러한 조직법상의 정비와 더불어 새로운 사업체 과세에 대한 논의가 활발히 전개되는데, 먼저 각종 사업체에 대한 조직법상의 최근의 주요변화를 정리하면 다음과 같다.

먼저 1995년 옛 상법의 회사법제에 관한 부분이 새로이 회사법으로 제정되면서 물적회사인 주식회사와 유한회사가 주식회사로 일원화된 것과 함께, 인적회사에 대해서는 미국의 LLC를 본떠 유한책임사원만으로 구성된 합동회사를 창설하여 기존에 사원의 일부 또는 전부가 무한책임사원인 합자회사 및 합명회사와 더불어 지분회사의 종류로 정리하였다. 이러한 회사 형태의 정비와 함께 조합 형태의 사업체에 대해서도 2004년에 미국의 유한파트너십(Limited Partnership)을 본뜬 투자사업유한책임조합("LPS")을 재정비하는 한편,[15] 2005년에는 파트너 전원이 유한책임을 부담하는 형태인 미국의 유한책임파트너십(Limited Liability Partnership)을 본뜬 유한책임사업조합("LLP")을 새로 창설하였다.[16]

즉, 일본의 경우 최근의 각종 회사법제 재편을 통해 회사 형태의 경우 사원 전원이 유한책임을 지는 전형적인 물적회사인 주식회사와, 사원의 일부 또는 전원이 무한책임을 지는 합자회사·합명회사 및 전원이 유한책임을 지는 합동회사[17]의 형태로 정비하였다. 또한, 조합 형태의 경우에도 조합원 전

---

15) 日本 LPS法 第2條
16) 日本 LLP法 第2條
17) 합동회사는 1995년 일본 상법 개정 시 미국의 LLC를 본떠 새로 도입된 회사형태인데, 유사한 조합형태인 유한책임사업조합(LLP)과 비교하여 다른 점으로는, 법인격

원이 무한책임을 지는 전통적인 민법상의 조합에 추가하여, 무한책임 조합원과 유한책임 조합원이 혼재하는 형태의 LPS 및 전원 유한책임 조합원만으로 구성된 LLP의 구조로 재편하였다. 그 결과 회사의 형태인지 조합의 형태인지에 상관없이 ①유한책임, ②무한책임 또는 ③유한책임+무한책임의 형태를 모두 선택 가능한 사업체로 재편함으로써 기업설립에서의 유연성을 확보하고자 시도한 것으로 평가된다.

위와 같이 회사 및 조합 형식의 사업체에 대한 조직법상의 정비와 더불어, 은행이 보유한 담보부동산이나 불량채권을 증권화하여 유동성을 확보할 목적으로 1998년에 특정목적회사에 의한 특정자산의 유동화에 관한 법률(이하 "SPC법"이라 함)이 제정되어 특정목적회사("SPC")라는 새로운 법인이 창설되었다. 이와 함께 투자매개체로서 신탁제도의 활용 필요성이 크게 증가한 점을 반영하여 1926년 신탁법 제정 이후 큰 개정이 없었던 신탁제도에 대하여 대폭적인 손질을 가하여 2006년에는 신탁법의 전면 개정(2007년 9월 30일부로 시행)이 이루어졌다. 이에 따라 수익증권발행신탁, 목적신탁, 자기신탁, 한정책임신탁 등의 실로 다양한 형태의 새로운 신탁유형이 창설되었다.

III. 사업체에 대한 과세제도의 정비

소득세와 법인세의 이원적 운용이라는 소득과세의 기본체계는 미국의 투시과세 제도 및 LLC와 같은 새로운 회사형태의 출현과 이러한 투시과세 사

을 갖추어 대외적 관계에서 법적 안정성이 높고, 반드시 전 사원이 업무집행에 참여할 필요가 없으며, 1인의 구성원으로도 존속이 가능한 점 및 주식회사로의 조직변경과 합병 등이 가능한 점 등을 들 수 있다. 日本 會社法 第576條 내지 第580條. 神田秀樹, 『會社法 第8版』, 弘文堂(2006), 10頁

업체들의 국제적 경제활동의 증가에 영향을 받아 1990년대에 들어 그 동안 민법상 조합과 상법상 익명조합에 국한되었던 투시과세 제도에 근본적인 변화가 일어나게 된다. 이와 함께 신종 투자매개체로서 특수목적회사의 창설에 따른 세제상 pay-through 제도를 새로 도입하는 한편, 사업 또는 투자의 매개체로서 그 유용성이 크게 증가하였음에도 불구하고 오랫동안 입법적 정비가 이루어지지 않았던 신탁에 대하여 2007년에 신탁법이 전면 개정됨에 따라 신탁에 대한 법인과세를 골자로 하는 과세상의 정비가 이루어졌다.

이러한 세제상의 변화 가운데 중요한 것들만 열거해 보면 다음과 같다.

1. 특정목적회사 및 지불배당손금산입제도(pay-through) 신설

1998년에, 자산유동화를 촉진하기 위하여 SPC법을 제정함으로써 SPC라는 새로운 법인이 창설되었다.

이러한 SPC법에 따라 새로 창설된 SPC는 자산유동화라 하는 특정의 목적으로만 존재할 수 있는 특수한 법인으로서 도관적인 존재에 지나지 않는다. 따라서 세제상으로도 이것에 적합한 과세상의 취급을 하기 위한 조치로서 일정한 요건을 충족하는 SPC가 지급하는 이익의 배당에 대해서, 소득의 90% 이상을 배당으로 지급하는 등의 요건을 충족하는 경우 당해 사업연도에 관한 지급배당에 대해서 손금산입을 인정하였다.[18] 이와 함께 SPC의 출자자가 SPC로부터 지급받은 이익배당에 대해서는 이중과세의 조정을 허용하지 않으므로 배당세액공제, 수취배당 등의 익금불산입의 적용은 없게 되었다.[19]

---

18) 日本 租稅特別措置法 第67條의14, 第67條의15

19) 이와 같은 과세형태는, SPC가 법인이므로 이를 법인세 납세의무자로 하면서 배당지급액의 손금산입을 인정하여 실질적으로 법인과세하지 않는다는 의미에서, 일반

2. 신탁에 대한 법인과세의 창설 및 확대

종래의 신탁에 관한 세제는 신탁재산에 귀속되는 수입 및 지출에 대해서 수익자가 특정되어 있는 경우에는 그 수익자가, 수익자가 특정되어 있지 않는 경우에는 그 신탁재산의 위탁자가 그 신탁재산을 가지는 것으로 보아 소득세법 또는 법인세법을 적용하는 것으로 되어 왔다.[20]

그러나 1998년에 상기 1.의 pay-through 과세제도가 창설된 후 SPC법의 개정을 통하여 회사형의 자산유동화와 함께 특정신탁(특정목적신탁 및 특정투자신탁)을 이용한 자산유동화가 인정되었다.[21] 특정목적신탁과 SPC가 갖는 기능의 유사성 및 특정투자신탁과 투자법인이 갖는 기능의 유사성에 착안하여 똑같은 기능을 수행하는 주체에는 똑같은 과세를 행하도록 과세의 균형을 맞추기 위해 2000년 이런 신탁 가운데 일정한 것에 대해서 신탁재산을 갖는 자인 수탁자(신탁회사)에 대해서 법인세를 과세하는 것으로 한 다음,[22] SPC의 경우와 마찬가지로 pay-through 과세제도가 채용되었다.[23]

그 후 2006년 일본 신탁법의 전면 개정에 따라 다양한 새로운 유형의 신탁제도가 창설된 것을 반영하여 2007년 세제개정을 통하여 신탁세제가 전면적으로 정비되었다. 이 개정에는 수익자 과세라 하는 신탁세제의 기본을 유지하면서 위탁자 과세를 폐지하는 것과 함께 신탁을 이용한 조세회피에 대응하는 등 신탁과세의 적정화를 도모하기 위해 법인과세 신탁제도가 새로

적인 조합사업에 관한 pass-through 과세와 구분해서 "pay-through 과세"라 칭하고 있다. 增井良啓, 前揭論文(이 책 12쪽·주4), 99頁 참조. 또한, 증권투자신탁법의 개정에 의해 창설된 회사형 투신인 증권투자법인에 대해서도 그 실질이 SPC와 동일하다는 이유로 SPC와 같은 조치가 강구되었다. SPC法 第2條 第11項.

20) 2007년 개정 전의 日本 所得稅法 第13條 第1項 本文 및 日本 法人稅法 第12條 第1項 本文.

21) 金子宏, 前揭書(주1), 254頁 참조.

22) 2007년 개정 전 日本 法人稅法 第7條의2 및 같은 法 第82條의2 이하.

23) 2007년 개정 전 日本 租稅特別措置法 第68條의3의3 및 같은 法 第68條의3의4.

만들어졌다.

이 제도는 신탁재산에서 생기는 소득에 대해서 당해 수탁자의 고유재산에서 생기는 소득과 구분해서 수탁자에게 법인세를 과세하는 것이고, 이렇게 법인과세가 적용되는 신탁에는 ①수익증권발행신탁, ②수익자가 존재하지 않는 목적신탁, ③법인이 위탁자가 되는 신탁으로서 일정한 요건을 갖춘 것, ④특정투자신탁 및 ⑤특정목적신탁 등이 포함되며, 집단투자신탁, 퇴직연금 등 신탁 및 특정공익신탁 이외의 대부분의 신탁이 그 대상이 된다.[24)]

그리고 이런 법인과세 신탁 가운데 특정목적신탁에 대해서는 계속 pay-through 과세가 채용되어 있지만, 다른 법인과세 신탁에 대해서는 일반법인과 같은 과세체계가 적용되어 있다.[25)]

3. 최근 조합과세에 대한 세제상의 조치

위에서 살펴본 일본에서의 사법상의 조직법 체계의 정비에도 불구하고 세제 측면에서 한 가지 매우 주목할 만 한 점은 숱한 논의와 주장에도 불구하고 우리나라와 같이 미국식 파트너십 과세제도의 전면적 도입을 시도하고 있지 않다는 점이다. 즉, 다양한 새로운 조직형태의 출현에도 불구하고 자산유동화 또는 신탁제도의 개선에 맞춰 세제상 법인세제를 보완하는 형태의 pay-through 제도를 도입하면서도 전통적인 사업체 과세의 기본골격인 법인격 유무에 따른 법인세 과세체계를 그대로 유지시키고 있다.

이러한 점은 사업체의 실질에 있어서 조합의 성격을 지닌 지분회사(합명회사, 합자회사 및 합동회사)에 대하여 여전히 조합과세 또는 투시과세 적용

24) 日本 法人税法 第2條 및 같은 法 第29條의2
25) 日本 租稅特別措置法 第68條의3의2 제1항 및 같은 法 第68條의3의3 제1항. 신탁에 대한 법인과세의 자세한 내용과 그 취지에 대해서는, 金子宏, 前揭書(주1) 359-362頁 참조.

을 배제하고 법인과세를 실시하고 있는 점 및 그 사업내용에 있어서 독자적인 사업체의 성격을 갖는다고 보기 어려운 자산유동화회사나 법인형태의 신탁에 대하여 비록 일정한 조건 하에 pay-through를 허용하고 있지만 기본적으로 법인과세의 한 형태라는 점에서 잘 드러난다고 할 수 있겠다.

이렇듯 법인격을 기준으로 한 전통적 과세체계의 유지는 조합형태의 새로운 사업체인 LPS와 LLP에 대하여 여전히 조합과세를 적용키로 한 점에서도 확인할 수 있다.[26] 한편 비록 미국식 파트너십 과세제도의 전면적 도입은 시행하지 않으면서 조합과세의 적용대상이 확대됨에 따라 이를 이용한 조세회피에 대응함은 물론 적정한 과세의 확보를 위한 다음과 같은 몇 가지 중요한 세제상의 조치가 이루어졌는데, 이러한 조치의 대부분은 미국의 파트너십 과세제도상의 조세회피 방지를 위한 규정과 그 맥이 닿아 있는 것으로 평가할 수 있다.

가. LLP의 손실에 대한 손금산입 제한

LLP 계약을 체결하고 있는 개인조합원 또는 법인조합원이 필요경비 또는 손금의 액으로 산입할 수 있는 조합손실의 액을 조합원의 조정출자금액을 한도로 하였다.[27]

나. 부동산소득에 대한 손익통산 등의 특례

부동산소득을 발생시키는 임의조합 등의 사업에 관한 개인조합원의 조합손실을 부인하며,[28] 법인조합원의 경우 ①조합채무의 책임 한도가 실질적인 조합재산의 가액으로 되어 있는 경우 등에는 조합손실 가운데 조합원의 조정출자금액을 초과하는 부분의 금액을 손금불산입하고, ②수익보증계약이

26) 日本 法基通 14-1-1 및 日本 所基通 36·37 共-19
27) 日本 租稅特別措置法 第27條의2, 第67條의13
28) 日本 租稅特別措置法 第41條의4의2

체결되어 있는 것과 같이 조합사업이 실질적으로 결손이 나지 않는 것이 분명한 경우에는 조합손실의 전액을 손금불산입하는 것이다.[29)]

다. 익명조합에 있어서 손실 통산 금지

이른바 익명조합을 이용한 항공기 리스사건의 1심 판결[30)]이 있은 후 동 사건의 항소심이 진행되고 있는 도중인 2004년에 익명조합과 같은 투자매개체를 이용한 남용행위에 대한 방지규정이 도입되었다. 즉, (익명) 조합원으로부터의 출자와 차입금을 자금원천으로 삼아 구입한 고가의 감가상각자산(항공기, 선박 등)을 임대하는 사업을 영위하면서 감가상각비나 차입금 이자를 계상하는 방식으로 조합손실을 만들어내어 조합원에 귀속시킨 다음 조합원의 다른 소득을 줄이는 방법으로 세부담을 줄이는 사례에 대한 제재가 필요하였다. 이에 위 나.에서 기술한 바와 같이 2006년부터 업무집행조합원을 선임해서 부동산소득[31)]을 발생시키는 사업을 행하는 민법상 조합의 개인조합원의 당해 사업에서 생긴 손실은 이것이 발생하지 않은 것으로 취급하였다. 더 나아가, 익명조합계약에 의한 개인 출자자(익명조합원)는 영업자로부터 받는 이익(손실)의 분배를 잡소득[32)]으로 취급함으로써[33)] 손익의 통산을 배제하고 있다.

---

29) 日本 租稅特別措置法 第67條의12 第1項

30) 名古屋地裁平成16年10月28日判決. 이 판결에 대한 자세한 논의는 이 책 제3장 제3절 제VI항의 3. 참조.

31) 日本 所得稅法에 따르면, 부동산 소득에는 부동산, 부동산상의 권리 및 선박 또는 항공기의 대부에 의한 소득을 포함한다. 日本 所得稅法 第26條. 金子宏, 前揭書(주1), 189頁 참조.

32) 일본 소득세법상 잡소득은 종합과세의 대상이지만, 그 계산상 음(-)의 금액이 나오더라도 잡소득 외의 소득과 통산하는 것은 가능하지 않다(日本 所得稅法 第69條). 金子宏, 前揭書(주1), 231頁 참조.

33) 日本 所得稅基本通達 36·37共-21. 椛島文子, "任意組合を用いた航空機リース事業による所得は不動産所得であり損益通算が認められるとされた事例", 稅法學 559(2008), 230-231頁 참조.

라. 기타

LLP 및 LPS에 대하여 각 조합원 소득과 손실에 관한 계산서를 제출할 의무를 부과하였으며,[34] 비거주자 또는 외국법인인 조합원에 대한 조합사업의 이익분배에 대하여 원천징수의무를 부과하였다.[35] 또한 익명조합원이 영업자로부터 받은 이익의 분배에 관해서도 익명조합원의 수에 상관없이 원천징수의무를 부과하였다.[36]

IV. 평가와 의의

회사·조합·특수목적회사·신탁 등에 대한 사업체 제도의 정비 및 이에 발맞춘 사업체 과세제도의 대응과정을 함께 고찰해 보면, 사업체 설립 및 운영상의 유연성을 확보함과 동시에 각 조직형태의 선택에 따른 조세중립성의 확보를 위한 근본적인 조치로서, 법인격을 기준으로 법인에 대해서는 법인세를, 조합에 대해서는 소득세의 한 형태인 조합과세를 적용하는 전통적인 이원적 구조를 그대로 유지하였다. 이와 함께 법인과 조합의 각 범주에서 유한책임, 무한책임, '유한책임+무한책임' 등의 다양한 사업형태를 모두 포함시켰다. 이는 결국, 상당한 세무행정상의 부담이 불가피하고 납세의무자의 조세회피 전략 구사에 따른 부작용이 클 것으로 평가되는 파트너십 과세제도의 도입 대신에 사업형태의 자유로운 선택을 통해 우회적 방법으로 조세의 중립성을 확보하고자 하는 시도로 평가된다.[37]

---

34) 日本 所得稅法 第227條의2

35) 日本 所得稅法 第180條 第1項 및 第214條 第1項

36) 日本 所得稅法 第174條의9

37) 미국의 파트너십 과세제도의 도입 여부에 대한 논란 속에서 이와 같은 취지의 주장을 한 대표적 논문으로는, 森信武樹, "新たな事業体と組合稅制", フィナンシャル·リビュ- 69号(2003.12.) 참조. 한편 미국식 파트너십 과세제도의 전면적인

즉, ①유한책임 구성원만으로 사업을 하고자 하는 경우, 법인과세의 적용을 받고자 한다면 주식회사(대규모인 경우)나 합동회사(소규모인 경우)를, 조합과세를 적용받고자 한다면 LLP를, ②무한책임 구성원만으로 사업을 하고자 하는 경우, 법인과세의 적용을 받고자 한다면 합명회사를, 조합과세를 적용받고자 한다면 민법상의 조합을, ③무한책임+유한책임 구성원인 경우, 법인과세를 적용받고자 하는 경우 합자회사를, 조합과세를 적용받고자 하는 경우 익명조합 또는 LPS를 이용함으로써 사업자들은 어떠한 사업형태에 대해서도 법인과세와 조합과세를 선택적으로 이용할 수 있다. 이를 표로 나타내면 아래 [표 2-3-1]과 같다.

[표 2-3-1] 일본의 사업체별 과세형태

	유한책임	무한책임	유한책임 + 무한책임
법인과세	주식회사(대규모) 합동회사(소규모)	합명회사	합자회사
조합과세	LLP	조합	LPS

이렇듯 미국식 파트너십 과세제도를 전면적으로 도입하지 않으면서 전통적인 조합과세 방식만을 그대로 유지한 채 납세의무자에게 기업형태의 선택에 있어서 과감한 선택권을 부여하는 방식으로 조세중립성을 확보하고자 한 일본의 시도는 일본과 유사한 사법상의 사업체 분류체계와 과세상의 취급을 해 오던 우리나라가 미국의 파트너십 과세제도를 본뜬 동업기업 과세제도로 대응하는 방식과는 매우 대조적인 대응을 해 나가고 있는 것으로 평가된다. 미국식 파트너십 과세제도의 도입에 대한 이러한 일본의 대응방식의 가장 큰 원인은 이러한 제도를 통한 조세회피방지의 폭과 깊이가 얼마나 될지 모

도입을 주장하는 논문으로 高橋祐介, "組合課税 - 簡潔·柔然·公平な組合課税の立法提案", 租税法研究 30号(2002) 참조.

른다는 우려와 과세당국의 집행가능성이나 납세의무자의 compliance상의 어려움이 얼마나 클 지에 대한 두려움에 있다고 볼 수 있겠다.[38]

38) 高橋祐介, 前掲論文(주37), 44頁; 森信武樹, 前掲論文(주37), 137頁; 增井良啓, 前掲論文(주6), 23頁 참조.

제4절 우리나라의 공동사업장 및 동업기업 과세제도

I. 공동사업장 과세제도

우리나라에서 공동사업에 대한 과세규정을 처음 도입한 것은 1965년 말 개정된 소득세법(1965년 12월 20일 법률 제1719호)으로서 같은 법 제2조의2에 따르면 "자산의 공유자·합유자·총유자 또는 공동사업의 경영자는 그 지분 또는 손익분배비율에 의하여 분배된 소득금액에 의하여 소득세를 납부할 의무가 있으며 분배되지 아니한 소득금액에 대하여는 연대하여 그 소득세를 납부할 의무가 있다"라고 정하여 민법상 조합과 같은 공동사업에서의 소득에 대한 과세방식을 최초로 정하였다. 그러나 "분배된 소득금액"과 "분배되지 아니한 소득금액"의 구분 기준 및 과세효과에 어떠한 차이가 있는지가 다소 불분명하였다. 그 후 1974년 개정 소득세법(1974년 12월 24일 법률 제2705호) 제56조에서 "부동산소득·사업소득·양도소득 또는 산림소득이 있는 거주자가 자산을 공유 또는 합유하거나 공동으로 사업을 경영하는 경우에는 그 지분 또는 손익배분의 비율에 의하여 분배되었거나 분배될 소득금액에 따라 각 거주자별로 그 소득금액을 계산한다"라고 정하여 조합 등을 통한 공동사업의 소득에 대해서 "분배" 여부와 상관없이 손익분배비율에 따라 공동사업자에게 과세되는 점을 분명히 함으로써 투시과세로서의 이 제도의 성격을 분명히 하였다.

그 후 1976년 소득세법 개정 시 부동산소득·사업소득·산림소득이 있는 공동사업을 경영하는 장소를 "공동사업장"이라 칭하고, 공동사업장을 1사업자로 보아 소득금액을 결정하여 공동사업자들에게 분배하는 현행 공동사업장 과세와 유사한 꼴을 갖추게 되었다(같은 법 제133조의2). 이러한 과세 틀은 1994년 소득세법 전면 개정(1994년 12월 22일 법률 제4803호) 시에도 그대로 유지된 채 제2조 제1항에서 공동사업장에 대한 소득금액을 계산하는 때에는 당해 거주자별로 납세의무를 지우고, 제43조에서 공동사업장을 1거주자로 보아 소득금액을 계산한 다음, 지분 또는 손익분배의 비율에 의하여 분배되었거나 분배될 소득금액에 따라 각 거주자별로 그 소득금액을 계산하도록 정하였다. 이렇듯 공동사업장 단위의 소득금액 계산 및 공동사업자간의 소득의 분배를 통해 공동사업자가 납세의무를 부담하기 위한 최소한의 계산규정을 마련한 상태에서 제도를 운용한 것으로 평가된다.

2000년대에 들어서면서 미국의 파트너십 과세제도 도입에 대한 논의가 활발해짐과 동시에 이러한 공동사업장 과세제도의 적용범위가 제한적이고 규정이 지나치게 단순하여 투시과세제도로서의 역할을 제대로 하지 못한다는 비판이 제기되자 미국의 파트너십 과세제도의 전면도입에 앞서 2004년 말 조세특례제한법 개정(2004년 12월 31일 법률 제7322호)에서 일정한 지식기반산업을 영위하는 인적회사(합명·합자회사)에 대하여 한시적(2008년 12월 31일 限)으로 지급배당 손금산입 제도를 도입하여 일정한 인적회사에 대한 이중과세 부담을 완화시킨 바 있다. 또한 2006년 소득세법 개정(2006년 12월 30일 법률 제8144호)을 통하여 이 제도의 적용범위에 상법상 익명조합을 포함한다는 점을 분명히 하고(제43조 제1항), 약정에 의한 손익배분비율이 우선한다는 점(같은 조 제2항) 및 공동사업장에 대한 세원관리(제81조, 제87조) 등의 규정을 두는 등의 입법상의 정비를 거쳐 오늘에 이르고 있다.

II. 동업기업 과세제도의 도입

공동사업장 과세제도는 민법상 조합이나 상법상 익명조합 등 일정한 사업형태에 대하여 투시과세 제도를 적용한다는 점과 그 과세방법에 대한 매우 기본적인 원칙만을 규정함으로써, 그 적용범위가 지나치게 협소하고, 법인이 조합원으로 포함된 조합의 경우 적용이 불가하다거나, 자산의 현물출자, 지분의 양도, 자산의 분배 등에 대해 이중과세 조정을 위한 체계적 과세규정이 미비하여 미국의 파트너십 과세제도와 같은 투시과세제도로서의 역할을 못한다는 문제점이 줄곧 제기되었다.[1] 이러한 문제점에 대하여 공동사업장 과세제도를 보완함으로써 대응하자는 주장과 미국의 파트너십 과세제도와 같은 새로운 제도를 도입하자는 주장이 한동안 대립하였다. 그러다가, 2006년 상법 개정안에서 새로운 형태의 사업체인 합자조합(Limited Liability Partnership)과 유한책임회사(Limited Liability Company) 제도가 포함되자 이와 같은 새로운 형태의 사업체에 대한 세제상 정비가 필요하다는 인식에 따라 미국식 파트너십 과세제도 도입이 힘을 얻게 되었다. 이에 정부는 관계, 학계 및 실무계의 전문가로 구성된 실무대책반(Task Force)을 구성하여 여기서 정리된 내용[2]을 바탕으로 공청회 등의 통상적인 입법절차를 거쳐 2007년 말 조세특례제한법 개정(2007년 12월 31일 법률 제8827호) 시 공동사업장 과세제도와는 별개로 미국의 파트너십 과세제도를 본뜬 동업기업 과세제도를 전격 도입하게 되었다. 이 제도의 주요 내용을 공동사업장 과세제도와 비교한 내용은 아래 [표 2-4-1]와 같다.

---

1) 국회 재정경제위원회, 조세특례제한법 일부개정법률안(정부제출) 검토보고(2007.10.2.) (이하 "국회 검토보고") 64쪽 참조.

2) 안종석, "파트너십 과세제도 도입방안", 한국조세연구원 정책토론회 자료(2007.6.) 및 이 자료의 부록인 "파트너십 과세제도 TF 논의 결과"(이하 "TF案") 참조.

[표 2-4-1] 공동사업장 과세와 동업기업 과세 비교[3)]

구분	공동사업장 과세제도	동업기업 과세특례
적용대상	ㅇ조합(개인+개인)	ㅇ조합(개인+개인, 개인+법인, 법인+법인) ㅇ합명·합자 및 일부 유한회사
대상소득·소득구분	ㅇ사업소득·부동산임대소득 * 1 거주자로 취급	ㅇ동업자군별로 소득세법 또는 법인세법에 따른 소득구분 * 동업자군별로 각각 1거주자, 비거주자, 내국법인 또는 외국법인으로 취급
과세방식	ㅇ(도관설) 조합(동업기업) 단계에서는 비과세 조합원(동업자)에게 배분(약정비율 인정)하여 과세 ㅇ(실체설) 조합(동업기업)을 소득계산·소득신고의 실체로 취급	
결손금 배분	ㅇ결손금 배분 가능	ㅇ지분가액 한도로 결손금 배분 가능(5년간 이월가능)
제3자 거래인정 여부	ㅇ조합과 조합원간 독립된 제3자 거래 부인	ㅇ동업기업과 동업자간 독립된 제3자 거래 인정(익금·손금 인식) * 근로소득으로 구분 / 인건비 처리
지분가액 조정	ㅇ가감조정 안 함 ※ 지분가액 = 출자분 * 별도 규정 없음	ㅇ가감조정함 (증액) 출자금액 소득배분금액 (감액) 자산분배금액 결손금배분금액 ※ 지분가액=출자분+기과세소득
지분양도	ㅇ개별자산을 양도된 지분율 만큼 양도한 것으로 취급	ㅇ법인의 주식·출자지분(일반주식/특정주식) 양도로 취급
자산의 분배	ㅇ지분가액 초과금액은 의제배당으로 과세	ㅇ지분가액 초과금액은 배당소득으로 과세
현물출자	ㅇ유상양도로 과세 * 별도 규정 없음	
노무출자	ㅇ지분취득시 과세 (과세 안 된 경우 지분양도시 과세) * 별도 규정 없음	
기타	ㅇ소득계산·배분내용 신고의무 및 가산세	
	ㅇ배분소득에 대한 원천징수의무 부존재 ㅇ원천징수세액, 가산세 배분	ㅇ배분소득에 대한 원천징수 의무 부여(비거주자·외국법인) ㅇ세액공제·세액감면, 원천징수 세액, 가산세, 토지 등 양도소득에 대한 법인세 배분

법인에 대한 법인과세와 함께, 소득세법에 따른 공동사업장 과세제도를 그대로 존속시킨 채로 새로이 동업기업 과세제도를 도입하면서 공동사업장 과세대상인 사업체뿐만 아니라 법인과세의 적용을 받던 인적회사 등이 새로운 제도를 적용받을 수 있는 선택권을 부여함에 따라 우리나라 사업체 과세방식은 공동사업장 과세방식과 동업기업과세방식 간의 선택이 가능한 사업체, 동업기업과세방식과 법인과세 방식 간의 선택이 가능한 사업체 및 법인과세 방식만이 가능한 사업체 등으로 나뉘게 되었다.

새로 도입한 동업기업 과세제도는 인적 색채가 강한 다양한 사업체들로 하여금 실체과세와 투시과세 간의 선택권을 부여함으로써 세제의 중립성을 확보할 수 있을 뿐만 아니라 동업기업에 대한 현물출자, 손익배분, 지분양도 및 청산, 자산의 분배 등에 따른 과세상 효과를 분명히 한 점과 투시과세 제도의 핵심적 개념으로서 지분가액 제도를 도입한 점 등에서 기존의 공동사업장 과세제도에 비해 한층 진일보된 투시과세 제도로서 그 의의가 크다고 할 수 있겠으나, 이 책에서 살펴보는 바와 같이 개별적인 쟁점들에 대한 입법태도가 지나치게 과세행정상의 편의와 조세회피 방지에 치우침으로서 투시과세 본연의 모습과는 상당한 거리를 두고 출발하고 있어 앞으로 이 제도에 대한 계속적인 논의와 개선노력이 필요할 것으로 평가된다.

III. 소결

우리나라의 동업기업 과세제도는 기본적으로 미국의 파트너십 과세제도를 단순화한 것이라 평가할 수 있다. 미국에서 파트너십 과세제도가 형성되고 발전되어 온 과정은 다양한 사업조직에 대한 사법상의 권리의무의 귀속주체, 즉 법인격의 유무와 무관하게 사업체 구성원에 대한 과세의 편의에서 출발

3) 국회 검토보고(주1), 66쪽에서 인용.

하여 먼저 파트너십 과세와 같은 투시과세 체제가 형성된 다음, 여기서부터 오늘날의 법인과세 방식이 분화되어 온 것으로 평가된다. 이에 따라 이 제도는 기업소득에 대한 법인과세와 개인소득과세의 전통적 이중과세 체제 속에서 여전히 독자적인 과세영역을 차지해 온 것으로 평가된다. 이러한 역사적 연원에 따라 미국의 파트너십 과세제도는 매우 정치한 과세구조를 띠고 있으며, 이러한 세제상의 특징이 역으로 사법상의 사업체 조직형태와 체계에 커다란 영향을 미치고 있다. 이리하여 이러한 투시과세의 적용대상 기업의 국제적 활동에 따라 우리나라와 일본을 비롯한 세계 각국의 조합과세 또는 투시과세 제도에 심대한 영향을 미치고 있다.

다음으로, 일본은 미국의 파트너십 과세제도에 대하여 이를 전면적으로 도입하기보다는 법인격 유무를 기준으로 법인과세와 소득과세로 구분하는 전통적 방식을 그대로 유지하는 한편, 다양한 사업조직 형태에 대하여 법인 형식과 조합 형식에 대한 선택권을 부여하는 방식으로 사업조직 형태에 있어서의 유연성과 조세중립성을 확보하는 방향으로 사법체계 및 세제상의 개정을 하였다.

일본과 달리 우리나라는 그동안 법인격 유무에 따른 법인세제와 소득세법상의 공동사업장 과세제도를 그대로 유지하면서 미국의 파트너십 과세제도를 본뜬 동업기업 과세제도를 시행하여 조합은 물론 그 동안 법인과세를 적용받던 인적회사 및 일부 유한회사에 대하여 이 세제를 선택적으로 활용할 수 있도록 허용하는 방식을 택하여 법인격 기준의 과세제도에서 큰 변화를 일으켰다. 이는 과세 체계상의 측면에서는 미국의 파트너십 과세제도 도입에 좀 더 전향적인 태도를 보인 것으로 평가되나, 동업기업 과세제도의 내용에 있어서는 그 동안의 공동사업장 과세제도와 실질에 있어서 근본적인 변화를 모색하고 있는 것이라고 평가하기는 어려우며, 이 점에 있어서 새로운 동업기업 과세제도는 입법상의 개선의 여지가 많은 것으로 판단된다.

제5절 소결

본 장에서의 논의결과를 요약하면,

미국, 일본 및 우리나라는 서로 다른 역사적 발전과정을 거쳐 투시과세제도에 대한 상이한 수준의 기능과 역할을 수행케 하면서 오늘에 이르고 있다. 미국의 경우 투시과세 본연의 집합적 관점에서 탈피하여 실체적 관점을 과감하게 수용하는 한편 사업체 설립과 해산·청산에 따른 동결효과를 제거하기 위해 과세이연을 폭넓게 허용함으로써 개인소득과세 및 법인과세와 뚜렷이 구분되는 독자적인 소득과세 체계를 구축하였다. 이에 반해, 일본은 조합에 대한 私法상의 성격에 충실한 집합적 접근만을 고수함으로써 미국에서와 같은 유연한 사업체의 활용도를 떨어뜨리는 희생을 감수하면서 구성원에 대한 개인소득과세 또는 법인과세의 일부로서의 이론적 일관성을 유지하고자 한 것으로 평가할 수 있다. 우리나라의 경우 그 동안 일본의 조합과세와 유사한 형태의 공동사업장 과세제도를 운영하다가 미국의 제도를 본뜬 동업기업 과세제도를 도입하였다. 그러나 그 내용에 있어 미국의 제도가 지닌 긍정적 효과를 기대하기가 어려운 매우 취약한 형태의 투시과세 구조를 취한 것으로 평가할 수 있겠으며, 이러한 평가는 제3장 이하의 논의를 전개하는데 있어서 기본적인 문제의식이라 할 수 있겠다.

투시과세제도의 이론적 바탕으로서, 집합적 접근방식이 비록 세제를 어렵고 복잡하게 만드는 부정적 측면이 있음에도 불구하고 이 접근방식이 주요한 논거로 삼고 있는 공평과 조세의 중립성을 추구해야 한다면 이러한 집합적 접근방식은 이론적으로 탄탄한 논리구조를 갖추고 있을 뿐만 아니라 입법 및 해석상의 기준으로서 그 가치가 매우 크다고 평가할 수 있다. 그럼에도 불구하고 현실의 세제에서 실체적 접근방식이 광범위하게 퍼져있는 상황은 이러한 이론적 수월성만으로 투시과세 제도를 운용할 수 없는 현실을 반영한 당연한 결과이다. 이러한 현실적 제약요소로는 결국 세제 자체의 집행상의 어려움과 사적 자치 또는 유연성의 영역을 세제가 넓게 인정함으로써 달성하고자 하는 세제의 틀을 벗어난 보다 높은 차원의 정책적 목표를 반영한 것이라고 평가할 수 있겠다.

또한 집합적 관점과 실체적 관점의 대립과는 별개로 투시과세 제도를 어렵게 만드는 또 다른 요소로서 사업체의 설립과 해산·청산에 있어서 동결효과를 제거하기 위해 도입된 과세이연의 문제를 들 수 있다. 동결효과에 대한 해결책으로서 과세이연이 과연 타당한 방법인지에 대해서는 소득세제 본질론에 근거하여 많은 비판이 제기되고 있는 실정이지만, 현실의 세제는 법인과세 뿐만 아니라 투시과세의 많은 영역에서도 상당한 영향을 미치고 있으며, 이는 결국 산업정책적인 고려가 세제의 논리를 압도한 결과로 볼 수 있겠다.

이렇듯 현실의 세제에서 집합적 접근방식과 실체적 접근방식, 그리고 과세이연이 혼용됨으로써 투시과세제도는 필연적으로 사업체 단계에서의 손익의 계산구조를 갖추는 것과 함께 그 구성원 단계에서도 별도의 세무상 손익의 계산구조를 만들어야 한다. 그런 까닭에 파트너십에 특유한 회계처리 방식을 필요로 하며 이는 일반적인 기업회계의 규칙보다 한결 복잡한 꼴을 띠게 된다. 또한 투시과세제도의 이러한 이중적 성격으로 인해 파트너들의 과세소득 계산에 있어서도 파트너십에 대한 파트너들의 경제적 실질에 기초한 지분 몫을 나타내는 자본계정과 파트너십 지분에 대한 단지 세무상의 기준가액을 나타내는 지분가액으로 나뉘어 별도의 관리가 필요함은 물론, 파트너십 단계에서도 보유하는 각 자산의 시가에 터잡은 장부가액과는 별도로 각 자산별로 세무상 원가에 터잡은 내부기준가액을 관리해야 함으로써 세제가 복잡해지는 주요 요인으로 작용하고 있다.

이렇듯 현실의 세제는 실질보다는 형식에 기초한 실체적 접근방식이 광범위하게 퍼져 있으며, 이는 불가피하게 가공손실의 배분을 위한 조세은신처와 같은 남용의 가능성을 만들게 된다. 따라서 이를 방지하기 위한 제도적 보완을 해 나가는 과정에서 위험부담 원칙이라든지 수동적 손실제한 원칙과 같이 경제적 실질과 공평의 이념에 입각한 입법자의 일정한 선긋기 노력이 지속되고 있다. 이러한 노력은 결국 집합적 접근방식과 그 맥이 닿아 있다고 평가할 수 있으며, 이 점은 앞으로 제3장 이하에서 살펴볼 세부적 쟁점들에서도 쉽게 확인이 가능하다.

제 3 장

파트너십 과세제도의 주요 쟁점별 고찰

투시과세란 사업체를 투시의 대상으로 삼아 사업체 단계에서의 손익을 현실적 분배와 무관하게 그 구성원에게 귀속시켜 과세하는 방식으로서 앞서 제2장에서 살펴보았듯이 그 속성상 집합적 접근방식과 실체적 접근방식의 혼용이 불가피하다. 이에 더하여 곳곳에서 과세이연의 현실적 논리가 이와 같은 이론적 주장에 더해지거나 이를 압도함에 따라 투시과세 사업체의 설립과 운영 및 지분양도와 분배(청산)의 全과정을 일관하는 단일의 논리체계를 짜는데 분명한 한계가 존재하며, 세제가 극도로 복잡해진다. 이렇듯 투시과세를 둘러싼 여러 입장과 논리는 각자 나름대로의 이론적 토대와 현실의 문제를 해결하는데 일정한 역할과 기능을 수행하므로 현실의 세제는 이렇게 대립되는 관점의 적절한 타협일 수밖에 없다. 투시과세 제도의 각 쟁점에 대하여 어떠한 입장을 취하고 구체적인 내용은 어떠해야 하는가의 문제는 결국 세제 전체의 틀 속에서 투시과세 제도에 어떠한 역할과 기능을 맡길 것인지 및 이러한 투시과세 제도를 통해 달성하고자 하는 세제를 포함한 경제정책상의 목표가 무엇인지에 달려있다 하겠다.

이러한 점을 염두에 두고 본 장에서는 투시과세 제도의 개별적 쟁점들에 대하여 투시과세 제도의 적용범위(1절)를 시작으로, 설립(2절) → 운영(3절 및 4절) → 지분양도(5절) → 분배(6절)의 순서로 투시과세제도의 구체적인 내용은 무엇이며 각국이 이러한 내용을 취하는데 어떠한 이론적·현실적 고려가 작용하고 있는지를 미국과 일본의 제도를 위주로 살펴보면서 우리나라의 투시과세 제도 운영상의 시사점을 찾고자 한다.

제1절 파트너십 과세제도의 적용범위를 둘러싼 문제점

I. 개설

사업체 단계의 이익과 손실을 포함한 각종 조세특성을 그 구성원에게 투시(pass-through)하는 과세방식을 어느 사업체에까지 적용할 것인가? 이 절에서는 이러한 투시과세 방식의 적용대상을 정하는데 있어서 고려해야 할 기준은 무엇인가를 고찰하고자 한다.

오늘날 경제활동의 대부분은 공동사업의 형태로 행해지고, 그 경우에 공동사업을 영위하는 조직체는 전통적으로 조합과 법인(상법상의 회사를 포함)으로 구분되어 왔으며, 세제상으로는 각각 조합과세(또는 공동사업장 과세)와 법인과세의 방식을 취해왔다. 그러나 최근 자산유동화의 진전이나 지적재산, 노하우, 노무 등의 인적 자산을 집약한 형태의 공동사업의 수요가 급격히 늘고, 다종다기한 금융상품 투자매체와 다양한 신탁 형태가 널리 활용되면서 이들 새로운 사업체에 있어서 이러한 사업체가 법인인지 여부와는 무관하게 전통적으로 조합에 대해 적용되던 과세상의 pass-through性에 대한 요구가 증가하고 있다.

이에 따라 다양한 사업체에 대하여 pass-through성을 부여하는 기준과 구체적인 범위에 대한 각국의 입법 례를 살펴본 다음 올바른 방향을 검토해 보고자 한다.

II. 미국의 Check-the-Box 규칙

1. 문제의 소재

미국에서 회사에 대한 소득과세가 생긴 이래 1996년 재무부 규칙에 따른 Check-the-Box 규칙이 만들어지기까지 어느 공동사업체를 법인과세할지, 아니면 파트너십으로 보아 투시과세할지에 대한 입법태도가 불분명한 가운데 법원의 판결에 따른 과세당국의 해석기준이 심하게 요동하여 왔다.[1] 이렇듯 간명하고 객관적인 구별기준이 확립되지 못한 배경에는 다음의 두 가지 이유를 들 수 있다. 먼저, 1913년 소득세법이 제정된 이후 두 차례의 세계대전과 대공황을 거치면서 장기간 동안 개인의 최고세율이 법인세율보다 훨씬 높기 때문에, 법인과세의 대상이 되어 추가적인 조세부담을 지더라도 법인 내 이익을 유보하는 전략이 세부담 측면에서 유리하였고, 또한 적격연금제도 제정의 영향으로 州 법상 회사가 아닌 단체의 경우에도 법인과세를 받는 것이 유리한 측면이 있었다는 점이다. 다른 한편, 이와 반대의 측면에서 파트너십의 경우 공동사업에서 생긴 소득 외에 손실도 파트너에게 직접 귀속하는 것으로서 소득계산이 행해지므로 가속상각이나 지급이자의 발생에 의해 인위적인 손실을 발생시킬 수 있는 투자사업의 형태에서는 오히려 파트너십으로 취급되는 쪽이 유리한 점이 있었다는 점이다.[2]

이렇듯 법인과세와 투시과세의 적용 여부에 대하여 아래에서 볼 수 있듯이 납세의무자나 과세당국 모두 유사한 사실관계를 지닌 사안들에서 어떤

---

1) 이러한 불안정성의 직접적 원인은 1917년 이래 IRC는 "회사(corporation)"의 정의에 "단체(association)"를 포함하고 있는데, 이러한 "association"을 정의하는 임무가 대체로 법원, 재무부 및 IRS에 맡겨졌기 때문이다. IRC §7701(a)(3). William S. McKee, et al.(이 책 35쪽·주37), ¶3.06

2) 이와 유사한 취지의 지적으로, William S. McKee, et al., *supra* note 1, ¶3.06; Stephen A. Lind, et al.(이 책 42쪽·주48), pp.5-6 참조.

경우는 법인과세를 또 다른 경우에는 투시과세를 주장하고 나섬에 따라 과세행정의 예측가능성이 떨어지고 조세회피를 위한 남용가능성이 커지는 등의 문제가 지속되었다.

2. 법원의 판단에 따른 과세당국의 기준 변화

일정한 공동의 사업체가 상기한 바와 같은 납세의무자의 조세목적에 따라 어느 경우는 법인과세로, 어느 경우는 파트너십 과세의 대상이 되는 문제에 대하여 의회가 명확한 기준을 제시하지 않는 동안 법원의 판단은 계속 변화하여 왔다.

먼저 1934년의 Morrissey 판결[3]에 따른 소위 '유사성 기준'인데, 이 기준에 따르면 법인과세와 파트너십 과세의 분류기준으로 해당 사업체가 복수의 구성원의 존재여부, 영리를 목적으로 하면서 그 수익을 분배할 목적이 있는지 여부, 조직 자체의 명의로 재산을 소유할 수 있는지 여부, 관리·경영의 집중 여부, 구성원의 사망·파산 등에 상관없이 계속 존재하는지 여부, 구성원의 유한책임성, 조직에 대한 지분의 양도성 등의 요소들을 고려하여 해당 단체가 법인에 보다 유사한 때에는 단체로서 법인과세의 대상으로 된다는 것이다. 그러나 자금을 공모하여 골프장을 운영하는 일종의 사업신탁(business trust)에 대하여 유사성 기준을 적용하여 이에 대해 법인과세를 인정한 법원의 판단은 1960년대 들어와 법인의 형식을 빌려 내부유보전략을 시도하거나 적격(퇴직)연금의 손금산입을 시도하는 사태가 빈발하자 그 한계에 봉착하게 된다.

이러한 상황에서 나온 법원의 대응이 Kintner 판결[4]인데, 이 사건에서 납세의무자(의료 공동사업자들)는 州 법에 따라 의료법인의 설립이 불허되는 상

3) Morrissey v. CIR, 296 US 344 (1934)
4) US v. Kintner, 216 F.2d 418 (9th Cir., 1954)

황에서 적격 퇴직연금계획(qualified retirement plan)과 부가급여(fringe benefit)의 손금산입이 가능한 법인과세를 주장할 목적으로 이번에는 반대로 자기들의 사업체가 법인과세의 대상이 된다고 주장하고 나선 것이다. 이러한 상황에서 과세당국은 Morrissey 판결에서와 같은 주장을 더 이상 할 수 없게 되었고 급기야 유사성 기준에 따른 개별적 판단을 수정하여 조직의 계속성, 경영의 집중, 구성원의 유한책임성 및 지분의 양도성의 4가지 속성 가운데 3가지 이상의 성질을 가지면 법인과세의 대상이 되는 "단체(association)"에 해당한다는 소위 Kintner 규칙[5)]을 제정하게 되었다.

모든 면에서 명료하다고는 할 수 없지만 Kintner 규칙은 이후 1996년 Check-the-Box 규칙이 제정되기까지 법인 아닌 사업체의 법인과세 판단기준으로 적용되어 왔으나 1970년대 후반부터 일부 州에서 입법되기 시작한 LLC의 급속한 확산을 계기로 중대한 기로에 직면하게 된다. 즉, 사업체의 소유자인 구성원들이 사업체의 경영에 참가하더라도 그 부채에 대해 유한책임만을 부담하며, 합의를 통해 매우 유연한 지배구조를 만들 수 있는 사업체가 탄생하자, 1988년 과세당국은 드디어 Wyoming 州의 LLC에 대해 연방세법 목적상 이를 파트너십으로 분류하게 되었으며, 이를 계기로 그 후 LLC는 모든 州로 확산되었고 오늘날 대부분의 州는 단지 1명의 구성원만을 가진 LLC도 허용하고 있다.[6)]

다른 한편, LLC와는 별개로 유한파트너십("LP")을 이용한 각종 조세은신처가 유행하자 과세당국은 이러한 LP가 법인과세의 대상이 되기 위한 매우 엄격한 요건을 두게 되었지만[7)] 이러한 요건은 Kintner 규칙이나 판례의 입장과 조화되지 않는다는 이유로 법원에 의해 계속 좌절당하면서 새로운 원칙의 제정 필요성을 촉진시켰다.[8)]

5) Treas. Reg. §301.7701-2

6) LLC의 역사적 연혁과 조세제도에 미친 영향에 대해서는 Bishop & Kleinberger, *Limited Liability Companies: Tax and Business Law*, WG&L(2003) 참조.

7) Rev. Proc. 89-12

3. Check-the-Box 규칙

이렇듯 법인과세와 투시과세의 대상이 되는 "단체(association)"의 판단기준에 대하여 법원의 판례에 따른 과세당국의 규칙이 요동친 결과 1996년에 들어 과세당국은 새로운 규칙을 제정하여 끊임없이 논란이 되었던 기존의 유사성 기준과 Kintner 기준을 모두 폐기하였다. 그런 다음 모든 비법인 단체는 그 단체가 연방 소득세법상 C Corporation으로 과세되는 단체로 선택하지 않으면 연방 조세목적상 자동적으로 파트너십으로 분류되는 이른바 "Check-the-Box 규칙"[9]을 시행하게 되었다. 이에 따르면, 연방 및 州 법에서 그 사업체가 법인화(incorporated)된 것으로 언급된 사업체와 다른 법령에 의해 법인과세되는 사업체(PTP 등)는 연방 조세목적상 법인으로 취급되며, 그 이외에 2 이상의 구성원을 가진 비법인 사업체는 법인으로 달리 선택하지 않는다면 원칙적으로 파트너십으로 분류되어 투시과세를 적용받게 되었다.

새로운 규칙에 의하면 파트너십의 선택에 따라 파트너십 또는 법인과세의 대상이 될 수 있게 되므로 이를 이용한 조세남용의 가능성이 매우 커지게 되었다. 즉, 이와 같은 납세의무자의 자의적 선택에 따른 조직의 성격 부여라는 Check-the-Box 제도가 인정된 배경에는, 이를 악용한 납세의무자들의 조세남용에 충분히 대응할 수 있다는 과세당국의 나름대로의 판단이 크게 작용한 것으로 평가되는데 이렇듯 전향적인 제도변경을 가능하게 했던 주요한 요인을 살펴보면 다음과 같다.

먼저, 사업체에 대한 법인과세에 대한 큰 유인요소의 하나였던 낮은 법인세율과 높은 개인소득세율간의 이중과세 구조를 획기적으로 변화시켜, 법인세율을 인상하면서 개인소득세율을 인하하여 누진성을 대폭 완화시킴으로써 사업체 선택에서의 중립성을 확보하기 위한 조치를 지속적으로 취하였다.

---

8) Bittker & Lokken(이 책 26쪽·주19), ¶90.13 참조.

9) Treas. Reg. §301.7701-1 이하

즉, 1960년대~1980년대 중반까지 법인세율은 46%, 개인소득세 최고세율은 70%에 이르렀으나, 1987년에 들어서는 법인세율은 34%인데 반해, 개인소득세 최고세율은 28%로 세율의 역전현상이 생겼으며, 그 후 1993년 다시 (최고)소득세율 39.6%, 법인세율 35%로 바뀐 후, 2003년 이후 법인세율과 소득세율이 똑같이 35%로 변화하였다.[10]

둘째, 적격연금신탁계획 제도에 따라 법인이 아닌 파트너십의 사업주(파트너)가 이 계획에 참가하는 것이 불허된 점이 사업체 선택에서의 중립성을 해치는 요소로 작용했다는 반성에 따라 수차례의 개정을 거쳐 1982년에는 법인이 아닌 사업체의 사업주에 대해서도 일반 종업원과 마찬가지로 퇴직계획의 참가가 인정되었으며, 이와 같은 개정에 따라 이 문제가 기업 형태의 선택에 더 이상 영향을 미치지 않게 되었다.[11]

다음으로, 위의 두 경우와는 반대로 실질적으로는 법인이면서 과세상 파트너십 취급을 받아 사업체에서 생긴 손실을 구성원들이 이용 가능하도록 하는 납세의무자의 시도에 대응하여, 이와 같은 계산상의 가공손실을 만들 수 있는 가속상각 등의 규정을 손질하여 그 허용 폭을 대폭 삭감하는 것과 함께 위에서 살펴본 위험부담 제한 규칙과 수동적 활동에 따른 손실 제한 규정 등이 제정되어 조세은신처에 대한 우려가 대부분 해소되었다는 점이다.

마지막으로, 1987년 IRC 개정에 따라 PTP를 법인과세의 대상으로 규정한 점이다.[12] 이러한 개정의 이유로는, 전통적 세제 하에서 법인소득이 법인단계와 주주단계에서 이중과세되는 것에 대하여 파트너십의 소득은 파트너 단계에서만 과세되고, 또한 1986년 개정 IRC에서 법인세율이 소득세율을 초과하는 역전현상이 발생함에 따라 파트너십의 형태로 사업을 행하고자 하는

---

10) 세율의 변화와 투시과세 적용범위의 변화 간의 상호작용에 대한 분석 글로, Wiedenbeck & Berger(이 책 26쪽·주20), p.39 참조.

11) 이 점을 지적한 문헌으로 佐藤英雄, "アメリカ聯邦所得税におけるパートナーシップの範圍", 日税硏論集 44巻(2000), 74頁 참조.

12) IRC §7704

경향이 두드러져 세수의 감소가 우려된 점, 지분이 공개되어 거래된다는 것은 투자 사업체와 이에 대한 투자가를 별개로 취급하는 것을 정당화시키는 사정이 충분하다는 점 및 지분이 거래된다는 것은 파트너십 과세의 집행 측면에서도 곤란하다는 점 등을 들 수 있다.[13)] 이와 같은 이유로 지분이 공개시장 등에서 거래되면서 일정한 요건[14)]을 갖춘 파트너십은 과세상 회사(C Corporation)로 취급되게 되었으며, Check-the-Box 규칙의 중요한 예외로 작용하고 있다. 이에 따라 Check-the-Box 규칙을 시행하더라도 PTP에 대해서는 납세의무자의 자의적 선택을 배제한 채 여전히 법인과세가 가능하다는 점은 새로운 제도의 시행에 분명히 긍정적 요소로 작용하였으리라 짐작된다.

4. 평가와 의의

미국에서 투시과세의 대상이 되는 사업체를 어떻게 구별할 것인가에 대한 장기간의 검토와 그 결과로서의 현행 규정에 비추어보면 다음과 같이 평가할 수 있다.

먼저, 기업의 설립에 대해 세법상 어떠한 법률효과를 줄 것인가라는 문제가 반드시 해당 사업체의 사법상의 성격과 같은 문제일 필요가 없음을 잘 보여준다.[15)] 즉 미국에서 법인과세의 존재의의는 다수의 사업체 구성원의 소득에 대한 징세효율에 있다고 평가할 수 있으며, 이러한 법인과세의 목적에 부합하는 사업체로서 C Corporation과 PTP를 설정하고 나머지 모든 사업체

13) Bittker & Lokken, *supra* note 8, ¶90.14

14) 이러한 요건으로는, PTP의 총소득의 90% 이상이 이자, 배당, 부동산 임대료, 부동산 매각益 및 몇몇 천연자원활동에서 생긴 이익 등으로 구성되는 경우에는 여전히 투시과세하고 있다. IRC §7704(c)

15) 이창희, "조합 및 회사의 설립과 자본출연·세법의 시각에서 본 법인격의 의의", 법학 제43권 제1호, 서울대 법학연구소(2002), 314쪽. 이와 유사한 취지의 주장으로 增井良啓, 前揭論文(이 책 63쪽·주6), 22頁 참조.

에는 법인과세할지 투시과세할지를 납세의무자의 선택에 맡기는 구조를 취하고 있는 것으로 평가할 수 있다. 이러한 미국의 입법태도는 오랫동안 법인격 유무를 기준으로 법인과세 여부를 판단해 왔던 우리나라의 세제에 시사하는 바가 적지 않은데, 이러한 점이 가장 잘 드러나는 예는, 州 법상 법인격을 갖춘 S Corporation[16]에 대해 투시과세의 적용이 가능한 반면, 사법상 성격이 법인격이 없는 PTP에 대해 법인과세를 적용하고 있는 점을 들 수 있다.

또한, 기업의 설립·운영상의 사적 자치와 유연성에 대한 보호 및 이를 통한 조세의 중립성과 경제적 효율의 달성이라는 가치를 조세회피 가능성에 대한 우려보다 우선적으로 고려하는 정책적 배려가 일관되어 있음을 평가할 수 있다.[17] 하지만 이러한 평가와는 반대로 "미국의 파트너십 과세 역사는 실패의 연속으로서, 사업체에 대한 법인과세 여부를 납세의무자의 선택에 맡겨버리는 Check-the-Box 규칙은 말하자면 「과세당국의 임무 방기」"라는 시각도 존재한다.[18] 하지만 이러한 시각은 미국에서의 사업체 과세기준의 변화과정을 지나치게 세무행정상의 효율과 납세의무자의 납세순응비용의 측면에서만 파악하는 태도로서 이 같은 시각으로 인해 일본에서 조합과세의 틀이 오늘날의 모습을 형성하는데 많은 영향을 끼친 것으로 평가된다. 하지만 미국에서 다양한 형태의 파트너십과 LLC 등의 유연한 형태의 사업조직이 국민경제에서 차지하는 비중이 세계 그 어느 나라보다 크고 이러한 배경에는 세제상의 투시과세제도가 결정적 역할을 하였다는 점[19]을 고려하면 이러한

---

16) 州 회사법에 따라 설립된 회사 가운데, ①주주가 75명 이하이고, ②주주가 미국 거주자인 자연인이며, 또한 ③수종의 주식을 발행하고 있지 않는 등의 요건을 충족하는 회사를 말하며, IRC상 사업체의 선택에 따라 S Corporation으로서 투시과세가 허용된다(IRC §1363).

17) 이러한 점이 잘 드러난 자료로서 미국 재무부 보고서(이 책 51쪽·주70), Vol. 1, Ch. 2(Goals of Fundamental Tax Reform) 참조.

18) 森信武樹, 前揭論文(이 책 74쪽·주37), 135頁 참조.

19) 회사의 형태이지만 투시과세의 적용을 받는 S Corporation의 수가 2003년 기준 약 3,300,000개로서 총 회사 수의 61.9%에 이르고 있으며, 파트너십의 수도 2003년

시각에 쉽게 동의하기는 어렵다.

다음으로, 세법 적용의 출발점에 해당하는 사업형태의 결정에 관한 고려 요소는 참으로 다양할 뿐만 아니라 이러한 사업형태의 결정은 세법의 적용과 밀접한 관련을 가지므로 관련된 문제상황이 다르면 사업형태간의 조세부담의 경중의 차이도 뒤바뀔 수 있다. 따라서 조세회피에 대한 대응방식을 마련하는데 있어서 사업형태의 선택 자체에 세법이 개입하는 방식이 아니라 문제가 되는 거래 등을 목표로 삼아 개별적 조세회피 부인 규정을 실질적으로 정비해 가는 입법태도 또한 주목할 필요가 있다. 이러한 예의 대표적인 사례로서, 사업체의 형식은 같은 파트너십이더라도 특수관계인 만으로 구성된 가족 파트너십(family partnership)은 개인으로, PTP는 법인과 마찬가지로 취급하는 경우를 들 수 있다.

III. 일본의 법인격 기준원칙

1. 현행 기준의 기본 틀—법인격의 유무

일본의 경우 미국의 Check-the-Box 규칙에 영향을 받아 법인격 없는 단체나 사업체를 법인과세 할 것인지 아니면 조합과세(즉, 투시과세) 할 것인지를 납세의무자의 선택에 맡길지 여부에 대한 논란이 있었으나 위 제2장 제3절

기준 2,300,000개 이상으로 투시과세의 적용을 받는 사업체가 법인과세의 적용을 받는 사업체보다 압도적으로 다수를 점하고 있다. 특히 최근 새로운 투시과세 사업체로 등장한 LLC의 경우 2002년 기준으로 946,000개에 달하는 등 그 증가세가 가히 폭발적이라고 한다. 미국에서의 사업체들에 대한 구체적 통계는 미국 내국세입청("IRS") 홈페이지의 http://www.irs.gov/taxstats/bustaxstats/article/0,,id=152029,00.html 참조. 또한, Treubert & Janquet, "Corporation Income Tax Returns, 1998", 21 SOI Bulletin 66 (2001) 참조.

에서 살펴본 바와 같이 미국의 예를 따르지 않고 법인격의 유무를 가지고 판단하는 전통적 입장을 고수하는 방법을 택하였다.

역사적으로 보자면 일본에서의 법인과세는 법인실재설의 영향이 미국보다 컸는데 이러한 사고는, "향후 법인세제의 틀을 검토하는데 있어서의 기본적 방향은, 지금까지의 혼란의 원인은 법인세를 너무나 관념적으로 파악하는 경향이 있었던 점을 반성하고 법인세를 기업 독자의 부담으로 생각하는 것 같은 사회적 의식이나 세제의 움직임을 단적으로 인정하면서 검토해 갈 필요가 있다. 이런 바탕에서 기업의 순이익을 주주의 부담으로부터 분리한 기업 독자의 담세력의 지표로 사고하는 것이 적당하다"[20]라거나, "법인의 본질론으로부터 법인세의 부담조정에 관한 틀을 검토하는데 있어 기업의 자금조달, 자본시장의 바람직한 방향, 국제적 자본교류 등 경제전반에 걸쳐 세제가 어떠한 영향을 미칠까라는 관점으로부터 행하는 것이 적당하다"[21]라는 과세당국의 입장에서 확인할 수 있다.

법인과세에 대한 이러한 전통적인 인식에 대하여, 법인의 일반적 속성[22]으로 파악되는 사단성(또는 단체성)과 유한책임성과 관련하여 법인의 대표적 형태인 주식회사에 대해 1인 회사가 인정되어 온 점 및 사원 전원이 무한책임을 부담하는 합명회사가 인정되어 온 점 등을 들어 '법인'의 독자적인 정의 자체가 어렵다는 점이 지적되기도 한다.[23] 하지만 기본적으로 법인격의

---

20) 稅制調査會, "中間答申" (1968年 12月)

21) 稅制調査會, "財政体質改善のために稅制上とるべき方策についての答申" (1982年 11月)

22) 일반적으로 법인의 속성으로 ①법인 자체가 권리·의무의 주체가 될 것, ②법인 자체가 소송 당사자가 될 것, ③법인 자체에 대한 채무명의로 법인 재산에 대한 강제집행이 가능할 것, ④법인의 재산이 법인 구성원의 채권자의 책임재산으로 되지 않고 법인 자체의 채권자의 배타적 책임재산으로 될 것, ⑤법인의 채권자에 있어서 법인 자체의 재산만이 책임재산이 되고 법인 구성원 개인의 재산이 책임재산으로 되지 않을 것 등이 거론되고 있다. 鴻常夫·河本一郎·北譯正啓·戶田修三 編, 『新版商法(會社) 講義』, 靑林書院新社(1982), 8頁 參조.

유무에 의해 법인과세 여부를 판정하고 있는 근거가 법인이 실제로 권리의무 및 재산의 귀속주체라는 점에 있다고 이해하면 현행 법인세법이 법인격의 유무를 법인세의 납세의무자로 보는 판단기준은 오늘날에 있어서도 충분한 근거를 갖는다고 볼 수도 있다.[24] 이러한 인식에 따라 일본의 현행 법인과세와 조합과세의 구별기준은 여전히 해당 사업체의 법인격의 유무를 기본적인 판단기준으로 삼고 있다.

2. 새로운 사업체 등장에 따른 새로운 과세체계 구축 제안

최근 일본에서는 미국의 Limited Partnership을 본뜬 투자사업유한책임조합(LPS), 미국의 Limited Liability Partnership을 본뜬 유한책임사업조합(LLP) 및 미국의 LLC를 본뜬 합동회사 등의 새로운 형태의 조합 및 회사가 잇달아 신설됨에 따라 새로운 사업체 세제의 구축 필요성을 제기하는 견해가 활발히 전개되고 있는데, 이러한 주장의 배경과 논거를 살펴보는 것은 우리의 세제를 검토하는데 직접적인 참고가 되리라 판단되어 그 주장의 내용과 논거를 고찰키로 한다.

가. 새로운 사업체 세제 구축의 제안 배경

일본에서 법인격의 유무와 상관없이 투시과세 형태의 사업체 과세를 적용하자는 주장은 미국의 LLC에 해당하는 합동회사가 2005년 일본의 신회사법에 도입되면서 미국에서와 마찬가지로 합동회사에 대하여 투시과세를 인정할 수 있다는 방향으로 논의가 개시되었다. 그러나 일본의 경우 동업기업 과세제도가 도입되기 전의 우리나라와 마찬가지로 법인격을 가진 사업체는 내

---

23) 江頭憲治郎, 『株式會社法』, 有斐閣(2006), 25頁 및 竹內敏夫, 『新精說商法』, 中央經濟社(1975), 102-103頁 참조.

24) 長谷部啓, 前揭論文(이 책 12쪽·주2), 98-100頁 참조.

부조직이 조합과 같은 실질에 있는 것(합명회사 및 합자회사)도 포함하여 모두 법인과세에 따르므로, 합동회사에 대해서도 (조합과세가 아닌) 법인과세되는 것으로 하고, 만약 법인에 대해서 투시과세를 인정하는 경우에는 합동회사뿐만 아니라 조합의 성격을 띠는 다른 인적회사를 포함하여 근원적으로 법인세제를 재검토할 필요가 생기게 되었다. 이러한 새로운 사업체 세제를 구축하는 것의 의의에 대해서, ①세제의 공평성·중립성, ②법인의 이중과세의 배제 및 ③경제의 활성화·국제경쟁력 강화 등 3가지를 거론한 바 있다.[25)]

나. 새로운 사업체 세제 구축의 주요 논거

새로운 사업체 세제의 구축을 제안하는 각종 의견에 있어서 현행의 법인세법이 기본적으로 법인격의 유무에 의해 납세의무자를 판정하고 있는 것의 구체적인 문제점으로서 "현행의 과세원칙은 주주평등원칙의 존재가 타당하고 이익의 분배는 주식 수에 대응한 비례배당만을 인정하는 주식회사의 정형적인 성질을 염두에 두고 짜여 있음에도 불구하고, 인적 조합에 유사한 법인에까지 일반적으로 적용되므로 과세원칙의 적용에 문제가 생기는 경우가 있다. 이 때문에 유한회사나 인적회사를 포함한 법인과세 원칙의 근원적인 재검토를 행하고 법인과세와 투시과세의 바람직한 방향을 재검토해야 한다"[26)]고 지적한다.

또한 법인격의 유무에 구애될 필요가 없는 이유의 근거로서, "단체에 법인격을 부여할 것인지 여부는 법률관계의 단순화나 단체의 채권자를 위한 배타적 책임재산의 창출과 같은 법인격의 기능을 줄 것인지 여부에 따라 판단되어야 하고, 법인과세의 적용을 받게 할 것인가 여부에 따라 판단될 사항은

25) 森信茂樹, "わが國における法人形態の多様化と税制の展望", 税務弘報 52卷 3号, 95頁 참조.
26) 日本銀行金融研究所, "組織形態と法に關する研究會 報告書", 金融研究 2003年 12月号, 89頁 참조.

아니다"[27]라는 주장 등이 제기되었다.

이와 같이 법인격의 유무에 따르지 않는 사업체 과세의 구축을 제안하는 견해에 있어서도 사업체의 구성원 수가 많은 경우나 구성원의 권리가 복잡한 경우에는 사업체의 손익을 구성원에 투시되도록 하는 것은 기술적으로 곤란하고, 또한 집행상의 곤란이 생기므로 법인과세와 투시과세의 '선긋기'에 있어서는, 과세원칙의 집행가능성에 착안하여 조직과 구성원 간의 경제적 관계나 다른 유사한 기능을 가지는 조직과의 조화를 고려할 필요가 있다[28]고 한다. 그리고 집행가능성의 관점으로부터의 구체적인 선긋기의 기준으로서는, ①구성원의 수, ②공개성의 유무 및 ③지분의 내용 등 3가지가 중요하고, 구성원의 수가 작을 것, 지분에 양도성이 없을 것, 내용이 다른 수종의 지분을 발행하고 있지 않을 것 등이 투시과세를 적용하는 요건이 된다고 하는 견해가 있다.[29]

또한, 선긋기의 기준에 대해서는 집행비용을 가장 중시해야 한다는 增井良啓 교수는, "'법인'의 전형적인 특징으로 거론되는 유한책임이라든가 지분의 양도성이라든가 하는 요소를 아무리 정밀하게 조사해도 실체형을 적용할만한 취지를 구체화하는 것으로는 되지 않는다. 오히려 도관형 원칙의 집행비용이 과대하게 되는 경우에 조직 그 자체를 과세의 대상으로 하는(= 실체형을 채용하는) 사고방식이야말로 조세정책의 관점으로부터는 중요한 것이다"라거나 "도관형이 미발달한 일본에서 과세원칙을 구체화하는 경우에는 입법에 의해 단일지분 유형만을 인정하거나 손실분배의 상한을 출자액에 한정하거나 하는 등 거래의 유연성을 다소 희생해서라도 납세협력 비용이 적은 방법을 먼저 구상해야 하는 것이다"라고 논의되고 있다.[30]

---

27) 日本銀行金融研究所, 前掲報告書(주26), 79頁 참조. 같은 견해로서, 佐藤英雄, "法人課税をめぐる問題狀況 - 研究ノ-ト", 國際稅制硏究 6号, 112頁 참조.
28) 增井良啓, 前掲論文(주15), 12頁 참조.
29) 日本銀行金融研究所, 前掲報告書(주26), 92頁 및 122頁 참조.
30) 增井良啓, 前掲論文(주15), 22-23頁 참조.

다. 입법적 대응 및 평가

결국 일본의 경우 새로운 사업체 과세체계의 구축에 대한 위와 같은 활발한 논의에도 불구하고 미국식 Check-the-Box 규칙에 유사한 새로운 투시과세체계를 구축하지 않았다. 그 대신 합동회사와 유사한 조직의 성격을 가지는 투시과세 사업체로서LLP를 신설하는 한편, 합자회사에 대응되는 투시과세 사업체로서 LPS를 신설하는 등의 새로운 사업체 유형을 재구축하는 방법으로 입법적 대응을 한 것으로 평가된다. 이에 따라 사업체의 내부조직 면에 있어서 법인과 조합과의 유사성이 한 단계 높아졌다고 할 수 있다.

인적회사 등 일정한 법인에 대해서 법인격과 무관하게 투시과세 하고자 하는 경우에는 법인격 이외의 무엇인가의 기준에 의해 선긋기를 하여야 한다. 다른 한편으로 조합에 대하여 일정한 조건하에 법인과세 하는 경우에도 조합원 수가 적고 투시과세하는 것에 대해서 실무상의 문제도 거의 생기지 않음에도 불구하고 이러한 조합에 대해서까지 법인과세를 허용함에 따라 유보소득에 대해 과세이연의 기회를 부여할 필요성은 없는 것이므로 이 경우에도 무엇인가의 기준에 의해 선긋기가 필요하게 된다.

이와 같이 법인격의 유무에 구애받지 않고 사업체의 경제적 실질에 따라서 법인과세에 적합한 사업체와 투시과세에 적합한 사업체를 구별하고자 하는 경우에는 각 사업체가 적용받는 사법상의 법률적 효과(자산·부채의 귀속, 사업활동에서 생기는 책임 등의 귀속)와는 별개로, 세제 고유의 관점으로부터 소득과세에 관한 새로운 근거를 구축하는 것이 필요하게 되지만 경제적 실질·기능을 나타내는 지표(선긋기의 기준)는 어느 것이든 유동적인 것으로 되지 않을 수 없다. 이에 따라 어떻게 과세를 받을까 하는 예측가능성과 앞으로의 계속성이 불투명해짐으로써 법적 안정성이 저해되는 외에 집행이 곤란해질 수 있다는 우려가 크다.[31]

---

31) 長谷部啓, 前揭論文(주24), 165頁 참조.

한편 현행 세제와 같이 법인격의 유무에 의해 법인과세와 투시과세로 구분하는 과세방법에 대해서는 확실히 사업체 단계와 배당수령 단계에서의 소위 배당이중과세의 문제는 해결되지 않는다. 또한 '법인격'이란 사법상의 권리의무나 재산의 독립된 귀속주체를 만들고 개인재산과는 분리된 단체 자체의 독립된 책임재산을 만들기 위해 법률에 의해 권리능력이 부여된 법기술적인 것에 지나지 않고, 법인세의 납세의무자를 구분하기 위한 기준으로서 부여되어 있는 것은 아니라고 한다면 절대적인 기준이라고는 말하기 어렵다.[32] 그러나 소위 배당이중과세의 문제에 대하여는 조세부담의 경감을 목적으로 법인형태를 채택하는 사례가 존재하고 있는 것으로부터도 분명한 것처럼 법인과세의 방법이 모든 경우에 조세부담이 무겁게 된다고는 할 수 없다. 또한 "법인격을 갖기 때문에 인정되는 법적 주체성, 즉 '권리의무의 주체 및 재산귀속의 주체'라 하는 법적인 속성은 사법상 소득의 귀속주체에 대해서 과세하는 것이라는 소득과세의 근간에 관계되는 것이고, 독일과 같이 사법상 법인격과 법주체성이 구분되어 있지 않은 일본의 私法 체계 하에서는 법인격 유무를 법인과세와 투시과세의 선긋기의 기준으로서 가장 중요한 요소"라는 생각[33] 또한 쉽게 내치기는 어렵다.

또한 납세의무자가 어떤 형태의 사업체를 택할지는 조세부담 이외에 사업조직의 법적 안정성, 업무집행사원의 무한책임 유무, 1인 사업체의 설립가능성, 주식회사 등 물적회사로의 조직변경 가능성 등의 여러 가지 다른 점을 고려하면서 어느 형태가 자기가 추구하는 사업목적에 부합할까의 관점에서 결정하는 것이다. 따라서 유사한 성격의 사업체가 법인형태 또는 조합형태로

---

32) 增井良啓, 前揭論文(주15), 12頁 참조.

33) 이 점을 조합측으로부터 논하면, 조합은 법인격을 가지지 않으므로 조합재산의 조합원으로의 귀속, 손익분배 등의 중요사항에 관한 총조합원의 동의, 조합원의 이익분배청구권, 지분환급청구권, 조합채무에 대한 조합원의 비보충성이라는 법적 규제효과를 가진 점에 있어서, 역시 법인의 경우와 뚜렷이 구분된다고 볼 수 있다. 長谷部啓, 前揭論文(주24), 164頁

선택적으로 설립될 수 있다면 과세체계가 다른 것이 곧 특정한 사업체의 이용을 저해하는 것으로는 되지 않는다고 볼 수 있다. 이러한 논리에 기초하여 법인과 조합이 경제적 측면에 있어서 접근해 가는 것을 가지고 곧 "동일한 실질을 갖춘 것에는 동일한 과세를"주어야 한다고 하는 것은 적당하지 않고, 사법상의 법률효과가 사업체 자체로 귀속하는 법인에 대해서 투시과세를 채용하는 것은 적당하지 않다는 사고가 현행 일본의 사업체 과세의 바탕이 되고 있다.[34)]

Ⅳ. 우리나라에서의 논의 및 입법태도

1. 동업기업 과세제도 도입 전

가. 공동사업장 과세체계의 기본 틀

2007년 말 조세특례제한법상 동업기업 과세제도가 도입되기 전의 우리나라 사업체 과세의 기본적 내용은 일본의 과세체계와 매우 유사하였는데, 특징적 요소를 살펴보면 다음과 같다.

첫째, 법인격의 유무를 기준으로 법인과세와 공동사업장 과세(일본의 조합과세와 유사)로 나누었다. 이 때 법인격의 유무를 판단하는 기준으로 세법에 독자적 개념 정의를 두고 있지 않고 사법에서의 '법인' 개념을 그대로 차용하였다.[35)] 이리하여 상법상 회사는 법인이므로 물적회사인 주식회사·유한회사뿐만 아니라 그 실질에서 조합과 유사한 인적회사(합명회사 및 합자회사)에 대해서도 법인과세의 대상으로 하였으며, 특별법에 의해 법인격이 부여되는 단체에도 그 명칭 여하에도 불구하고 법인과세의 대상으로 삼았다.[36)]

---

34) 長谷部啓, 前揭論文(주24), 165頁

35) 법인세법 제1조 제1호. 이태로·한만수, 『조세법강의』, 박영사(2009), 354쪽 참조

둘째, 법인과세되는 사업체로부터 그 구성원에게 분배되는 이익은 그 사업체의 과세소득의 계산상 손금에 산입되지 않으며, 그 구성원이 받는 배당에 대해서는 그 구성원이 법인인 경우 수입배당금 익금불산입을[37], 그 구성원이 개인인 경우 원천징수 방식으로 분리과세되거나 배당세액공제 방식으로 종합과세되어 이중과세의 문제가 부분적으로 완화되었다.[38]

셋째, 공동사업장 과세의 경우 원칙적으로 집합적 관점에서 사업장 단위의 손익이 구성원에게 곧바로 배분되는 투시과세의 구조였으나, 재산의 현물출자에 대해서는 실체적 관점을 따라 양도차익의 과세계기로 삼는 등 세제 전체에 있어서 일관되지 못하고 구체적인 세부규정이 다수 불비한 불완전한 과세구조를 띄었다.[39]

나. 공동사업장 과세에 대한 비판

이러한 공동사업장 과세제도에 대해서는 숱한 비판이 쏟아졌다. 주요한 논거를 살펴보면,

첫째, 법인격의 유무를 기준으로 법인과세 여부를 판단하는 입법태도에

---

36) 법인세법 제1조 제1호 및 제2호. 법인격의 유무를 기준으로 법인세 과세여부를 판단하는 입법태도에 대한 비판적 논의로는 이창희, 앞의 책(이 책 40쪽·주45), 495-504쪽 참조. 한편, 법인격 없는 단체의 경우에도 일정한 요건 하에서 법인으로 취급한다(국세기본법 제13조 제1항). 하지만, 이러한 법인격 없는 단체를 법인으로 의제하는 이유가 그 실질에 있어서 사단으로 보아 당사자 능력을 인정하고 사단법인에 관한 규정을 준용할 뿐만 아니라 공익을 목적으로 하는 비영리단체에 국한되므로 이를 근거로 우리나라의 법인세 과세대상을 법인격 유무와 무관하다고 할 수는 없다. 이와 같은 취지의 주장으로, 이은미, "조합의 과세에 대한 연구", 한양대 박사학위 논문(2007), 46쪽 참조.

37) 법인세법 제18조의3

38) 소득세법 제17조 제3항, 같은 법 제56조 제1항 및 같은 법 제127조 내지 제133조

39) 공동사업장 과세제도의 문제점에 대하여 지적한 글로는, 안종석, 앞의 글(이 책 78쪽·주40), 17쪽 참조.

대하여, 세법에 있어서 사단 내지 기업을 별개의 인격으로 볼 것인가의 문제는 현행법에 있어서도 반드시 민사법상의 법인격 유무에 전적으로 의존할 필요가 없다. 앞서 살펴본 미국의 입법태도에 비추어보더라도 개인기업, 조합, 인적회사, 물적회사 등 다양한 사업체에 대하여 세제 자체의 목표와 지도이념[40]에 따라 법인과세와 투시과세 여부를 판단하는 것이 바람직하다는 주장이다.[41]

둘째, 사업체의 경제적 실질이 조합과 유사한 인적회사에 대하여 조합과는 달리 사업체 단계의 법인과세와 구성원 단계의 배당소득 과세를 당함으로써 민사법상의 법인격을 갖춤에 따라 얻을 수 있는 이익과 상쇄되어 조세의 중립성이 훼손된다는 비판이다. 이러한 비판은 우리나라에서 인적회사의 형태가 실제로 거의 사용되고 있지 않다는 현실과 맞물려 상법 개정안에서 도입이 논의 중인 합자조합과 유한책임회사와 더불어 이러한 인적회사 형태의 활용도를 제고하여 경제 활성화를 도모하고자 하는 취지가 정책당국으로 하여금 동업기업 과세제도를 도입하는데 적지 않은 동기로 작용한 듯하다.[42]

---

40) 결국은 조세중립성을 통한 효율과 수직적 공평의 문제로 귀결된다고 할 수 있다. 특히 조세중립성의 측면에서 우리나라의 동업기업과세의 적용범위를 고찰한 글로, 윤지현, “동업기업 세제도입에 따른 기업형태별 적절한 과세방안에 관한 연구”, 조세법연구 XIV-2호, 한국세법학회(2008) 참조.

41) 이러한 주장의 대표적인 글로, 이창희, 앞의 글(주15), 327-242쪽 및 이창희, 앞의 글(이 책 19쪽·주1), 169쪽 참조. 일본에서 이와 유사한 주장으로, 增井良啓, 前揭論文(주15), 12-17頁 참조. 이러한 주장의 바탕에는 결국 법인이란 “자연인처럼 권리의무의 귀속점을 두어서 실체법상 및 절차법상 법률관계의 간단명료한 처리를 한결 철저히 하기 위해 법이 정책적으로 인정한 의제일 뿐”이라는 법인의제설에 입각하면서, 법인세란 법인이 벌어들인 소득을 구성원 개개인에 투시하여 이들 모두를 상대로 과세하는 방식에 따르는 세무행정상의 부담 때문에 법인 그 자체를 하나의 실체로 보고 일단 과세할 필요가 있다는 점에 착안한다. 자세한 내용은 이창희, 앞의 책(주36), 제14장 참조.

42) 이와 유사한 취지의 지적으로, 안경봉, “합자회사(LP), 유한책임회사(LLC)의 도입과 법적 문제점”, 상사법연구 제25권 제4호(2007), 149쪽 및 윤현석, “새로운 기업유형의 도입에 관한 연구”, 상사법연구 제23권 제1호(2004) 참조. 하지만, 인적회사의

셋째, 공동사업장 과세제도 자체의 불완전성에 대한 비판이다. 이러한 비판은 동업기업 과세제도가 도입되기 전에 이의 도입을 반대하면서 공동사업장 과세규정들을 보완하는 것이 더 바람직하다는 논지를 펼친 주장에서 오히려 잘 드러난다. 즉, "... 소득세법 제2조(납세의무의 범위), 제43조(공동소유에 대한 소득금액계산의 특례), 제87조(공동사업장에 대한 특례) 등은 공동사업의 소득금액을 계산하기 위한 편의적인 규정일 뿐, 사회적 실체가 있는 기업형태의 성격을 모두 고려한 규정이 아니다. ... 현행 소득세법 규정은 이러한 공동사업의 생성, 운영, 변동, 소멸의 과정에서의 복잡한 과세문제에 대해 침묵하고 있는 부분이 많다. 지금까지는 판례와 행정해석에 의하여 입법의 미비점을 보충해 왔지만 이러한 해석들조차도 불일치하고 그 사례가 많지 않아서 법해석과 적용상 한계가 있다"[43]는 지적에서 잘 표현되고 있다.

2. 동업기업 과세제도 하에서의 과세체계의 변화와 평가

공동사업장 과세제도에 대한 이와 같은 비판에 따라 2007년 말 조세특례제한법 개정으로 새로 도입된 동업기업 과세제도에서는 임의적인 선택방식을 택하여 그 동안 공동사업장 과세만을 적용받던 민법상의 임의조합과 상법상의 익명조합뿐만 아니라 법인세법상 법인과세의 대상으로 되어 있는 인적회사(합명회사, 합자회사 및 일부 유한회사[44])까지 동업기업 과세의 적용

활용이 적은 것이 과연 세제상의 이중과세 때문인지에 대해서는 많은 의문이 제기되고 있다. 그 이유로 배당성향이 낮은 경우 오히려 투시과세되는 조합보다 법인과세되는 인적회사가 유리하다는 점이 지적된다. 윤지현, 앞의 글(주40), 50쪽 참조.

43) 박훈·이은미, "파트너십 과세제도 도입에 대비한 공동사업과세의 개선방안", 2007년 춘계학술발표대회 발표논문집, 한국세무학회(2007), 365쪽.

44) 유한회사의 경우, 전문적 인적용역을 제공하는 법인으로서 변호사법에 따른 법무법인(유한), 공인회계사법에 따른 회계법인, 세무사법에 따른 세무법인, 관세사법에 따른 관세법인이 그 대상이다. 조세특례제한법 시행령 제100조의15 제5호.

범위에 포함되었다.[45] 그 결과, 그 동안 유지해 오던 법인격에 따른 과세체계에 커다란 변화를 가져왔다.

우리나라의 이러한 입법상의 변화는 앞서 살펴본 일본의 입법상의 대응과도 매우 상반된다. 일본의 경우 미국의 파트너십 과세제도를 어떻게 적용할 것인지 여부에 대한 장기간의 논란 끝에 법인격의 유무를 기준으로 법인과세와 조합과세 여부를 정하는 전통적 방식을 고수하는 한편, 그 동안 제기된 조합과세의 불비를 보충하고 또한 LLP, LPS 및 합동회사와 같은 새로운 사업체 창설을 통해 유사한 성격의 사업체를 조합과 법인의 형태에 모두 포함하는 방식을 취하였다. 따라서 새로 도입한 동업기업과세제도는 사업체의 성질이 조합에 유사한 경우 법인격 유무에 상관없이 그 사업체가 투시과세를 선택할 수 있도록 허용한 측면에서 오히려 미국의 Check-the-Box 규칙에 가까운 것으로 평가된다.

최근의 괄목할만한 연구에서 주장되고 논증된 바와 같이 법인과세의 본질이 민사법상 법인의 본질에 대한 논쟁과 무관하게 사업체 구성원에 대한 과세상의 편의에서 비롯되었고 이러한 사고에 따르면 법인과세 방식보다 투시과세 방식이 오히려 효율과 공평의 측면에서 바람직하다고 평가할 수도 있다. 그럼에도 불구하고 법인이 사업을 통해 번 돈에 대하여 법인(또는 사업체)의 구성원들에게 일일이 그 몫에 해당하는 소득을 계산해서 과세하는 것이 불가능하다. 이러한 점을 인정한다면 결국 법인과세에 적합한 사업체와 투시과세에 적합한 사업체를 구분할 실익과 필요성은 엄연히 존재한다.[46] 그렇다면 어차피 법인과세할지 투시과세할지 여부에 대한 일종의 선긋기는 불가피하다. 이러한 선긋기의 목적으로 민사법상의 법인격 유무를 기준으로 삼는 것도 하나의 방법일 수 있으며, 법인격 유무와 상관없이 구성원의 수를

45) 조세특례제한법 제100조의15 제1항 제1호 내지 제3호, 같은 법 시행령 제100조의15 및 같은 법 제100조의16 제1항 참조.

46) 이와 같은 취지의 주장으로 윤지현, 앞의 글(주40), 25-27쪽 참조.

기준으로 삼는 방법[47]도 고려할 수 있다.이러한 입장을 견지한다면 동업기업 과세의 적용범위를 논리필연적으로 민법상의 조합이나 상법상의 익명조합 또는 인적회사 등에 국한할 필요가 없다. 즉 유한회사나 주식회사와 같은 물적회사일지라도 투시과세의 적용에 따르는 세수감소 효과나 과세행정상의 부담 및 사업체의 납세순응비용이 수인(受忍)할 수 있는 범위 내라면 투시과세를 허용하는 전향적 입법 자세가 요구된다고 볼 수 있겠다. 이와 관련 여러 가지 고려할 수 있는 기준들 가운데 세제의 단순화 측면에서는 법인격 유무를 기준으로 하는 방법이 오히려 바람직할 수 있으며, 이런 측면에서 일본의 입법태도는 나름대로 주목할 가치가 있다고 본다.

이와 같은 논의를 고려할 때, 동업기업 과세제도에 따른 우리나라의 사업체 과세체계의 변화는 법인과세의 대상과 투시과세의 대상을 구분하는데 있어서 법인격이라는 도그마를 걷어 냈다는 측면에서 유의미한 진전이라고 평가된다. 그러나 실질적인 문제는 동업기업 과세제도의 내용에 있어서 투시과세제도가 담아야 할 핵심적이고 보편적인 내용을 우리나라의 경제 및 세제 현실에 맞게 얼마나 합리적이고 정합적으로 반영하고 있느냐 하는 점일 것이다. 앞으로 이 점들을 살펴보고자 한다.

47) 미국의 S Corporation이나 PTP의 요건을 상기하라.

제2절 파트너십 설립에 따른 과세문제

I. 개설

법인과세는 오랜 과세실무상의 경험이 축적되고 법 규정 또한 매우 정밀한 체계를 갖추고 있어 과세당국이나 납세의무자 모두에게 쉽게 수용될 수 있는 제도로 자리를 잡았다. 이와 달리, 투시과세는 그 혼합적 성격으로 인해 복잡성을 띨 수밖에 없고 이로 인해 과세당국과 납세의무자 모두에게 혼란스러움을 야기할 수밖에 없다. 이렇듯 값비싼 제도임에도 불구하고 각국이 투시과세 제도를 운용하고자 하는 데에는 이를 통해 달성할 수 있는 과세체계의 유연성과 조세의 중립성을 제고함으로써 궁극적으로 경제의 효율을 증대시킬 수 있기 때문이다.

하지만 투시과세 체계가 이러한 본연의 목표를 달성하기 위해서는 파트너십의 설립·운영·청산 등 사업체 활동의 모든 단계에 걸쳐 집합적 접근과 실체적 접근의 절묘한 조화는 물론, 출자와 분배에 있어서 적절한 과세이연의 허용이 필요하다. 파트너십의 설립에 따른 과세문제는 이러한 정책적 목표를 달성하기 위한 하나의 출발점이 될 수 있으며, 파트너십 세제 전반에 걸친 과세체계와의 정합성 또한 절실히 필요로 하는 분야이기도 하다.

이에 이 절에서는, 파트너십의 설립과 관련한 핵심적 쟁점이라 할 수 있는 현물출자[1]에 따른 과세이연의 문제, 노무출자에 따른 과세문제 및 출자와 관련한 부채의 처리에 대하여 미국의 제도를 살펴본 다음 일본의 입법

---

1) '현물출자'란 상법상 회사에 대한 용어이므로 파트너십 또는 동업기업에 대해서 정확히 일치한다고 볼 수는 없겠으나, 이 글에서는 편의상 그대로 사용키로 한다.

태도와 우리나라 동업기업 과세제도의 내용을 비판적으로 고찰해 보기로 한다.

Ⅱ. 현물출자에 따른 과세이연의 문제

1. 미국법의 태도

가. 미국 세법상의 과세이연(Non-recognition) 규칙

미국의 연방 조세제도 하에서, 세법에서 명시적으로 과세이연을 허용하지 않는 한 실현된(realized) 손익은 조세목적상 인식되어야 한다.[2] 이러한 원칙은 연방소득세제, 특히 기업의 설립이나 조직재편과 관련한 과세분야에서 매우 광범위하게 나타나고 있으며, 파트너십 과세제도 하에서도 현물출자를 비롯한 많은 거래에서 이러한 과세이연 규칙이 적용되고 있다.

하지만 이러한 과세이연 규칙은 과세거래에 대하여 영구히 과세권을 포기하는 것이 아니라 단지 과세를 이연시키는데 불과하다. 이러한 사후적 과세권의 확보방법으로 미국 세법이 채택하고 있는 방법은 장부상 조정 기준가액(adjusted basis)과 보유기간(holding period)의 승계제도이며, 거의 모든 과세이연 규칙에는 이러한 기준가액 및 보유기간 승계방식이 적용된다.[3] 예를 들어, 회사를 설립하면서, 기준가액 $10,000, 시가 $15,000, 보유기간 5년인 건물을 출자하여 신설회사 발행주식의 80% 이상을 취득하는 경우 출자자는 IRC §351에 따라 과세이연의 적용을 받으므로 출자 시 과세되지 않는다. 반면, 새로 취득한 건물에 대한 회사의 기준가액 및 새로 취득한 주식에 대한

2) IRC §61(a)(3), §1001(c)

3) Bittker & Eustice, *Federal Taxation of Corporation and Shareholders*, WG&L(7th ed., 2006), ¶3.01

출자자의 기준가액과 보유기간은 출자 전 건물의 기준가액과 보유기간인 $10,000과 5년이 그대로 승계된다.[4)]

이러한 과세이연 규칙에 대한 표면적인 논거는 납세의무자의 투자형태만을 단순히 변화시키는 거래는 과세거래로 인정될 수 없다는 점에서 찾을 수 있다. 그러나 보다 현실적인 이유로는 “사업체의 설립과 확장을 촉진하고 실현요건에 따라 발생되는 자본의 동결효과를 피하고자 하는데 주된 정책적 목표가 있다”고 볼 수 있다.[5)] 앞서 고찰한 바와 같이, 동결효과에 대한 대처방안으로서의 과세이연 제도에 대해서는 미국에서도 여러 비판이 제기되고 있으나 실현주의(realization)를 현실의 세제를 운용하는 중요한 원칙으로 삼는 한 투시과세에 대한 이론적 대립과는 무관하게 파트너십 설립에 있어서의 과세이연은 일종의 필연으로 받아들여지는 것으로 평가된다.[6)] 파트너십 설립에 따른 과세이연에 대한 미국의 입법상의 태도는 기업의 설립과 투자의사 결정에 있어서 국경이 가지는 의미가 퇴색한 현재의 세계 경제체제의 성격을 고려할 때 이 문제의 처리방식에 대해 우리에게 시사하는 바가 적지 않다고 할 수 있다.

나. 파트너십 현물출자에 대한 과세원칙

일반적으로 파트너십 지분을 대가로 파트너십에 현물출자하는 파트너는 파트너십 지분의 시가와 이전되는 재산의 기준가액의 차이에 해당하는 금액만큼 이득이나 손실을 실현한 것처럼 보일 수 있다.[7)] 즉, 파트너십에 대한

---

4) IRC §358(출자자의 기준가액 승계), IRC §362(출자받은 회사의 기준가액 승계), IRC §1223(보유기간의 승계)

5) Wiedenbeck & Berger(이 책 26쪽·주20), p.42. 같은 뜻의 입법취지를 읽을 수 있는 문헌으로는, S. Rep. No. 1622, 83rd Cong., 2nd Sess. 89(1954), p.96 참조.

6) 현실의 세제에서 과세이연이 갖는 의미와 문제점 그리고 현황에 대한 자세한 논의는 이 책의 제2장 제2절 제III항의 2. 참조.

7) IRC §1001(a)

실체적 관점과 집합적 관점 모두 출자재산에 대한 출자 전 내재이익(built-in gain)은 파트너십의 설립에 따라 실현(realization)되지만 그 정도에서 차이가 생길 뿐이다. 즉, 실체적 관점에 따르면 내재이익 전액이 실현되는데 반해 집합적 접근방식에 따르면 다른 파트너들의 비례적 소유지분에 해당하는 부분만큼만 실현된다.[8)]

그러나 미국의 Subchapter K는 위에서 살펴본 회사 설립 시 과세이연을 허용하는 IRC §351과 매우 유사한 방법으로 파트너십 설립에 따른 과세이연을 명시하고 있다. 이에 따르면 파트너십 지분을 대가로 파트너십에 재산을 출자하는 경우 그 파트너십 및 모든 파트너들에게 어떠한 이익이나 손실도 인식되지 아니한다.[9)]

이러한 과세이연의 주요 요건은 "재산이 파트너십 지분을 대가로 출자되어야 한다"는 것이다. 이 때 "재산"의 정의에 대한 법률상의 정의가 없으므로 법원은 주식을 대가로 피지배 회사로의 재산 이전에 대한 과세이연 취급을 규정한 IRC §351과 유사한 해석을 적용하고 있다. 양 조항의 목적상, 이 용어는 돈, 영업권 및 매출채권, 특허, 기술적 노하우와 출자 파트너의 노력을 통해 확보된 양해각서(LOI)에 체화되어 있는 유리한 借入이나 임차권과

---

8) Laura Cunningham & Noel Cunningham, *The Logic of Subchapter K: A Conceptual Guide to Taxation of Partnerships*, West Group(2006), Ch. 7의 내용 참조.

9) IRC §721(a). 현행 IRC에는 출자 시의 과세이연이 명시되어 있지만, 실은 이 규정이 명문화된 1954년 이전에도 판례에 의해 출자가 손익의 과세기회로는 되어 있지 않았다. 그 당시 판례인 Archbald v. Commissioner, 27 B.T.A. 837, 844(1933), aff'd, 70 F. 2d 720(2nd Cir. 1934)은, "개인의 자산을 새로 조직한 파트너십에 출자한 것은 개인으로부터의 권원(title)의 이전으로서 이동한 것이고, 지분의 성질이 변경되면서 움직인 것은 분명하다. ... 그러나 그와 같은 변경 그 자체가 손익의 실현(realization)을 초래한 것은 아니다"고 해서, 오히려 파트너십 출자 시에는 손익이 '실현'되지 않은 것으로 사고되어 있었다. 그리고 현행법은 '인식하지 않는다'는 문언을 사용하고 있지만, 그것이 이 '미실현' 이론을 뒤집는 것을 나타낸 것은 아니라는 점에 주목할 필요가 있다는 주장으로, William S. McKee, et al.(이 책 35쪽·주 37), ¶4.01 note 1 참조.

같은 무형의 용역성 자산을 아우르는 매우 포괄적 개념으로 정의된다.[10] 그러나 이러한 "재산"에는 파트너십에 제공된 용역은 포함하지 않으며 용역을 대가로 파트너십 지분을 받은 파트너는 일반적으로 IRC §61에 따라 통상소득을 실현한다. 파트너십과 회사에 대한 재산 출자는 많은 면에서 매우 유사하지만, 파트너십의 경우 회사와는 달리 출자 직후 재산을 이전하는 파트너들이 그 파트너십을 "지배(control)"할 것을 요구하지는 않는다는 점이다.[11]

만일 IRC §721에 따른 과세이연이 적용되면, 출자에 따라 파트너에 의해 실현된 손익은 바로 인식되지 않지만, 그 손익의 금액과 성격은 출자한 파트너에게 그대로 유보시킨다. 손익 금액의 경우 그 파트너의 출자재산상 기준가액은 파트너십에 승계되는 방식으로 출자 전 손익은 유보되며,[12] 출자재산에 대한 파트너의 보유기간은 파트너십에 승계된다.[13] 출자재산의 출자 전 조세특성(예를 들어, 재고자산 또는 고정자산, 단기 또는 장기 고정자산 등)의 경우, 출자 파트너가 그 재산의 매각에 대하여 인식할 수 있었던 이득이나 손실과 같은 성격을 파트너십이 인식하는 것으로 규정한다.[14] 마지막으로, 파트너십이 출자재산을 처분하거나 다른 파트너들에게 분배할 때 그 파트너십으로 하여금 출자 전 이득이나 손실을 그 재산을 출자한 파트너에게만 배분하도록 요구함으로써 그 이득이나 손실이 다른 파트너들에게 이전되는 것을 방지한다.[15]

위와 같은 일반원칙의 논리를 끝까지 관철하기 위하여, 파트너십 지분에 대한 파트너의 기준가액(즉, 지분가액)은 현금 및 그 파트너십에 출자된 재산의 기준가액의 합계와 동일한 금액으로 정하고 있다.[16] 이 조항에 따라, 출

---

10) US v. Stafford, 727 F.2d 1043 (1984)
11) IRC §721(a). 회사의 경우, 현물출자에 따른 과세이연을 받기 위해서는 80% 이상의 통제지분 취득을 필요로 한다. IRC §351
12) IRC §723
13) IRC §1223(2)
14) IRC §724
15) IRC §704(c)(1)

자 파트너는 파트너십이 그 출자된 재산을 처분하기 전에 그 지분을 매각함으로써 그 출자에 대하여 인식되지 않는 이득을 인식하도록 하고 있다. 파트너십 지분에 대한 파트너의 보유기간의 경우, 만일 출자재산이 자본자산 또는 IRC §1231 자산[17]이라면 출자재산에 대한 출자자의 보유기간을 그 파트너가 합산하는 것이 허용되지만,[18] 출자재산이 현금 또는 통상소득 자산으로 구성된다면 그 보유기간은 출자가 있는 날로부터 시작한다. 만일 한 파트너가 여러 성격의 자산을 혼합하여 출자한다면 파트너십 지분에 대한 보유기간은 총 지분의 시가에서 보유기간이 관련된 재산에 대해 받은 지분 부분의 시가에 비례하여 나누어지며, 이 목적상 감가상각 환입 이득(recapture gain)[19]은 자본자산 또는 §1231 자산이 아닌 별개의 자산으로써 취급된다.

다. 의의 및 평가

파트너십에 대한 현물출자에 대하여 과세이연을 적용하는 것은 일단 출자 당시에는 비과세하였다가 나중에 파트너십이 출자받은 자산을 처분하거나 파트너가 파트너십 지분을 양도할 때 과세한다는 점에서 우리나라에서 1997년 IMF 이후 기업의 합병과 분할 등 조직재편 과정에서 생기는 미실현이득

16) IRC §722
17) 우리나라의 사업용 고정자산이라고 보면 된다. IRC §1231
18) IRC §1223(1)
19) 건물이나 기계장치 등 감가상각 대상인 자본자산을 출자 후 파트너십이 이를 장부가를 초과하는 대가로 매각하는 경우 그 차익 전체를 자본이득으로 보지 않고 그 동안 파트너가 인식한 감가상각비에 해당하는 이익만큼은 이를 통상소득으로 인식하여야 하는데 이를 감가상각 환입이라 한다. IRC §1245. 예를 들어, A가 내용연수 5년인 기계장치를 $10,000에 구입하여 2년 경과 후 장부가 $6,000일 때 파트너십 또는 회사에 출자한 다음, 그 파트너십(또는 회사)이 곧바로 동 기계장치를 $11,000에 매각한다면, 매각차익 중 $4,000은 자본이득이 아니라 감가상각 환입에 의해 통상소득으로, 나머지 $1,000의 매각차익은 자본이득으로 인식하여야 한다. 감가상각 환입 규정은, 이와 같은 거래를 통해 소득의 성격을 통상소득에서 자본이득으로 변환시키는 방식의 조세회피 행위를 방지하기 위함이다.

에 대한 과세이연 제도와 매우 흡사하다.

이렇듯 미국과 우리나라의 과세이연 제도는 결국 미실현 이득이 붙은 재산을 현물출자할 때 이러한 내재이익에 대한 과세를 미루어 주자는 생각이다. 즉 출자를 실현의 계기로 삼아 소득이 실현되었다 하더라도 상식적·경제적 의미에서 단지 소유의 형태가 바뀌었을 뿐이라면, 기업의 설립과 조직재편을 과세계기로 삼을 것인지 말 것인지에 대한 판단은 결국 과세계기로 삼을지 여부에 대한 이해득실을 따져 결정할 일이며, 이는 결국 동결효과의 문제이다.[20]

결국 위에서 살펴본 미국의 파트너십 과세상의 현물출자에 따른 과세이연은 이러한 동결효과의 폐해를 방지하여 파트너십 과세가 적용되는 다양한 형태의 사업체 형성을 촉진하고자 하는 정책적 고려가 최우선적으로 고려된 것이다.[21] 물론 현물출자에 대한 과세 여부에 대한 이론적인 접근방법으로서 자본의 공동사용 접근방식(pooling approach)과 교환 접근방식(exchange approach)으로 출자 자산의 성격과 출자 방식에 따라 탄력적으로 적용해야 한다는 미국에서의 논의[22]도 있고, 조합계약의 성격을 '쌍무계약설'과 '합동

---

20) 이창희, 앞의 책(이 책 40쪽·주45), 598-600쪽. 이 글에 따르면 주주나 투자자 단계에서 금융자산에 대한 동결효과는 그 자체로서 사회적 비효율이 생긴다고 할 수 없지만, 기업의 설립이나 구조조정과 같은 실물자산에 대한 동결효과는 사회적 비효율을 발생시킨다는 점을 지적하고 있다. 이러한 동결효과에 대한 대책으로서 과세이연 제도의 의의와 문제점에 대해서는 이 책 제2장 제2절 제III항의 2.의 논의를 참조.

21) J. Paul Jackson, et al.(이 책 40쪽·주47), p.1204

22) 전자는 사업체로의 재산(노무를 포함)의 출자를 출자한 자원(resource)을 각자가 종전과 같이 소유하면서 사업체를 통하여 출자자들이 공동 사용하는 것이므로 출자를 과세의 계기로 삼을 수 없다는 접근방식이며, 후자는 출자를 출자자가 재산을 사업체에 제공하고 그 대가로 사업체의 지분을 받는 교환이므로 과세의 계기로 삼아야 한다는 접근방식을 말한다. Mark P. Gergen, "Pooling or Exchange: The Taxation of Joint Ventures Between Labor and Capital", 44 Tax L. Rev. 519 (1989). 이를 소개한 국내의 논문으로, 이준규·이은미, "동업기업에의 출자와 관련한 과세

행위설'의 대립[23)]으로 파악하면서 어떤 입장을 택하는지에 따라 조합재산에 대한 조합원 권리의 성질이 다르므로 현물출자 자산에 대한 출자 시의 양도손익의 처리방법에도 차이가 생긴다는 일본의 논의도 있다. 그러나 파트너십으로의 현물출자를 과세할 것인지 여부는 동결효과와 이의 방지 필요성에 대한 실증적 고찰을 통해 얻어지는 결과이지 위와 같은 다양한 이론의 결과로써 도출된다고 보기는 어렵다.

이와 관련, 미국의 IRC §721에 따른 과세이연 규칙은 그 효과에 있어서 우리나라의 기업조직 재편 세제상의 과세이연 제도와 유사하지만 그 방식에 있어서 우리나라는 종래 미국의 방식과 상당한 차이를 보이고 있었다. 즉, 미국의 경우 위에서 살펴본 바와 같이 기준가액 및 보유기간 승계방식이라는 보다 직접적인 방식을 사용하고 있다. 그러나 우리나라는 2009년 말까지 합병이나 분할에 있어서 일정한 법정요건을 만족하는 경우 미실현 이득[24)]의 과세이연을 허용하면서, 합병대가를 주식의 액면으로 계산한다거나(소멸법인의 합병청산소득의 경우),[25)] 합병평가차익을 손금에 집어넣었다가 같은 금액을 임시계정인 일시상각충당금(감가상각자산의 경우)이나 압축기장충당금(토지의 경우) 등으로 계상한 다음 감가상각이나 처분 시 다시 익금으로 잡

상의 쟁점", 조세법연구 XIV-3, 한국세법학회(2008) 참조.

23) 전자는 조합을 조합원의 단순한 집합체로 보고 조합재산은 개개의 재산마다 조합원이 출자비율로 공유하고 있는 것으로 파악하므로 현물출자 자산 가운데 자기 출자지분에 상당하는 부분은 양도로 보지 않는 반면 다른 조합원의 출자지분 상당부분에 대해서만 양도가 있은 것으로 보므로 '일부양도설'이라고 불리며, 후자는 조합을 하나의 단체로 보고 조합원은 조합이라는 단체에 대해서 출자지분을 가지고 있는 것이므로 현물출자가 행하여진 경우에는 자기의 출자지분을 포함한 현물출자 자산의 전부에 대해서 양도가 있었다고 인식하는 것으로 보므로 '전부양도설'이라 불린다. 金子宏, "任意組合の課稅關係", 稅硏 125号, 17頁 참조.

24) 구체적으로는 합병의 경우 소멸법인의 합병청산소득, 소멸법인 주주의 의제배당, 존속법인의 합병평가증액 등이 해당한다.

25) 舊법인세법 시행령(2010.6.28.자 대통령령 제22220호로 개정 전) 제122조 및 같은 시행령 제14조 참조.

는 식의 우회적 방식을 사용하였다.[26] 하지만 2010년 법인세법 개정(2010. 1. 1. 법률 제9924호)을 통해 합병·분할·현물출자에 대한 과세이연 제도를 대폭 손질하면서, 합병법인과 피합병법인 모두 양도손익으로 통일시키고 일정한 과세이연 요건을 갖춘 적격합병의 경우 양도가액을 시가가 아닌 장부가로 계산하여 과세를 면제하고 시가와 장부가의 차액을 '자산조정계정'으로 잡아 감가상각이나 처분 시 이를 익금에 집어넣는 방식으로 전환하였다.[27] 이러한 과세이연 제도의 정비는 과세이연의 요건과 방법을 보다 직접적이고 명확하게 정하고 있다는 측면에서 긍정적으로 평가할 수 있겠다.[28]

현물출자에 대하여 과세이연을 허용하는 미국의 제도는 조직재편에 따른 각종 과세이연 제도와 마찬가지로 파트너십 과세제도를 복잡하고 어렵게 만드는 중요한 요인이라 할 수 있으며, 이를 통한 조세회피 시도가 빈발할 것이라는 우려 또한 충분히 예견할 수 있다. 한편 투시과세의 본질에 대하여 아무리 집합적 관점을 취하더라도 출자재산에 대한 타인 지분의 몫에까지 양도손익의 실현을 부인하기 어려우며, 과세이연이란 과세시기를 늦출 뿐 과세를 영원히 면제하는 것이 아니므로 논리적으로 반드시 출자자산 전부에 대한 과세이연을 적용해야 한다고 보기도 어려운 측면이 존재한다.

하지만 다양한 인적 사업체의 설립·운영상의 동결효과를 제거하고 사업활동의 유연성과 조세의 중립성을 제고하자는 투시과세 제도의 근본적인 취지에 비추어볼 때 그 정책목표의 달성을 위한 출발점이라 할 수 있는 설립에

---

26) 옛 법인세법 시행령(2010.6.28.자 대통령령 제22220호로 개정 전) 제80조 및 같은 시행령 제64조 참조. 법령 개정 전 우회적 방식의 과세이연 제도에 대한 비판적 지적으로 이창희, 앞의 책(주20), 608쪽 참조.

27) 법인세법 제44조 내지 제44조의3 및 같은 법 시행령 제80조의2 제6항 참조. 분할에 따른 과세이연의 경우도 이와 유사한 구조로 변경. 같은 법 제47조 및 같은 법 시행령 제82조의2 제7항 참조. 이러한 개정 법률은 2010.7.1.부로 시행.

28) 이러한 제도의 정비 결과는 현행 일본의 합병·분할 과세와 거의 유사한 꼴이며, 미국의 제도에 상당히 근접한 것으로 평가할 수 있겠다. 金子宏, 前揭書(이 책 62쪽·주1), 368-376頁

있어서 과세이연의 허용은 투시과세 제도를 투시과세 제도답게 운영하는데 출발점이 되는 불가결한 요소라 할 수 있다. 이러한 점에서 미국의 현행 제도는 입법적 지향점으로서 충분히 평가받을 만하다 하겠다.

2. 일본의 입법·판례의 태도와 비판

본 장 제1절에서 고찰한 바와 같이, 일본은 우리나라와 달리 미국의 파트너십 과세제도를 본뜬 새로운 투시과세 제도를 도입하는 대신 기존의 조합과세 방식을 그대로 유지하면서 그 적용범위를 대폭 손질하는 보수적인 입법태도를 보이고 있다. 따라서 조합으로의 현물출자에 대한 과세문제에 있어서도 기존의 조합과세 방식을 그대로 따르고 있는데, 이에 대해서는 소득세법이나 법인세법에 아무런 규정이 없어 세제상 분명하지 않았으나, 국세청 질의응답사례에서 소위 '쌍무계약설'에 따른 일부양도설에 의한다는 점을 명백히 하였다[29] 또한 지난 2005년 조세특별조치법 개정을 통해 제41조의2 및 제67조의12에 따라 "조합사업에 관한 손실이 있는 경우의 과세의 특례" 제도가 창설되었고, 조합의 손실액의 계산에 있어서 일부양도설에 의해 계산하는 것이 분명하게 되었다.[30]

한편, 이렇게 현물출자에 대한 일부양도설을 취하는 것은 집합적 접근과 조화되고 조합계약의 사법상의 성질과도 잘 부합한다는 장점이 있으나, 과세실무상 조합원의 추가 출자가 있거나 새로운 조합원이 가입함으로써 재산지분이 변동하거나 조합이 현물출자 자산을 양도하는 등의 경우에는 매우 복

---

29) 國稅廳, 審理課情報 第5号·資産稅關係質疑應答事例集 第6集(總集) (1979). 이에 따르면, 조합에 출자한 단계에서는, "출자한 자산 가운데 그 자산을 출자한 자의 지분 이외의 부분은 다른 조합원에 양도한 것이 되며", 그 후에 조합이 그 자산을 양도한 경우에는 "각 조합원에 대해 그 지분에 대한 양도소득을 과세한다"라고 정하고 있다.

30) 日本 租稅特別措置法 施行令 第39條의31 第5項.

잡한 계산구조를 띠게 된다. 예를 들어,[31] A가 장부가액 200, 시가 1,000인 토지를 출자하고, B가 현금 1,000을 출자하여 지분을 똑같이 1/2씩 나누어 가진 경우, A는 B에게 양도된 토지지분에 해당하는 400의 양도차익을 인식하게 되며, 출자 직후의 조합재산으로 있는 현금 및 토지에 대한 지분액 및 그 취득가액은 다음과 같이 된다(괄호는 취득가액을 표시한다).

	A	B
현금	500(500)	500(500)
토지	*500(100)*	500(500)

하지만 B가 현금 500을 추가로 출자한다면, A와 B의 출자지분은 40%(1,000):60%(1,500)으로 바뀌며, 각 재산에 대한 A 및 B의 지분 및 취득가액은 다음과 같이 된다(편의상, 토지의 출자 후의 시가는 변동하지 않은 것으로 한다).

	A	B
현금	600(600)	900(900)
토지	*400(80)*	600(600)

즉, 조합원(B)의 추가 출자에 따라 A는 토지의 1/5(원가 20)을 B에게 시가 100에 양도한 것으로 되어 이 시점에 80의 양도차익을 인식하여야 한다. 이러한 문제는 새로운 조합원의 가입과 조합이 현물출자 자산을 양도하는 경우에도 마찬가지로 발생하는데, 만일 조합원의 수가 많아지거나 현물출자 자산의 종류나 수가 많아지는 경우 그 계산은 극도로 복잡해 질 수밖에 없다는 점이 치명적 약점으로 제기되고 있다.

이러한 문제점으로 인해 조직재편 세제에 있어서 적격 현물출자에 대한

31) 이 예는, 長谷部啓, 前掲論文(이 책12쪽·주2), 132-136頁을 참조한 것이다.

과세이연을 허용하는 것과 같이 조합형태의 사업은 법인형태의 사업보다 '스스로 사업을 행하고 있다'고 하는 측면이 오히려 더욱 강하므로, 조직재편 세제에 준하는 과세이연의 방법이 바람직하다는 비판과 주장이 적지 않다. 이를 위한 구체적인 세제상의 조치로서 현물출자 자산에 관한 양도손익의 인식을 조합이 타인에게 양도할 때까지의 기간에, 조합이 타인에 양도하지 않는 경우에는 현물출자한 조합원이 탈퇴하는 때까지 또는 조합을 청산하는 때(지분권을 타인에 양도한 경우에는 양도 시)까지 과세를 연기하고 출자 시의 장부가액을 조합에 있어서의 양도, 조합원의 탈퇴 또는 조합청산 시의 분배금의 원가(지분권을 양도한 경우에는 양도원가)로 정하는 것이 적당하다고 주장한다.[32)]

3. 동업기업 과세제도에서 현물출자와 관련한 문제점

동업기업 과세제도가 도입되기 전부터 조합에 대한 현물출자를 자본이득의 과세대상으로 삼아야 할지, 그러해야 한다면 전부양도인지 아니면 자기지분을 제외한 나머지의 일부양도인지 여부에 대하여 법령에 명문의 규정이 부재한 상태에서 대법원의 판례 또한 명백하지 않았고, 행정해석은 일관성 없이 수차례 변경되어 오다가 1996년 이후로는 전부양도설을 유지하고

---

32) 平野嘉秋, "ベンチャ-·キャピタルと資産證券化のための税務會計(1)" 税經通信 53巻 9号, 62頁; 長谷部啓, 前掲論文(주31), 136頁 참조. 결국 이러한 방식은 미국의 과세이연 규칙과 거의 유사한 꼴이 된다. 平野 교수에 따르면, 이러한 제도설계의 취지에 대해서, "법인 설립을 위한 출자와 동일하게 취급하고 기업형태의 변경을 방해하지 않도록 함은 물론, 자산의 출자는 투자가 연속되는 것에 불과하여 이익이 실제로 얻어지는 것은 아니며 납세의무자의 투자형태의 단순한 변경이므로 과세대상으로 하는 것은 적절하지 않다"고 적고 있다. 우리나라의 동업기업 과세제도에 있어서 현물출자에 대하여 이와 유사한 과세이연 방식을 도입하자는 주장으로 이준규·이은미, 앞의 글(주22) 참조.

있다.[33]

한편, 새로 도입된 동업기업 과세제도에서 동업기업에 대한 현물출자가 양도소득세 등 미실현 이득의 과세계기가 되는지에 대한 명시적 규정을 두고 있지 않으므로 여전히 공동사업으로의 현물출자 과세원칙이 그대로 적용된다고 본다.[34]

현물출자에 대한 과세여부에 대해 침묵하고 있는 입법태도 및 이에 따라 현물출자를 전부양도로 파악하는 현행 행정해석의 태도는 공동사업장 과세제도 하에서도 가장 크게 문제가 되어 온 쟁점으로서 동업기업 과세제도의 도입 단계에서 대부분의 論者들로부터 개선을 요구받아 왔으나 결국 이를 입법적으로 해결하는데 실패함으로써 새로운 제도의 정책목표를 달성하는데 있어서 가장 큰 장애요소의 하나로 대두되고 있다.[35] 즉, 일단 동업기업이 설립된 이후에는 투시과세의 적용으로 인해 사업체 단계와 구성원 단계의 이중과세가 제거된다고 하더라도 이익의 내부유보전략을 구사할 수 없음에 따라 전체적인 세부담 면에 있어서 법인과세보다 반드시 유리하다고 쉽게 결론을 내릴 수 없다.[36] 그럼에도 불구하고 현물출자 시 전부양도설에 따라 사업을 개시하기 위해 사업자들이 보유한 자산을 단지 한 곳에 모으는 거래에다가 세금을 부과한다면 사업 초기의 세부담이 커서 새로운 사업체의 설립을 저해하리라는 점은 자명하다.

현행법의 이와 같은 태도는 최근 법인세법 개정을 통해 법인에 대한 현물

33) 이에 관한 상세한 논의는 박훈·이은미, 앞의 글(이 책 106쪽·주43), 376-379쪽 및 이창희, 앞의 책(주20), 537쪽 등 참조.

34) 국회 검토보고(이 책 78쪽·주39), 66쪽, 이태로·한만수, 앞의 책(이 책 103쪽·주35), 555쪽, 한편, 이창희 교수는 그 근거로서 조세특례제한법 제100조의21이 동업기업 지분양도를 주식양도와 마찬가지로 과세한다는 점을 지적하고 있다. 이창희, 앞의 책(주20), 536쪽.

35) 이러한 취지에서 현행 동업기업 과세제도상의 문제점을 지적한 글로는, 이준규·이은미, 앞의 글(주22), 138쪽 참조.

36) 이와 유사한 취지의 주장으로 윤지현, 앞의 글(이 책 105쪽·주40), 29-31쪽 참조.

출자 시 미국의 IRC §351과 유사하게 80% 지배력 유지를 조건으로 과세이연의 요건을 완화하고 현물출자의 범위를 대폭 확대한 점[37]에 비추어볼 때 동업기업의 경우에도 동업자가 단순한 수동적 동업자가 아니라면 자기 사업을 계속 수행한다는 성격이 법인의 경우보다 더욱 강하다고 볼 수 있으므로 법인과세와의 조화 측면에서도 과세이연의 필요성은 존재한다고 볼 수 있다.

위에서 살펴본 바와 같이 투시과세에 대한 전통적 입장인 집합적 관점에서 보더라도 당연히 과세이연으로 귀결되지는 않는다. 하지만 미국에서의 파트너십 회계처리 방법 및 지분가액과 자본계정의 이원적 운용에서 고찰한 바와 같이 현물출자에 따른 과세이연은 투시과세제도를 사업체의 설립·운영·청산의 全 과정에 걸쳐 통일적이고 정합적으로 운영하는데 있어서 출발점이 되는 매우 중요한 사안이다. 과세이연을 불허하는 현행법의 태도는 추후 살펴볼 손익의 배분(allocation)에 있어서 단일의 손익배분비율만을 인정하는 원칙과 더불어 투시과세 체계의 근간이라 할 수 있는 경제적 실질이 우선하고 이에 부응하여 조세효과를 부여하는 방식이 아니라, 조세효과로 인해 경제적 실질이 왜곡 또는 제약될 수 있어 세제를 짜는데 있어서 가급적 피해야 할 조세중립성을 저해할 우려가 매우 크다.[38] 따라서 현물출자에 따른 과세이연 문제는 투시과세 제도를 소득세제 전체의 틀 속에서 어느 정도의 폭과 비중을 가지고 운영해 갈 것인지에 대한 정책적 판단을 필요로 하며, 투시과세 사업체의 활성화와 투시과세 제도 전체의 체계적 운영을 이루고자 한다면 과세이연을 허용하는 방향으로 개선하는 것이 바람직하다.

---

37) 법인세법 제47조의2 참조. 이에 따르면, 과세이연을 받을 수 있는 적격 현물출자의 요건을 회사의 설립 시에서 설립과 무관하게 출자 시로 확대하였으며, 현물출자의 대상을 주식·사업용 유형고정자산으로 한정했던 것을 모든 자산으로 확대하였다. 다만, 미국과 마찬가지로 출자 후 80% 이상의 지배력을 확보할 것을 요건으로 정하였다.

38) 이에 관한 보다 자세한 논의는 추후 손익의 배분에 관한 쟁점에서 다루기로 한다.

III. 노무의 출자

1. 개설

현금이나 토지 또는 건물과 같은 재산이 아니라 노무를 출자한다는 것은 출자 시점에는 출자 자산(인적 용역)의 객관적인 가치를 정확히 평가할 수 없다는 문제가 발생한다. 하지만 이러한 노무출자의 대가로 사업체에 대한 일정한 지분을 받았다고 하면 그 지분의 가치만큼 출자자의 소득으로 파악할 수 있다. 하지만 이 경우에 있어서도 사업체의 잔여재산에 대한 지분을 포함하는 資本持分(capital interest)이 아니라 향후 벌어들일 이익에 대해서만 지분을 가지는 소위 利益持分(profit interest)의 경우에는 출자 시점에 그 가치를 평가하기도 어렵고 집행상의 문제도 발생한다.[39]

이러한 어려움으로 인해 노무출자에 대한 통일적 기준을 정하기가 상당히 어려우며 미국과 일본의 경우에서도 이 문제에 대한 입법 및 판례의 태도는 지속적으로 변화해 왔거나 매우 불투명한 상태이다.

2. 미국법의 태도

가. 서론

현물출자에 대해 과세이연을 정한 IRC §721에 따른 “재산”에는 노무(services)를 포함하지 않으므로 노무를 대가로 파트너십 지분을 받는 파트너는 IRC §61(a)에 따라 통상소득(근로소득)을 실현한 것으로 본다. 이 경우 그 파트너는 IRC §1012에 따라 소득으로 실현한 금액과 똑같은 파트너십 지분

39) 용역의 대가에 대한 손익 인식시기에 대하여 발생주의를 취하기 어려운 것과 유사한 논리이다. 이에 대한 자세한 내용은, 이창희, 앞의 책(주20), 283-287쪽 참조.

에 대한 세무상 기준가액을 가진다.

이 때 소득의 발생시기, 지분의 평가 및 파트너십의 조세효과 등에서 많은 어려운 문제가 발생하는데 미국은 오랫동안 이러한 문제들을 해결하기 위한 방편으로 파트너가 받은 지분의 성격이 자본지분(capital interest)인지 이익지분(profit interest)인지를 구별하여 별개의 과세규정을 두고 있었다.

예를 들면, A(재산출자자), B(현금출자자) 및 C(관리자)가 ABC(파)라는 파트너십을 설립하면서 A와 B가 각각 $60,000 상당의 재산을 출자하고, C는 사업수행에 필요한 전문 용역을 제공하는 약정만 하면서, A, B, C는 ABC(파) 손익을 똑같이 나누어 갖기로 했다고 가정하자. 만일 C가 파트너십의 자본에 대해서도 1/3의 지분을 갖기로 했다면 그는 자본지분을 가지게 되며, A와 B는 C의 노무에 대한 대가로 각자의 자본계정에서 $20,000 만큼을 포기한 것이 된다. 그러나 만일 C의 자본계정이 0이라면, 그는 단지 이익지분만을 받은 것이며 사업을 통해 미분배된 이익에 대한 그의 몫 말고는 청산에 따른 아무런 지분을 갖지 못한다.

하지만 2005년에 공포한 재무부규칙 개정안[40]에 따르면, 자본지분과 이익지분을 구별하지 않고 파트너십 지분의 평가에 대한 safe harbor 선택권을 부여하면서 그 지분의 이전과 관련한 파트너십에 대한 손익의 과세이연을 허용하고 있다. 이에 현행 제도를 먼저 살펴본 후 새로운 규정을 살펴보기로 한다.

나. 자본지분(Capital Interest)

자본지분을 받는 노무출자 파트너는 IRC §61(a)에 따라 지분의 가치에서

40) REG-105346-03, 70 Fed. Reg. 29675(May, 2005) 및 Notice 2005-1 C.B. 1221. 이 Prop. Reg. 공포 이후 여러 차례에 걸쳐 comment 요청기한 연장 조치가 있었으나 (73 FR 43976-01, 2008.7.29. 外), 이에 대한 Final Regulation은 아직 공포되지 않은 것으로 파악된다.

이에 소요된 금액을 뺀 금액에 해당하는 금액의 통상소득을 실현한다. 이 소득의 발생시기는 IRC §83에 따라 결정되는데, 이 조항은 용역수행과 관련된 모든 형태의 재산 이전에 광범위하게 적용된다. 만일 그 파트너십 지분이 아무 제한이 없는 상태로 받은 것이라면 소득은 수령할 때 실현된다. 그러나 그 지분에 중대한 제한이 설정되어 있는 때에는 그 제한이 종료될 때 그 지분의 공정 시장가치가 총소득에 포함된다. 여기서 "제한이 종료될 때"라 함은 노무출자자의 권리가 양도가능하거나 몰취(forfeiture) 위험에서 벗어나는 때를 말한다.[41] 따라서 5년간 파트너십 사업을 계속 운영하지 않으면 보유지분이 몰취되는 파트너는 그러한 제한이 풀릴 때까지 과세를 이연받을 수 있다.

이와 관련 IRC §83(b)에 의하면, 일정한 제한이 있는 상태에서 재산을 수취한 자는 이를 받은 때에 그 재산의 가치를 소득에 포함시킬 것인지 여부를 선택할 수 있는데, 만일 이러한 선택을 한다면 수취인은 재산이 나중에 몰취되더라도 공제를 받지 못한다. 이를 일명 '도박꾼의 선택(gambler's choice)'이라 하는데 수령 시에는 파트너십 지분이 미미한 금액인데 반해 그 제한이 풀리면 상당한 가치상승이 예상된다면, 그 파트너는 장래의 가치상승에 대해 보다 유리한 자본이득(capital gain)으로 과세가 가능하다는 판단에 따라 미리 이 선택을 택할 동기가 생기게 된다.

이상에서 살펴본 노무출자 파트너에 대한 조세효과와는 별개로 위 사례에서 C가 아무런 제한 없이 $40,000에 해당하는 1/3의 자본 및 이익지분을 받았다고 가정할 때, ABC(파) 입장에서는 C가 제공한 노무의 성격에 따라 이 $40,000이 통상적인 사업상 필요경비로 인정되면 당기비용으로 인식하면서 IRC §705에 따라 A와 B의 지분가액을 $20,000씩 감소시키게 된다. 하지만 만일 그 노무용역이 파트너십 설립과 관련하여 수행한 법률자문이거나 신축 호텔의 건설관리 용역 등의 자본적 지출이라면 파트너십의 공제는 부분적으

41) IRC §83(c)(2)

로 또는 전체적으로 이연되어야 할 것이다.[42)]

한편, 노무출자에 대해 자본지분을 주는 경우 파트너십에 이익의 인식을 야기할 수 있는데, 예를 들어 C가 노무출자의 대가로 A 및 B가 이미 설립한 파트너십에 1/3의 자본지분을 받고, 파트너십의 유일한 자산이 시가 $120,000(기준가액 $45,000)인 토지라고 가정하자. C에 대한 자본지분의 양도는 2단계 거래로 나뉠 수 있는데, 첫째는 노무의 대가로 파트너십으로부터 C로의 토지에 대한 1/3 지분의 양도가 있은 다음, 둘째로 C가 그 지분을 파트너십으로 다시 양도한 것으로 구분할 수 있다. 첫 단계는 내재이익을 가진 재산(기준가액 $15,000 및 시가 $40,000)을 C에 양도한 것이므로 파트너십(즉, A 및 B)에게 $25,000의 자본이득이 발생하며, 두 번째 단계는 IRC §721에 따른 C의 $40,000 어치 지분의 비과세 출자로서 $40,000인 C의 과세상 기준가액은 IRC §723에 따라 파트너십에 그대로 승계된다.[43)]

다. 이익지분(Profit Interest)

자본지분에 관한 원칙은 노무출자로 이익지분을 받는 경우에도 비슷하게 적용되는데, 앞의 사례에서 만일 C가 그 파트너십의 이익지분만을 받는다면, 그럼에도 불구하고 그는 노무에 대한 보상을 받은 것이며 이론적으로 통상소득을 실현한 것이다. 그러나 그 지분의 가치가 얼마인지 및 어떻게 그 소득금액을 측정할 것인지가 문제가 된다. 또한 그 소득은 지분을 받았을 때 실현된 것으로 보아야 할지, 아니면 그 금액이 불확실하다면 파트너십이 실제로 이익을 낼 때 실현된 것인지 등도 문제가 된다. 만일 지분의 수령 시 과세된다면, 노무출자자는 파트너십이 실제로 이익을 낼 때 다시 과세되는가? 그 노무출자자가 과거 또는 장래의 노무에 대한 이익을 받는지 또는 어떤 자격에서 그러한 노무를 수행하는지가 문제가 되는가? 이와 같은 실무상

42) Treas. Reg. §1.83-6(a)(4)
43) Treas. Reg. §1.83-6(b)

의 많은 문제점들로 인해 이익지분의 수령은 과세계기가 아닌 것으로 오랫동안 여겨져 왔다.[44]

라. 2005년 규칙

노무출자에 따른 자본지분과 이익지분에 대한 여러 복잡한 문제점을 해결하기 위해 2005년 과세당국은 새로운 규칙의 제정[45]을 예고하면서 통일된 해석기준을 마련하였다. 이에 따르면 파트너십 지분은 IRC §83의 목적상 "재산"에 해당하며 자본지분과 이익지분을 구별하지 않기로 하였다. 새로운 규칙의 핵심은 이전되는 파트너십 지분의 평가에 대한 안전지대(safe harbor) 선택권과 그 지분의 이전과 관련한 파트너십에 대한 손익의 과세이연이라고 할 수 있다.

(1) safe harbor 선택권

새로운 재무부 규칙에 따르면, 파트너십 및 모든 파트너들은 노무출자의 대가로 받는 파트너십 지분의 공정시장가치를 그 파트너십 지분의 청산가치와 같은 금액으로 취급하는 safe harbor를 선택할 수 있다.[46] 이 때, 청산가치란 만일 그 지분을 받은 직후 파트너십이 보유한 모든 자산을 공정시장가치에 해당하는 현금으로 매각한 다음 청산하였다면 그 노무출자 파트너가 받을 금액을 말한다.[47] 따라서 이러한 safe harbor에 의하면 IRC §83에 따라 실질적으로 확정된(substantially vested) 파트너십 지분을 얻는 노무출자자는 수령한 파트너십 지분의 청산가치에서 이의 취득에 소요된 비용을 뺀 금액의 소득을 인식한다. 만일 노무의 대가로 받는 파트너십 지분이 실질적으로 확

---

44) Mark P. Gergen, *supra* note 22, p.521 참조.
45) REG-105346-03, *supra* note 40 참조.
46) Prop. Reg. §1.83-3(l)(1)
47) Prop. Rev. Proc. 2005-43, §4.02, 2005-1 C.B. 1221

정되지 않았고 그 파트너가 IRC §83(b) 선택권(gambler's choice)도 행사하지 않았다면, 그 노무출자 파트너는 IRC §83에 따라 확정될 때 그 지분의 청산가치에서 이의 취득에 소요된 비용을 뺀 금액을 소득으로 인식하게 된다. 마지막으로 그 파트너십 지분이 실질적으로 확정되지 않았지만 노무출자 파트너가 IRC §83(b) 선택권을 행사하였다면, 그 파트너는 선택 시 그 지분의 청산가치에서 취득에 소요된 비용을 뺀 금액을 소득에 포함하여야 한다.[48] 이 때 유의할 점으로, 통상소득 금액의 측정을 위한 위와 같은 청산가치의 정의는 단지 이익지분만을 가지는 파트너의 경우 그 지분을 받은 직후 모든 파트너십 재산을 처분하여도 아무런 현금을 받을 수 없으므로 노무출자자가 받는 이익지분은 항상 0의 가치를 나타낸다는 점이다.

safe harbor 선택은 "safe harbor 파트너십 지분"에 대해서만 가능한데, 그 요건은 i) 우량한 채권증서나 양질의 임대자산으로부터의 소득과 같은 파트너십 자산으로부터 실질적으로 확실하고 예측 가능한 소득흐름과 관련되지 않을 것, ii) 사후적인 처분을 예상하여 지분을 받지 않을 것(만일 파트너십 지분이 수령 후 2년 내에 매각 또는 처분된다면 명백하고 확실한 증거가 없는 경우 사후적 처분을 예상한 것으로 추정), 또는 iii) IRC §7704(b)에 따른 PTP 지분이 아닐 것 등이다.[49] 이러한 파트너십의 지분은 미래 현금흐름이 거의 확정적이거나 환금성이 매우 높아 청산가치로 평가하는데 적절하지 않기 때문이다.

(2) safe harbor 선택의 요건

safe harbor 선택이 가능하기 위해서는 그 파트너십은 다음과 같은 요건을 갖추어야 하는데, 첫째, 그 파트너십이 safe harbor를 취소불가능하게 적용할 것이라는 점을 포함하여 납세신고에 대한 책임이 있는 파트너가 서명한 문

48) *Ibid* at §5.01
49) *Ibid* at §3.02

서를 제출할 것과, 둘째, 모든 파트너들에게 법적 구속력이 있는 파트너십 계약에 i) 파트너십이 safe harbor를 선택할 권한이 있다는 점 및 ii) 그 파트너십 및 각 파트너가 safe harbor의 모든 요건을 따르기로 합의하는 내용을 포함하고 있어야 한다.[50)]

(3) 노무출자자의 자본계정

노무출자자의 자본계정은 그 파트너가 파트너십에 출자한 현금액에 IRC §83에 따라 소득에 포함된 금액을 합한 금액으로 한다.

(4) 파트너십에 의한 손익의 인식

새로운 규칙에 따르면, 파트너십은 노무출자의 대가로 파트너십 지분을 주거나 이러한 지분의 실질적인 확정이 있더라도 손익을 인식하지 않는다.[51)] 이러한 원칙을 통하여 과세당국은 파트너십에 대한 과세이연 원칙은 투자자들이 공동의 사업수행을 위해 결합하는 경우 손익의 인식을 이연시키는 IRC §721의 원칙과 잘 조화될 수 있다고 판단하기 때문이다.[52)] 기존의 파트너들은 파트너십 자산이 나중에 매각 또는 감가상각될 때 그 자산에 내재된 손익을 인식할 것이 요구되지만, 이러한 과세이연 원칙은 파트너십을 새로 설립하기 위한 재산의 이전인 경우에는 적용되지 않는다.

(5) 파트너십에 대한 공제

파트너가 파트너십 지분을 받고 제공한 노무에 대하여 파트너십이 필요경

---

50) Prop. Reg. §1.83-3(l)(1) & (ii)

51) Prop. Reg. §§1.83-6(b), 1.721-1(b)(1). 파트너십 입장에서 이러한 규정의 장점은 위 나.의 셋째 문단의 사례와 비교해 보면 금방 파악할 수 있는데, 새로운 규칙의 큰 incentive라 할 수 있다.

52) Preamble to Proposed Regulations, 70 Fed. Reg. 29675 (May 24, 2005)

비로 공제받을 수 있다고 가정하면, 이러한 파트너십의 필요경비 공제는 노무출자 파트너의 통상소득으로서 총소득에 포함되는 과세연도가 속하는 (파트너십) 과세연도에 대해 허용된다.[53] 파트너십에 허용된 필요경비 공제는 대개 기존의 파트너들에게 배분된다.

(6) 노무출자 파트너의 지위

새로운 규칙에 따르면, IRC §83에 따라 실질적으로 확정되지 않은 파트너십 지분의 보유자는 그가 IRC §83(b) 선택을 행사하지 않는다면 파트너로 취급되지 않는다.[54]

(7) 노무출자 파트너십 지분의 몰취(forfeiture)

만일 미확정 파트너십 지분의 보유자가 IRC §83(b) 선택을 한다면, 그는 파트너로 취급되고 파트너십의 손익이나 공제 등의 항목을 배분받을 수 있다. 그러나 이러한 파트너십 지분의 보유자는 그 지분을 보유할 조건을 성취하지 못하여 그 지분이 사후에 몰취되는 경우가 있을 수 있다. 새로운 규칙에 따르면, IRC §83(b) 선택권을 행사한 미확정 파트너십 지분의 보유자에 대한 손익 및 필요경비 공제 등의 배분은 일반적으로 인정되지만, 그 지분이 몰취되는 경우 파트너십이 그러한 배분을 몰취할 것임을 파트너십 계약에서 규정하고 있지 않다면 인정되지 않는다.[55] 배분을 몰취하는 것은 기본적으로 몰취된 지분의 보유자에게 행해진 손익 등의 앞선 배분들을 상쇄하며, 보유자에 의한 파트너십 지분의 몰취에 따라 그 파트너십은 그 보유자가 IRC §83(b) 선택권을 행사할 때 허용되었던 공제와 같은 금액을 소득에 포함시켜야 한다.

---

53) Prop. Reg. §§1.707-1(c), 1.721-1(b)(4)(l)

54) Prop. Reg. §1.761-1(b)

55) Prop. Reg. §§1.704-1(b)(4)(xii)(c), 1.706-3(b)

3. 일본법의 태도

일본에서 민법상 조합의 경우 금전 기타 재산의 출자 외에 노무의 출자가 인정되어 있으며,[56] 일반적으로 know-how나 영업권 또는 인적·물적 담보를 제공하는 등의 신용, 경우에 따라 '부작위' 등도 그 대상이 된다고 한다.[57] 다만 최근 새로 도입된 LPS와 LLP의 경우 전부 또는 일부의 조합원이 유한책임을 부담하므로 채권자 보호의 필요성에 따라 노무의 출자는 인정되지 않지만 조합계약에 있어서 출자지분과는 분리해서 별개의 이익의 분배 내지 의결권의 분배를 합의하는 것은 가능하다는 계약자유가 인정되어 있으므로 이것에 의해 실질적으로 노무를 이익분배라는 형태로 평가할 수 있는 것으로 널리 인정되고 있다.[58]

이렇듯 사법상 조합에 대한 노무출자가 인정됨에도 불구하고 이러한 노무출자에 따라 노무출자 조합원에 귀속되는 조합의 소득에 대한 세무상의 취급에 대해서는 아무런 규정을 두고 있지 않아 오랫동안 노무출자자에 대한 대가를 '수익의 분배'로 보아야 하는지 아니면 '근로제공 또는 위임의 보수'로 볼 수 있을 것인지에 대한 다툼이 있어왔다. 이에 대해 일본 최고재판소는 2001년의 유명한 사과조합 사건에서 조합원의 노무제공도 그 성격상 일반 종업원의 노무제공과 유사한 것이라면 조합원의 노무제공에 대한 대가를 근로소득으로 보아야 하고 조합의 필요경비로 공제할 수 있다고 판단한 바 있으며,[59] 대부분의 학자들이 이러한 결론에 동조하고 있다.[60]

---

56) 日本 民法 第667條 第2項
57) 我妻榮,『債權各論 中卷 二(民法講義·3)』, 岩波書店(1962), 808頁 참조.
58) 日本 LPS法 第6條 및 LLP法 第3條
59) 最高裁平成13年7月13日第2小法廷判決, 平成12年(行ツ)第13号. 본 장 제4절 제III항에서 자세히 다룬다.
60) 金子宏, 前揭書(주28), 397頁 및 高橋祐介, "民法上の組合の稼得した所得の課税に關する基礎的考察 - 課税時期, 所得種類, 歸屬を中心に-", 稅法學

이 판결에 따라 남은 과제는 조합원이 제3자적 입장에서 노무용역을 제공하여 근로소득을 수취하는 경우를 제외하고 노무의 제공대가로 조합에 대한 일정한 이익 또는 자본에 대한 지분을 수취하는 경우에 대한 과세상 취급을 어떻게 할 것인가라고 할 수 있다. 이에 대해 법원의 판단이 아직 없는 상태에서 학자들간에 다양한 의견이 제시되고 있다. 주요한 논의로는, ①조합의 소득이 발생한 경우 그 소득이 어떠한 요소로부터 발생한 것인지를 사후적으로 검증함으로써 그 소득의 귀속을 결정하자는 주장, ②조합원들간에 합의한 이익배분비율에 따라 소득의 귀속을 결정하자는 주장 및 ③조합원의 출자액을 모두 금전적으로 평가해서 이에 대응해서 소득의 귀속을 결정하자는 주장 등[61]이다. 하지만 이 방안들 중 ①의 경우 노무출자로 인해 발생한 소득을 파악하는 것이 지극히 곤란하다는 점 및 ③의 경우 출자액(즉 노무의 가치)의 객관적 평가가 곤란하다는 집행상의 한계를 노정하고 있어 결국 현실적으로 ②의 방안을 취할 수밖에 없고 이 경우 노무출자에 따른 이익배분비율의 자의적 설정을 통한 조합원들간의 소득의 이전이 문제점으로 제기되고 있다.[62]

실제로 노무출자에 따른 이익지분 비율 및 자본지분 비율의 자의적 설정으로 인한 소득의 이전(즉, 조합원이 출자한 요소가 만들어낸 소득액과 그 조합원에 귀속되는 소득액의 차이)을 문제삼아 이러한 소득이전 금액을 증여나 기부금으로 파악하여 과세한 바 있으나, 결국 사법상 조합계약 외에 증여계약이 있었다는 것을 과세상 인정할 수 없다는 이유에서 증여나 기부금에 해당하지 않는다는 판결[63]에서 알 수 있듯이 노무출자에 대한 과세문제가 여전히 어려운 문제로서 혼란을 겪고 있음을 엿볼 수 있다.

543号(2000), 113頁 参조.

61) 佐藤英雄, "組合による投資と課税", 稅務事例硏究 50号(1999), 47-51頁 参조.

62) 高橋祐介, 前揭論文(주60), 88-90頁 参조.

63) 東京高裁 平成4年9月24日 判決(行裁例集43卷8·9号, 1181頁)

4. 우리나라의 경우

소득세법상의 공동사업장 과세제도하에서 노무출자에 대해 어떠한 과세상의 효과를 부여했는지는 법령의 규정이 없었고 판례와 해석 또한 분명하지 않았다. 따라서 노무용역의 제공대가로 자본지분 또는 이익지분의 방식으로 대가를 수령하였다면, 그 대가가 합리적으로 평가 가능한 금액이라면 사업소득으로서 현금주의에 따라 그 용역대가를 지급받기로 한 날 또는 용역의 제공을 완료한 날 중 빠른 날에 수입이 있는 것으로 보아야 한다.[64] 또한 이를 지급하는 공동사업체의 경우 노무출자자가 인식한 소득이 "당해연도의 총수입금액에 대응하는 비용으로서 일반적으로 용인되는 통상적인 것"인지 여부에 따라 필요경비 산입을 판단해야 할 것이다.[65]

입법단계에서 많은 논의가 있었음에도 불구하고 동업기업 과세제도에서도 노무출자에 대해서 아무런 규정을 두지 않음으로서 동업기업으로의 노무출자에 대해서도 공동사업장 과세에서의 노무출자와 동일한 과세효과가 발생할 것으로 판단된다. 따라서 노무출자의 대가로 자본지분을 받는 경우에는 해당 동업자는 해당 자본지분의 시가 상당액을 사업소득 또는 익금으로 인식하여야 할 것이고[66] 동업기업은 일반적이고 통상적인지 여부에 따라 필요경비(또는 당기비용) 또는 자본적 지출로 인식하여야 할 것이다.[67] 또한 노무출자 동업자가 자본지분을 받는 경우 동업기업 입장에서 보면 금전 기타

64) 소득세법 제24조 제3항 및 같은 법 시행령 제48조 제8호. 이렇듯 용역의 수입시기를 발생주의가 아닌 현금주의에 따라 인식하는 논거에 대해서는 이창희, 앞의 책(주20), 283-287쪽 참조.

65) 소득세법 제27조 제1항. 법인세의 경우 명문의 규정은 없지만 실무 및 판례에서 이와 유사한 기준으로 직접대응원가 vs. 간접대응원가로 구분하고 있다. 대법원 1987.4.28. 선고 85누937 판결, 이창희, 앞의 책(주20), 738-739쪽 참조.

66) 소득세법 제24조 제1항 및 제2항, 법인세법 제15조

67) 소득세법 제27조 제1항, 법인세법 제19조

자산의 증가 없이 출자지분만 증가하는 것이며 이는 노무출자 동업자 이외의 동업자들의 지분이 이전되는 효과를 가지기 때문에 해당 필요경비는 노무출자 동업자 이외의 동업자들에게만 배분되어야 하며,[68] 이 때 동업기업에 미실현 내재이익이 있는 경우 양도차익이 실현된 것으로 보아야 할 것이다. 예를 들면, 동업자 甲, 乙로 구성된 '동업기업 甲乙'의 유일한 자산이 시가 1,200, 기준가액 600인 건물이라고 할 때, 丙이 관리자로서 甲, 乙과 동등한 지분인 1/3의 자본 및 이익지분을 받는다면, 甲과 乙이 원가 100에 시가 200인 자산을 丙에게 각각 양도한 다음 丙이 시가 400인 자산을 다시 출자한 것과 동일하므로 甲과 乙은 각각 100만큼 양도차익을 실현한 것으로 파악하여야 할 것이다.[69]

한편 노무출자의 대가로 자본지분이 아닌 이익지분, 즉 동업기업에서 미래에 발생하는 이익의 일정 비율을 분배받기로 하는 경우, 해당 이익지분의 시가상당액을 사업소득으로 과세하고[70] 동업기업은 같은 금액을 필요경비 또는 자본적 지출로 인식하여야 할 것이다.[71] 하지만 이익지분의 경우 미래이익의 현재가치가 시가에 해당하므로 동업기업의 미래이익이 확정적이지 않다면 이를 합리적으로 평가할 방법이 없다는 문제가 있다. 따라서 이익지분의 경우 현실적으로 이 지분을 받는 때에 과세하기보다는 실제로 이익의 배분을 받는 때에 과세할 수밖에 없다. 하지만 미래이익에 대한 예측이 용이한 부동산 임대사업이나 수익률이 확정적인 금융상품에 투자하는 경우에까지 이러한 원칙을 적용해야 할지 여부에 대해서는 재고가 필요하다. 이 점에서 미국의 새로운 재무부규칙 하에서 safe harbor의 예외규정[72]은 이 경우에

68) 조세특례제한법 제100조의18 제1항

69) 미국의 새로운 재무부 규칙에 따르면 이 경우 甲과 乙의 양도차익에 대해서 과세이연이 허용되고 있다. 본 절 제III항의 2-라.-(4) 참조.

70) 소득세법 제24조 제1항 및 제2항, 법인세법 제15조

71) 소득세법 제27조 제1항, 법인세법 제19조

72) Prop. Rev. Proc. 2005-43, §3.02. 본 절 제III항의 2-라.-(1)의 둘째 문단 참조.

참고가 될 수 있으리라 본다.

동업기업으로의 노무출자에 대한 이러한 현행법에 따른 해석은 실질적으로 자본지분에 대해서는 곧바로 과세가 가능하고 이익지분에 대해서는 일반적인 용역의 수입시기에 따르는 것이므로 일관성 있게 적용만 된다면 그 결과에 있어서 미국의 방식과 큰 차이가 있다고 할 수 없고, 그 내용에 있어서 투시과세제도의 기본적인 특성에 반한다거나 정책적 취지를 훼손한다고 보기도 어렵다. 또한 미국의 IRC §83(b)에 따른 gambler's choice나 새로운 규칙에 따른 safe harbor 선택제도는 노무출자에 대한 과세요건을 지나치게 복잡하게 함으로써 이를 이용한 조세회피에 대한 우려가 있을 수 있다. 하지만 조합이나 인적회사와 같은 투시과세를 필요로 하는 사업에서 노무출자는 그 핵심적 고려요소 중의 하나라고 할 수 있으므로, 이에 대한 과세의 세부적인 내용을 분명히 정해두는 것이 입법론적으로 바람직하다고 할 수 있겠다. 그럴 경우 입법의 주요내용은 ①자본지분과 이익지분에 대한 개념을 분명하게 구분한 다음, ②자본지분의 경우 그 지분의 평가액 상당액을 노무출자 동업자의 사업소득으로 바로 과세하고, 동업기업의 경우 일반적이고 통상적인지 여부에 따라 필요경비 또는 자본적 지출로 인식하도록 하며, ③이익지분에 대해서는 지분 부여 시 지분가액이 확정적인지 여부에 따라 확정부분에 대해서는 자본지분과 마찬가지로 취급하고 미확정부분에 대해서는 확정 시, 즉 이익의 배분 시에 과세하며, ④노무출자 동업자의 과세에 따라 기존 동업자에게 양도차익이 실현된 경우 이에 대한 과세 여부 및 정책적으로 이에 대한 과세이연을 허용할 것인지 여부,[73] 및 ⑤동업자가 동업자의 자격이 아닌 제3자의 자격으로 동업기업과 거래하는 경우 이익지분과의 구별기준 등의 내용이 해결되어야 할 것이다.

---

73) 이 점에 있어서 미국은 그 동안 다른 파트너들에 대해 과세를 해 오다가 safe harbor 선택을 전제로 한 새로운 규칙에서 과세이연을 허용하고 있는데, 우리의 경우에도 참고가 되리라 본다. 위 2.-라.-(4) 참조.

노무출자에 대한 이러한 과세효과를 부여하는 방식의 입법적 보완 또는 해석과 더불어 노무출자에 따른 이익지분 비율 또는 자본지분 비율의 자의적 설정을 통해 실질적으로 동업자들간의 소득 또는 손실의 이전을 도모할 가능성을 배제할 수 없다. 따라서 일정한 특수관계에 있는 동업자들간의 노무출자 약정에 대한 남용방지 규정의 도입 또한 고려할 필요가 있겠다. 이와 관련 개인에 대한 증여의 경우 포괄적 증여개념을 규정한 상속세및증여세법 제2조 제3항의 적용이 가능하겠으나, 법인의 경우에도 이러한 경우에 적극적으로 대비하는 입법적 보완을 고려할 필요가 있겠다. 이러한 점에서 여전히 혼란을 겪고 있는 일본의 사례는 좋은 반면교사가 될 수 있겠다.

IV. 부채의 처리

1. 부채에 대한 일반 원칙

위의 파트너십 회계처리에서 보았듯이 차입은 파트너십 세계에 광범위하게 퍼져 있으며, 많은 파트너십 형태는 파트너십에 의한 차입이나 파트너에 의한 담보부 자산의 출자가 관련되어 있다. 또한 파트너십의 부채는 파트너의 지분가액에 중요한 영향을 미친다. 게다가 부채가 딸린 재산이 파트너십에 이전되거나 파트너십이 부채를 발생시키거나 이를 상환할 때, 파트너들간에 그 부채를 배분하고 각 파트너들의 지분가액에 그러한 배분을 반영하기 위한 메커니즘이 필요하다.

파트너십 부채의 취급에 대해 미국의 파트너십 세제 즉, Subchapter K가 채택한 방식은 매우 복잡한 법조항들과 규칙들로 이루어지고 있는데, 먼저 파트너십 설립과 관련된 부채 처리의 일반원칙에 대해 살펴보기로 한다. 파트너십 부채의 처리에 대한 출발점은 IRC §752인데, 같은 조 (a)는 파트너의 지분가액을 증가시키는 파트너의 현금 출자처럼 파트너십 부채에 대한 파트너 몫의 증가를 다루며, 같은 조 (b)는 지분가액을 감소시키는 파트너에 대한 현금의 분배처럼 파트너십에 의한 파트너 부채의 인수를 포함하여 부채에 대한 파트너 몫의 감소를 다룬다.

이러한 원칙들은 미대법원의 유명한 Crane 판결[74]에 따른 규정들인데, 이 판결에 따르면 피담보 재산을 취득하는 납세의무자는 인적 책임이 있건 없건 차입금이 궁극적으로 상환된다는 전제에서 그 납세의무자가 현금을 지급한 것처럼 피담보 채권금액을 기준가액에 포함한다. 반면 피담보 재산을 매각하는 납세의무자는 마치 추가적인 현금을 받은 것처럼 실현된 매각금액에 채무면제액을 포함한다. 같은 이유로 파트너십의 부채가 정상적으로 상환되고 그 부채가 소멸할 때 파트너가 이 금액을 현금으로 받은 것처럼 취급된다는 전제하에 파트너의 지분가액은 파트너십 부채에 대한 자신의 몫을 포함한다. 또한 Crane 판결과 일치하게, IRC §752(c)는 피담보 재산에 대한 부채(피담보채권)는 최소한 그 재산의 시장가치의 범위 내에서 그 소유자의 부채로 취급된다고 규정하고 있다.

IRC §752의 목적상 파트너십 부채에 대한 파트너의 몫은 대개 파트너의 지위(무한 또는 유한책임)와 부채의 성격(recourse 또는 non-recourse)에 따라 좌우된다. 파트너십 부채는 어느 파트너가 그 부채로 인한 손실위험을 부담한다면 recourse 부채이고, 만일 어느 파트너도 손실위험을 부담하지 않는다면 그 부채는 non-recourse로 분류된다.

Recourse 부채에 대한 각 파트너의 몫은 그 파트너가 손실위험을 감수하는

---

74) Crane v. Commissioner, 331 US 1, 67 S. Ct. 1047(1947). 이 판결의 쟁점은 non-recourse 부채에 담보 잡힌 아파트를 매각한 원고가 실현한 소득금액이 수령한 현금 외에 그 피담보 채권금액을 포함할 것인지 여부였는데, 법원은 비록 원고가 인적 책임을 부담하지 않는 non-recourse 차입일지라도 그 부동산을 취득할 때 동 부채금액을 기준가액(basis)에 산입했어야 하므로(이에 따라 감가상각비를 공제받았으므로) 매각에 따른 부채 감소액은 실현한 소득금액에 포함하여야 한다고 판단하였다.

부분과 동일하다.[75] 파트너는 파트너십이 지불능력이 없다면 그 부채를 상환할 것으로 요구되는 한도까지 손실위험을 감수한다. 이러한 결정은 파트너십의 모든 부채가 지급기에 도래하고 파트너십 자산의 가치가 0이라면 누가 그 부채를 갚아야 하는지를 묻는 방법으로 결정된다. 이러한 방법으로 recourse 부채에 대한 손실의 경제적 위험을 누가 부담할지를 결정하는 것을 의제청산(constructive liquidation) 방식이라 한다.[76] 누가 손실위험을 부담하는지를 결정하는 데에는 보증(guarantee)이나 음(-)의 자본계정 보전의무 또는 州 법에 의해 부과된 의무와 같은 파트너십 부채와 관련된 법정 및 계약상 의무 등이 고려된다. 이러한 원칙에 따라, 무한책임파트너는 州 법에 따라 그 채무를 상환할 경제적 부담을 똑같이 분담할 것을 정하고 있으므로 이들은 대개 파트너십의 recourse 부채에 대한 손실위험을 똑같이 분담한다. 반면 유한책임파트너는 대개 파트너십에 대한 최초의 자본 출자와 파트너십 계약에 따라 약속한 추가 출자를 초과하여 손실위험을 부담하지 않으므로, recourse 부채에 대한 유한책임파트너의 몫은 일반적으로 장래에 그 파트너십에 출자할 의무가 있는 금액을 초과하지 못한다.[77]

Non-recourse 파트너십 부채의 경우 어느 파트너도 개인적 채무를 지지 않는다. 무한 및 유한책임파트너는 모두 non-recourse 부채에 대해 유한책임을 지므로 이러한 부채는 대개 손실보다는 파트너십 이익에 대한 각 파트너의 몫에 따라 파트너들 간에 분배된다.[78]

---

75) 이하의 설명은 Treas. Reg. §1.752-2(a)~(b) 참조.

76) William S. McKee, et al., *supra* note 9, ¶8.03[3]

77) Treas. Reg. §1.752-2(b)(3)(ii)

78) Treas. Reg. §1.752-3(a). 한편, 파트너십이 발생시킨 non-recourse 부채에 대한 파트너로의 배분 및 이를 이용한 조세은신처 대응에 대해서는 본 장 제4절 제VI항의 논의를 참조.

2. 피담보 재산의 출자

가. 일반원칙

파트너십에 피담보 재산을 출자하는데 따른 조세효과를 다루는 규정은 IRC §722 및 하부 규칙들인데, 이에 따르면 출자파트너가 채무를 면제받는 금액만큼 그는 파트너십으로부터 현금의 분배(distribution)를 받은 것으로 취급된다. 이러한 의제분배는 파트너십에 의한 비청산 분배(non-liquidating distribution)를 다루는 규정의 적용을 받게 된다. IRC §731 및 IRC §733에 따르면, 현금분배는 자본의 환급으로 간주되는데, 이는 분배되는 금액만큼 그 파트너의 지분가액을 줄이게 된다. 출자파트너가 면제받는 채무금액은 다음으로 다른 파트너들에게 배분되는데, 이들은 파트너십에 현금을 출자한 것으로 간주되고 이에 따라 각자의 지분가액은 증가한다.

나. Recourse 부채

파트너 A가 시가 $150,000, 원가(기준가액) $50,000이고 $30,000의 recourse 부채의 담보로 제공된 토지를 신설되는 AB(파)에 50%의 지분으로 출자한다고 가정하자. 다른 파트너 B는 $120,000의 현금을 출자한다. 이 파트너십은 $240,000의 순재산을 가지며 각 파트너의 지분가치, 즉 자본계정은 $120,000이다. 만일 이 파트너십이 그 담보를 인수한다면, A와 B는 동등한 무한책임 파트너로서 A에 의해 이전된 $30,000의 부채의 $15,000에 대하여 손실위험을 감수한 것으로 간주된다. 따라서 A는 $15,000의 채무가 면제된 것으로 간주되고, IRC §752(b)에 따라 파트너십으로부터 $15,000의 현금분배를 받은 것으로 의제된다.

그러나 A가 출자한 토지의 기준가액이 $50,000이 아닌 $10,000이고 그 부채가 recourse 부채라면, 즉 recourse 부채가 출자 파트너의 기준가액을 초과한다면 상황이 매우 복잡해진다. IRC §722에 따른 A의 지분가액은 일단 그 토지의 기준가액인 $10,000이다. 그 다음 A의 지분가액은 순채무의 감소액만큼 줄어든다. 따라서 $15,000의 부채는 A로부터 B로 再배분되고, A는 B에게 배분된 순 recourse 부채액인 $15,000의 현금을 분배받은 것으로 간주된다. §722에 따른 A의 지분가액은 먼저 토지의 기준가액인 $10,000이다. 그 다음 $15,000의 의제분배액만큼 줄어들게 되어 불가능한 것처럼 보이는 -$5,000의 음(-)의 지분가액이 된다. IRC §733에 따라 분배는 파트너의 기준가액, 즉 지분가액을 0 미만으로 줄어들게 하지 않는다고 규정하여 이러한 세법상 금기를 배제하고 있고, IRC §731(a)(1)은 A의 지분가액을 넘는 의제현금분배를 A가 새로 취득하는 파트너십 지분의 매각 또는 교환으로부터 발생하는 이득으로 취급함으로써 장부상 균형을 이루게 한다.[79] 이러한 이득은 IRC §741에 따라 자본이득으로 취급된다.

다. Non-recourse 부채

위 나.의 사례(시가 $150,000, 원가 $50,000 및 피담보 채권 $30,000)에서, 이제 그 담보가 non-recourse 부채라고 가정하자. 이 경우 $30,000의 non-recourse 부채는 파트너십 '이익의 배분율' (recourse 부채의 경우 '손실위험의 감수비율')에 따라 파트너들에게 배분된다.[80] 그러나 출자된 재산의 경우 파트너들의 이익배분율 결정은 보다 복잡해진다.

파트너가 미실현 내재이득이 있는 재산을 파트너십에 출자할 때 그 내재이득은 IRC §704(c)(1)(A)에 따라 파트너십의 후속 처분에 의해 실현되는 한도에서 출자한 파트너에게 배분된다. 파트너십의 장래이익을 어떻게 나눌 것인지를 결정하는데 있어서 한 가지 어려움은 출자 재산의 잠재적 내재이득이 인식될 것인지를 출자 시점에 알기가 불가능하다는 것이다. 예를 들어 만

---

79) Treas. Reg. §1.722-1 Example 2 참조.

80) Treas. Reg. §1.752-3(a)(3)

일 파트너십이 매각하는 시점에 토지의 시가가 $30,000이라면, 그 결과는 $20,000의 손실이 될 것이다. 이러한 불확실성 때문에 재무부 규칙은 파트너들에게 non-recourse 부채를 배분할 목적으로 그들의 이익배분율 결정을 위한 많은 재량을 주고 있다. 이에 따르면, 파트너의 이익배분율은 파트너들의 경제적 합의와 관련한 모든 요소들을 고려해서 결정된다.[81] 이익할당(profit sharing) 및 파트너십 재산의 내재이익에 대한 파트너의 몫에 대한 파트너십 계약은 파트너들의 이익배분율 결정에 고려되는 요소들이다.[82] 또한 재무부 규칙은 파트너들이 non-recourse 부채를 배분하기 위해 파트너십 이익의 몫을 정하는 것을 허용하며, 이렇게 정해진 몫은 조세목적상 인정되는 파트너십 소득의 기타 중요한 항목의 배분과 합리적으로 일관된다면 인정된다.[83] 따라서 위 예에서 A와 B가 각각 파트너십 이익에 50%의 몫을 가진 것으로 결정되었다면, A는 $15,000의 채무면제 및 현금분배를 받은 것으로 간주되어 A의 지분가액은 $35,000이 된다. 부채의 나머지 $15,000은 B에게 배분되어 B의 지분가액은 $135,000이 된다. A와 B는 이러한 결과를 내기 위해 non-recourse 부채의 배분을 위해 파트너십 이익을 똑같이 나누는 것으로 정할 수 있다.

이와 달리, A와 B는 부채의 배분목적으로 이와 다른 방식(예를 들어, A에 60%, B에 40%)의 이익 분배의 몫을 정할 수도 있고, 이러한 방식은 조세목적상 인정되는 파트너십 소득의 기타 중요한 항목의 배분과 합리적으로 일관된다면 인정된다.

한편, 출자재산이 그 재산의 기준가액을 초과하는 non-recourse 부채에 담보되어 있는 경우, 즉 앞의 예에서 만일 A가 기준가액 $10,000, 시가 $150,000이며, $30,000의 non-recourse 부채에 담보되어 있다고 가정하자. 일

---

81) *Id.*

82) Rev. Rul. 95-41

83) Treas. Reg. §1.752-3(a)(3)

찍이 Tufts 판례[84]에 의해 확립된 원칙에 따르면, non-recourse 부채에 담보된 토지의 처분에 따라 파트너십이 실현한 수입금액은 비록 그 부채가 자산의 가치(즉, 시가)를 초과하더라도 최소한 채무면제액 만큼은 포함하여야 한다. 결과적으로, 파트너십이 A가 출자한 토지를 처분할 때 실현한 금액은 그 토지의 실제 가격과 무관하게 최소한 $30,000의 채무면제 금액을 포함한다. 이러한 사실에서, $30,000의 non-recourse 부채가 토지의 $10,000의 기준가액을 초과한다면 그 파트너십은 비록 토지가격이 급격히 하락하더라도 매각 시 최소한 $20,000의 이익을 인식하여야 하며, IRC §704(c)(1)(A)에 따라 그 이익은 A에게 배분된다. non-recourse 부채는 파트너십 이익배분율에 의해 배분된다는 원칙에 따라, IRC §752관련 규칙들은 non-recourse 부채에 담보된 재산을 출자하는 파트너는 만일 그 재산이 그 부채와 같은 금액으로 출자 시점에 팔린다면 IRC §704(c)에 따라 그 파트너에게 배분되는 이익과 동일한 부채의 몫을 먼저 배분받게 된다.[85] 부채의 나머지 잔액은 유연한 일반원칙, 즉 파트너십 이익배분율에 따라 배분된다.[86]

이러한 원칙을 위의 사례에 적용해보면, A가 기준가액 $10,000에 $30,000

84) Commissioner v. Tufts, 461 US 300 (1983). 이 판결에서 美대법원은 피담보 자산의 처분에 따른 실현금액에는 채무면제액을 포함한다는 Crane 원칙(각주 74 참조)에서 한 걸음 더 나아가, non-recourse 부채에 담보된 재산의 처분 시 비록 피담보 재산의 시가가 피담보채권액에 미치지 못하더라도(즉, 실질적으로 변제책임이 없는 부분까지도) 부채금액 전액을 실현금액에 포함하여야 한다고 판시하였다. 이러한 판단의 주된 논거는 non-recourse 차입에 따라 피담보 재산의 기준가액에 부채금액이 포함되었고 이에 따라 취득 후 감가상각의 혜택을 누렸으므로 동 자산의 처분 시에 당연히 채무면제액을 실현 금액에 포함하여야 한다는 점이었다. 이 판결의 주요 내용과 파트너십 부채의 처리에 미친 영향 등에 대해서는, Laura E Cunningham & Noel B. Cunningham, "The Story of Tufts: The Logic of Taxing Non-recourse Transactions", *Business Tax Stories*, Steven Bank & Kirk Stark eds., Foundation Press(2005), pp.239-262 참조.

85) Treas. Reg. §1.752-3(a)(2)

86) Treas. Reg. §1.752-3(a)(3)

의 non-recourse 부채가 딸린 토지를 출자할 때, $20,000의 부채는 A에게 배분되고 나머지 $10,000의 부채는 A와 B의 이익배분율에 따라 배분된다. A와 B가 파트너십 이익을 똑같이 나누기로 했다면, 각자에게 $5,000씩 배분된다. 그 결과 $5,000의 부채가 A로부터 B로 재배분되어, A의 지분가액은 $10,000에서 $5,000로 감소하며, B의 지분가액은 $5,000 증가한다.

3. Subchapter K에 따른 부채 처리에 대한 평가

먼저 파트너십의 부채에 대해서 파트너의 지분가액을 조정하는 방식은 회사의 경우에서와 같이 사업체의 부채를 주주의 부담으로부터 절연시키지 않은 채 사업체의 부채를 그대로 투과시켜 곧바로 파트너의 부채로 귀속시키고자 하는 집합적 접근방식에 따른 것으로서 Crane 판결 등에 따라 형성된 사법적 전통을 그대로 입법화한 것으로 평가된다.

한편 recourse 부채에 대하여, 의제청산에 따라 최악의 상황을 가정해서 손실의 경제적 위험을 누가 부담하는지를 기준으로 각 파트너에게 부채를 배분하는 방식은 실제로 대부분의 경우 파트너십의 부채는 그 파트너십이 벌어들이는 이익 또는 보유자산으로부터 상환되고 있다는 현실과는 동떨어진 방식이라는 비판이 거세다.[87)]

이러한 비판에 따르면, 파트너십의 recourse 부채는 파트너십의 부도 상황이 아닌 정상적인 상황에서 파트너들이 그 부채에 대해 부담을 감수하는 비율로 배분하는 것이 자연스럽고, 그럴 경우 손실에 대한 분담비율이 아니라 이익에 대한 분담비율(또는 출자비율)에 따라 recourse 부채를 배분하는 것이 더욱 타당하다고 주장한다.

---

87) Joseph Snoe, "Economic Realty or Regulatory Game Playing?: The Too many Fictions of the §752 Liability Allocation Regulations", 24 Seton Hall L. Rev. 1887 (1994) 참조.

이러한 주장은 파트너십이 recourse 부채를 갚을 충분한 이익을 내지 못하더라도 recourse 또는 non-recourse를 불문하고 대부분의 차입은 그 차입에 대한 물적 담보에 우선적으로 의존하고 있으며, 부도 시 대부업자는 인적 책임을 부담하는 개인보다는 그러한 담보재산에서 우선적으로 채권의 만족을 얻고자 한다는 가정에 기초하고 있다. 즉, recourse 부채의 배분에 있어서 이렇듯 파트너십 청산이라는 우발적 상황에만 초점을 맞춘 결과 대부분의 정상적인 부채 상환이 파트너십 이익과 자산을 통해 이루어지고 있고 이는 결국 무한책임파트너뿐만 아니라 유한책임파트너의 몫까지 잠식하고 있다는 현실을 무시한다는 비판으로 귀결된다. 또한 recourse 부채뿐만 아니라 non-recourse 부채도 파트너십의 이익 또는 자산으로부터 상환되는 이상 recourse 부채와 non-recourse 부채를 구별해서 배분하는 것은 타당하지 않다는 점이 지적되고 있다.[88)]

한편 recourse 부채의 할당에 대한 위에서와 같은 반론은, 의제청산에 따른 위험부담 가능성이 아니라 이익할당 비율에 따라 배분하는 non-recourse 부채에 대해서는 논리적 어려움에 처하게 된다. 즉, non-recourse 부채의 경우 파트너는 아무런 손실위험을 부담하지 않으므로 이의 배분을 통한 지분가액 증가를 발생시켜서는 안 된다는 주장이 있을 수 있다. 그럼에도 불구하고 현행 입법규정이 이러한 파트너십의 non-recourse 부채를 파트너들의 이익할당 비율에 따라 배분하는 것은, Crane 판결 이래 채무자인 파트너십이 non-recourse 부채를 자산의 기준가액에 포함하는 것을 허용하는 전통적 원칙과의 조화를 도모하기 위한 것이다. 이는 결국 non-recourse 부채에 대한 지분가액 배분을 불허하는 경우 야기되는 파트너십의 세무상 기준가액(inside basis)과 파트너의 세무상 기준가액(outside basis)간의 불일치를 피하기 위한 불가피한 선택으로 이해되고 있다.[89)]

---

88) William S. McKee, et al., *supra* note 9, ¶8.01 note 6

89) Philip Postlewaite & Tammy Bialosky, "Liabilities in the Partnership Context - Policy

이렇듯 미국 Subchapter K상의 파트너십 부채의 처리에 대한 입법태도는 부채의 성격에 따라 파트너가 인적 책임을 부담하는지 여부를 가려서 그러한 부채의 성격에 합당한 부채의 할당과 이에 연동한 지분가액 조정을 결합한 다음 파트너십 손실 또는 각종 경비공제의 기준으로 삼고 있는 것으로 평가할 수 있다. 이러한 입법태도는, 직접 차입을 일으키는 파트너십 자체는 투시의 대상에 불과하다는 점 및 차입방식의 활용에 대한 사적 자치에 세법이 관여하지 않은 채 폭넓게 유연성을 인정하는 한편, 파트너는 실제로 손실을 분담하는 한도 내에서만 파트너십이 발생시킨 손실이나 경비의 공제가 가능하도록 함으로써 부채를 이용한 남용을 방지하고 나름대로 과세상 공평을 도모하고 있는 것으로 평가할 수 있다.

하지만 이와 같은 평가는 recourse 부채의 경우 나름대로 논리적 일관성을 갖춘 것이라 할 수 있겠으나, 파트너의 인적 책임이 배제된 non-recourse 부채의 경우 이와 같은 논리(경제적 손실위험의 부담)를 그대로 관철시키기 어려운 점이 있다. 그렇다고 하더라도 Crane 판결 이래 확립된 현행 재무부 규칙과 같이 non-recourse 부채를 이익할당 비율에 따라 배분하는 방식 또한 논리적으로 당연히 그러해야 한다고 볼 수는 없겠다. 실제로 이러한 어려움으로 말미암아 non-recourse 부채의 배분을 활용한 조세은신처가 사회적 문제로 대두되었고 이에 대한 복잡한 남용금지 규정이 끊임없이 이어지고 있다. 이에 대해서는 이 책 제2장 제2절 제IV항에서 살펴본 위험부담 원칙 및 수동적 손실제한에 이어, 본 제3장 제3절 제VI항에서 non-recourse 부채의 배분(즉, 지분가액 증감)에 대한 추가적인 남용 방지규정에 대해 자세히 살펴보기로 한다.

Concerns and the Forthcoming Regulations", 33 UCLA L. Rev. 733 (1986), pp.749-750 참조.

4. 동업기업 과세제도의 내용 및 문제점[90)]

우리나라에서 새로 도입한 동업기업 과세제도는 미국의 파트너십 과세제도상의 지분가액 제도를 도입하면서, 지분가액이란 동업자가 보유하는 동업기업 지분의 세무상 장부가액으로서 동업기업 지분의 양도 또는 동업기업 자산의 분배 시 과세소득의 계산 등의 기초가 되는 가액을 말한다고 규정한다.[91)] 또한 동업자의 최초 지분가액은 동업기업과세특례를 적용받는 최초 과세연도의 직전 과세연도의 종료일 현재의 동업기업의 출자총액에 해당 동업자의 출자비율을 곱한 금액과 같고, 동업기업에 출자·매입 등으로 취득하는 지분가액과 동업기업으로부터 배분받은 소득금액(비과세소득 포함) 만큼 증가하고, 자산분배나 양도 등으로 감소하는 지분가액과 동업기업으로부터 배분받는 결손금만큼 감소하는 등의 조정이 이루어진다.[92)] 따라서 동업기업의 부채의 증감에 따른 지분가액 조정은 인정하고 있지 않는 것으로 해석된다.

이와 같이 우리나라의 동업기업 과세제도는 지분가액 제도를 새로 도입하였음에도 불구하고 동업기업의 부채에 따른 지분가액의 조정에 대하여 아무런 규정을 두고 있지 않다. 이에 따라 동업기업의 부채와 관련한 동업자의 권리의무의 내용은 민사법상의 일반원칙에 따를 수밖에 없으며, 이와 관련된 과세상의 효과 또한 이러한 민사법상의 효과가 무엇인지 및 일반적인 과세원칙에 따라 개별적으로 판단될 수밖에 없겠다. 즉, 甲과 乙이 각각 100씩 출자하여 동업기업 '甲乙(동)'을 설립한 다음, 甲乙(동)이 채권자 丙으로부터 100을 차입했다고 가정하자. 우리나라 동업기업 과세제도에 따르면 이러한 차입으로 인해 甲과 乙의 지분가액은 아무런 조정이 없으므로, 만일 甲乙(동)

90) 부채의 처리에 대해서는 일본의 조합과세 방식도 우리나라의 동업기업 과세방식과 마찬가지로 조합원의 기준가액을 조정하지 않으므로 아래의 논의는 일본의 경우에도 그대로 적용된다고 할 수 있겠다.

91) 조세특례제한법 제100조의14 제7호

92) 조세특례제한법 제100조의21 제1항 내지 제3항

의 순자산 가치에 아무런 변동이 없는 상황에서 甲이 자신의 全지분을 丁에게 양도한다면, 경제적으로 합리적인 양도가액이 얼마가 되는가는 甲乙(동)이 丙과 합의한 차입약정의 내용 및 甲과 丁간의 지분양도계약의 내용에 따라 개별적으로 판단되어질 수밖에 없다. 즉, 만일 ①甲乙(동)의 차입에 대해 甲과 乙이 인적 책임(연대채무 등)을 부담하고 있다면(즉, 미국의 recourse 부채에 해당한다면), 甲이 양도한 지분의 가액은 丙이 甲의 채무를 면책적으로 인수하지 않는 한 150이 될 것이며, ②甲乙(동)의 차입에 대해 甲과 乙이 인적 책임(연대채무 등)을 부담하고 있지 않거나(즉, 미국의 non-recourse 부채에 해당하거나) 丙이 甲의 채무를 면책적으로 인수한다면, 甲이 양도한 지분의 가액은 100이 될 것이다. 만일 甲乙(동)의 순자산 가치의 변동에 따라 실제 지분의 양도가격이 200이었다면, 위 ①의 경우 甲이 실현한 지분양도에 따른 양도차익은 50이 될 것이며, ②의 경우 100이 될 것이다.[93] 하지만 조세특례제한법에 따르면 동업기업 지분의 양도소득 계산 시 "양도일 현재의 지분의 지분가액을 취득가액으로 보아 계산"하도록 규정하고 있으므로(같은 법 시행령 제100조의22) 위와 같은 동업기업 부채에 대한 사법상의 권리의무 관계 설정과 무관하게 위 ②의 경우에 맞추어 양도소득은 100이 된다(하지만 우리나라의 금융관행에 따르면 위 예에서 ②의 경우보다 ①의 경우가 보다 일반적이라 할 수 있을 것이다).

이렇듯 동업기업의 부채에 대하여 지분가액을 조정하지 않는 입법태도는 과연 바람직한가? 이와 같이 동업기업의 부채에 대하여 지분가액을 조정하는 규정을 두지 않음으로 인해 동업기업 지분의 양도가액과 취득가액의 산정이 복잡해지고 당사자들이 설정한 권리의무 관계와는 무관하게 과세효과가 주어지는 등 과세의 일관성을 유지하기가 곤란한 경우가 생기는 등의 부작용이 예상된다. 즉, 위의 예에서 당사자 간의 약정을 통한 ①의 경우와 같

93) 동업기업의 지분양도의 경우 소득세법에 따른 양도소득세 또는 법인세법에 따른 법인세가 과세된다. 조세특례제한법 제100조의21

은 권리의무 설정이 가능하고 오히려 우리나라의 금융현실에서 이와 같은 거래구조(동업기업의 차입에 대해 동업자가 인적책임을 부담하는 구조)가 일반화 되어 있고 ②와 같은 경우가 극히 예외적인 현상임을 고려할 때 이러한 부작용은 더욱 커지리라 예상된다. 이러한 문제는 담보부 재산을 출자하는 경우에도 마찬가지로 발생하게 된다. 따라서 동업기업의 부채에 대해서 동업자가 인적 책임을 부담하는지 여부에 따라 그 방식을 달리하면서 지분가액 조정을 허용하는 방안에 대해 전향적인 검토 및 입법적 조치가 필요하다고 본다.

제3절 파트너십 손익의 배분(Allocation)[1]

I. 개설

투시과세 제도를 설계하는데 있어서 독립된 당사자간에 자유로이 합의된 손익배분비율을 세법이 어느 범위까지 인정할 것인가 하는 점은 사적 자치와 유연성의 제고라고 하는 이 제도의 근본취지와 조세회피의 남용가능성이 가장 첨예하게 대립하는 영역이라 할 수 있다. 따라서 이에 대한 제도 설계 방법은 ①당사자 간에 합의된 손익항목별 또는 기간별 다양한 배분비율을 허용하는 방식, ②이익에 대한 배분비율과 손실 또는 경비에 대한 배분비율만을 다르게 정하는 것을 허용하는 방식, ③단일의 손익배분비율만을 허용하는 방식, 및 ④손익배분비율을 사업체에 대한 지분비율과 항상 일치시키는 방식 등 다양한 형태로 만들 수 있다.

이러한 여러 가지 방식은 각각 장단점을 내포하고 있는데 ① → ④로 갈수록 제도의 유연성과 활용가능성이 줄어듦과 동시에 이를 이용한 조세회피의 남용가능성 또한 작아지는데 반해, ④ → ①로 갈수록 그 반대의 효과가 나타난다.

이러한 상황에서 미국은 ①의 방식을 채택하여 오랫동안 적용해 오면서 이로 인한 조세회피의 가능성을 차단하기 위해 극도로 복잡한 남용방지 규정을 두게 되었다. 우리나라의 동업기업 과세의 경우 ③의 방식을 택함으로써 조세회피의 남용가능성을 상당히 줄였으나 투시과세 제도 자체의 순기능

1) 본 절은 졸고, 앞의 글(이 책 32쪽·주31)의 내용을 바탕으로 하였다.

적 효과를 심각히 훼손하는 입법태도를 보이고 있다. 한편 일본의 경우 우리나라와 미국의 중간형태의 입법태도를 취하고 있는 것으로 평가된다. 본 절에서는 이와 같은 손익배분의 문제를 먼저 고찰해 보고, 본 장 제2절에서 다룬 현물출자 자산의 매각이나 분배에 따른 내재손익의 배분 문제와 파트너십 단계의 non-recourse 차입에 따른 배분 문제를 하나씩 살펴보기로 한다.

II. 미국의 특별배분(Special Allocation) 허용원칙

1. 특별배분의 의미

미국의 파트너십 과세규정은 각 州의 법률에 따라 오랫동안 파트너십의 상징이 된 유연한 경제적 관계설정을 세법이 포용하는 방향으로 발전해 왔다. IRC 그 자체는 이렇듯 중요한 주제에 대해 단 한 문장만을 규정하여, "소득, 손실, 경비공제 또는 기타 조세 항목들에 대한 파트너의 배분 몫은 파트너십 계약에 의해 결정"된다고만 적고 있다.[2] 즉, 파트너들로 하여금 파트너십 자본에 대한 지분율과 다른 배분, 즉 '특별배분(special allocation)'을 허용한다. 만일 파트너십 계약에서 배분에 대한 합의가 없다면, 조세목적상 배분은 모든 사실과 상황을 고려하여 파트너십에 대한 파트너의 지분에 따라 결정된다.[3]

이러한 특별배분 허용원칙은 납세의무자들이 파트너십 구조 밖에서는 얻을 수 없는 다양한 절세전략을 구사할 기회를 제공하게 되었다. 예를 들어, 파트너십은 다양한 한계 소득세율구간을 가진 파트너들 간에 손익을 이전시

2) IRC §704(a)
3) IRC §704(b)

키거나 상이한 조세 특성들을 가진 파트너들 간에 손익의 성격을 바꾸기 위한 도구로 사용될 수 있다. 이러한 남용가능성에 대한 의회와 재무부의 대응은 미국 소득세제에 있어서 가장 길고 난해한 일련의 규칙들로 나타났다. 그 출발점이 되는 법 규정은 의외로 매우 간단하여, “파트너십 계약에 따른 소득, 손실, 경비공제 또는 세액공제의 파트너에 대한 배분은 실질적인 경제적 효과(substantial economic effect)가 있어야 존중되며, 이를 결여한 배분은 파트너들의 파트너십에 대한 지분율에 따른다”라고만 적고 있고,[4] 실질적인 경제적 효과의 구체적인 내용에 대해서는 재무부에 광범위한 재량을 위임하고 있다. 이에 따른 재무부 규칙은 「경제적 효과」 요건과 「실질성」 요건으로 나누어 매우 상세한 규정을 마련하였는데, 이 요건들의 핵심을 가로지르는 기본개념으로 자본계정(capital account)을 사용하고 있다.

2. 경제적 효과(Economic Effect)에 대한 판단

어떠한 배분이 경제적 효과를 가지기 위해서는 그 배분이 파트너들 간의 실질적인 경제적 거래관계와 일치하여야 한다. 재무부 규칙에 따르면, 어떤 배분에 따른 경제적 이득과 부담은 그 배분이 귀속되는 파트너가 실제로 그 이득을 받거나 부담을 져야만 한다고 정하고 있으며, 이러한 경제적 효과를 판단하기 위한 세 가지 기준을 제시하고 있다.

가. 기본적 기준(Primary Test)

기본적 기준에 따르면, 배분은 파트너십의 일생 동안 파트너십 계약에서 다음과 같은 내용이 있어야만 경제적 효과를 가진 것으로 보는데 이 세 가지를 흔히 ‘Big-3’라 한다.

---

4) IRC §704(b)

① 자본계정이 Treas. Reg. §1.704-1(b)(2)(iv)[5]의 원칙에 따라 결정되고 유지되어야 하고,
② 파트너십 또는 어느 파트너 지분의 청산에 따라, 청산에 따른 분배(distribution)는 파트너들의 양(+)의 자본계정 잔액에 따라 이루어져야 하며,
③ 만일 어느 파트너가 파트너십 지분의 청산 후 음(-)의 자본계정 잔액을 가진다면, 그 부족액을 무조건 보전하여야 한다.

이러한 Big-3의 논거는 매우 분명하다. 만일 손익에 대한 조세상의 배분이 파트너의 자본계정에 대한 증감을 수반하지 않는다면, 그 조세효과가 파트너들의 경제적인 사업거래를 실제로 반영하고 있다는 것을 확인할 방법이 없다. 예를 들어, $100의 소득에 대한 특정 파트너에 대한 우선적 배분(즉, 특별배분)은 조세목적상 그 파트너가 결국은 그 소득의 경제적 이득을 받는 경우에만 존중된다. 파트너십에 대한 파트너들의 궁극적인 경제적 이해는 자본계정에 의해 측정되므로, 모든 배분과 파트너십 일생 동안 기타 중요한 재무적 사건들은 이러한 자본계정에 반영되어야만 한다. 두 번째 및 세 번째 요건은 파트너들이 청산에 따라 받을 금액은 그들의 양(+)의 자본계정에 의해 결정되도록 하여, 이러한 전제의 유효성을 확보하고자 하는 것이다. 음(-)의 자본계정은 그 파트너가 파트너십에 부채가 있다는 것을 의미하므로, 재무부 규칙에 따르면 그 파트너는 청산 시 또는 그 전에 그러한 부채를 해결해야만 한다.

예를 들어,[6] A와 B가 각각 $40,000의 현금을 출자하여 AB(파)를 설립하여 감가상각 장비를 구입하여 임대하는 사업을 수행한다고 가정하자. 따라서 A와 B는 $40,000의 자본계정으로 시작한다. 파트너십 계약에 따르면, ①파트너들은 모든 감가상각비 공제가 A에게 특별배분되는 것을 제외하고는 과세소득과 현금흐름을 똑같이 나누기로 하며, ②자본계정은 재무부 규칙에 따

---

5) 이 규칙의 자세한 내용은 이 책 제2장 제2절 제III항의 4.에 상술한 바 있다. 이 책 47쪽 각주 59도 함께 참조.

6) 이 예는 Treas. Reg. §1.704-1(b)(5)의 Example 1(i)을 기초로 한 것이다.

라 유지되고, ③청산 시 분배는 A와 B간에 똑같이 이루어진다. 그러나 어느 파트너도 자본계정의 부족분을 보전할 의무를 부담하고 있지 않다. 여기서 뭔가 이상한 점이 발견된다. 비록 A와 B가 성실히 자본계정을 유지하더라도 그들은 청산 시 자본계정을 무시하기로 합의한 것이다. 정확히 문제점을 파악하기 위해서는 좀 더 많은 사실 확인이 필요하다.

편의상, 감가상각비 공제를 제외하고 AB(파)는 첫 해에 $0의 이익을 냈지만, 파트너십 계약에 따라 $20,000의 감가상각비 공제가 A에게 배분되었다고 가정하자. 이 결과, B의 자본계정은 여전히 $40,000인데 반해 A의 자본계정은 $20,000로 줄어든다. 더 나아가, 그 장비의 시가가 장부가(즉, 감가상각 후 기준으로 $60,000)와 같다고 가정하자.[7] 그 경우 만일 파트너십이 그 장비를 $60,000에 팔아버리고 청산한다면, 계약에 따르면 그 매각대금은 A와 B에 $30,000씩 똑같이 나누어진다. 따라서 만일 A에 대한 감가상각비 공제의 특별배분이 경제적 효과를 가진다면 A는 그렇게 배분된 감가상각비 공제에 상응하는 경제적 손실에 대한 모든 위험을 부담하여야만 하므로 여기서 문제가 발생한다. 만일 청산 시 (파트너들의 경제적 청구권을 반영하기 위해 고안된) 자본계정 잔액이 무시된다면 A는 그 손실을 부담하지 않는 것이다. 이러한 배분이 경제적 효과를 가지기 위해서는 파트너십 계약에서 청산에 따른 분배가 파트너들의 양(+)의 자본계정에 따라 이루어지도록 규정되어 있었어야 하는데, 그럴 경우 A에는 $20,000, B에게는 $40,000이 각각 배분되었어야 한다. 바로 이 때, 세무상 배분은 경제적 합리성을 갖게 된다. 따라서 문제의 배분은 경제적 효과를 결여하므로 $20,000의 감가상각비 공제는 파트너들의 파트너십 지분비율(즉 50:50)에 따라 재배분된다.

이제 처음부터 A와 B가 파트너들의 양(+)의 자본계정 잔액에 따라 분배

---

7) 자본계정 유지원칙에 있어서 파트너십 자산의 가치는 그 자산들의 장부상 기준가액과 동일한 것으로 추정되며, 이를 '시가와 기준가액의 등가추정원칙(value equal basis presumption doctrine)'이라 한다. Treas. Reg. §1.704-1(b)(2)(ii)(d)

키로 하였으나, 결손에 대한 보전의무를 포함하고 있지 않다고 가정하자. 또한 감가상각비 공제를 제외하고, 파트너십은 둘째 해와 셋째 해에도 $0의 이익을 내고 $20,000의 감가상각비 공제가 매년 A에게 배분된 것으로 가정하자. 또한 장비의 시가도 같은 추세로 하락하여 이제 $20,000이라고 가정하자. 그 결과 파트너들의 자본계정은 다음과 같다.

	A	B
설립 시	$40,000	$40,000
- 감가상각비 공제(1~3년)	(60,000)	0
3년째 말 자본계정	($20,000)	$40,000

만일 파트너십이 3년째 말에 그 장비를 $20,000에 팔고 청산한다면, 계약에 따라 B는 $20,000 전부를 받게 된다. 그 분배가 경제적 효과를 갖기 위해서는 이것으로 충분한가? 재무부 규칙에 따르면, $60,000의 감가상각비 공제로써 표면상으로 같은 금액의 경제적 부담이 따랐어야 할 A가, 위에 기술된 계약관계에 따라 단지 $40,000의 손실만 입게 되는 반면, 그 동안 장비의 감가상각으로부터 아무런 이익을 얻지 못했던 B는 $40,000 투자를 전부 회복할 권한이 있어야 하므로, 그 분배는 경제적 효과가 인정될 수 없다. A의 경제적 부담이 그 배분에 상응하기 위해서는, B의 부족분을 메우기 위해 A는 그의 자본계정에서의 $20,000의 결손 잔액을 보전할 의무를 부담해야만 한다. 그러한 보전이 있은 다음, A는 $60,000의 손실을 입고 B는 그의 전체 $40,000 투자를 회복하기 때문에 경제적 효과가 인정될 수 있다. 결과적으로, 이러한 결손보전의무가 없다면 그 배분은 관련된 모든 연도 동안 Big-3 요건을 충족시키지 못하게 되며 파트너들의 지분에 따라 재배분된다.

나. 대체적 기준(Alternate Test)

Big-3 기준이 논리적으로 빈틈이 없어 보이지만, 현실의 세계에서 결정적 문제가 발생한다. 그 이유는 Big-3의 마지막 기준 즉, 자본계정에 대한 무제한의 결손보전의무(unlimited deficit restoration obligation)가 일부 또는 전체 기업 참여자의 유한책임을 전제로 하는 유한파트너십(LP) 또는 LLP, LLC 등의 유한책임파트너 또는 사원에게는 적용이 곤란하다는 점에 있다. 이에 재무부 규칙은 이러한 문제를 피하기 위한 대체적 기준을 제공하면서, 비록 결손을 보전할 무제한의 의무가 없더라도 손실을 배분받는 파트너는 그 배분이 자본계정의 결손을 만들지 않거나, 결손이 나더라도 그 파트너가 장래 파트너십에 추가로 출자키로 합의한 금액을 초과하지 않는 한, 여전히 그 배분에 상응하는 경제적 부담을 지고 있으므로 경제적 효과가 인정된다고 한다. 만일 손실의 배분으로 인해 결손을 발생시키거나 제한적인 결손보전의무(limited deficit restoration obligation)를 초과하여 결손을 증가시킨다면, 그 손실은 파트너들의 지분율에 따라 재배분된다.[8)]

예를 들어,[9)] 무한책임파트너(GP)와 유한책임파트너(LP)는 각각 $10,000씩 출자하여 감가상각 자산을 운영하는 유한파트너십(LPRS)을 설립하고, 손익을 반씩 나누되, ①감가상각비 공제와 ②그 감가상각비 누계액을 한도로 해당 자산의 매각에 따른 이익을 모두 GP에게 배분키로 합의하였다. LPRS는 재무부 규칙에 정한 바대로 자본계정을 유지하고 파트너들은 양(+)의 자본계정 잔액에 따라 청산키로 합의했으나, GP와 LP는 무제한적 결손보전의무에 대해서는 합의하지 않았으며, GP는 부채상환에 필요한 범위 내에서만 결손 자본계정을 보전할 의무가 있다. 또한 GP와 LP는 어떠한 배분도 파트너의 결손보전의무를 초과해서 그 파트너의 자본계정의 결손을 만들거나 증가시키지 않기로 하였다.[10)]

---

8) Treas. Reg. §1.704-1(b)(2)(ii)(c)
9) 이 예는, 美 국세청의 Revenue Ruling 97-38을 기초로 한 것이다.
10) 이렇게 결손보전의무 내에서만 자본계정의 결손을 만들기로 하는 내용을 '적격소득상계(QIO: qualified income offset)'라 하며, 대체적 요건에서 필수적인 사항이다. Treas. Reg. §1.704-1(b)(2)(ii)(d)

LPRS는 장비를 $100,000에 구입하면서 현금 $20,000을 지급하고 $80,000의 차액을 은행으로부터 차입하여 지급하였다. 이 장비는 1~5년 동안 매년 $20,000의 감가상각비가 발생하고, 이를 제외한 파트너십의 모든 경비/손실은 소득과 정확히 일치하므로 매년 LPRS는 $20,000의 순손실을 발생시킨다.

파트너십 계약이나 州 법에 따라 LP는 파트너십에 추가적인 출자의무가 없으므로 아무런 결손보전의무를 부담하지 않는다. 州 법에 따라 GP는 파트너십의 부채를 상환하기 위해 추가적인 출자를 해야 하지만, GP의 이러한 의무는 LPRS의 부채가 자산의 가치를 초과하는 범위에서만 인정된다. 따라서 매년 GP의 제한적 결손보전의무는 매년 말의 파트너십의 부채금액과 자산가치 간의 차이와 같은 금액이 된다.

GP의 제한적 결손보전의무를 계산하는데 있어서, 파트너십 자산의 가치는 시가와 기준가액의 등가추정원칙(value-equals-basis rule)에 따라 그 자산들의 장부상 조정기준가액과 동일한 것으로 추정된다.[11] 파트너십 계약은 경제적 효과에 대한 대체적 기준을 충족하기 때문에 감가상각을 GP에 배분하는 것은 이러한 배분이 GP의 결손보전의무를 초과해서 GP에게 자본계정의 결손을 초래하지 않는 한 경제적 효과를 가진다. 1년째 말에, 감가상각 장비의 기준가액은 $80,000로 줄어들고, LPRS가 2년째 초에 이 장비를 장부가(기준가액)인 $80,000에 매각하고 청산한다면, 매각대금은 LPRS의 부채상환에 사용될 것이다. 그러면 LPRS의 채권자는 전액 변제를 받고 GP는 부채상환을 위해 출자할 의무를 지지 않게 되므로 1년째 말에 GP는 자본계정의 결손을 보전할 의무를 부담하지 않는다.

GP가 1년째 말에 자본계정 결손의 보전의무를 지지 않으므로 GP의 자본계정을 $0 미만으로 감소시키는 배분은 파트너십 계약에 따라 허용되지 않고, 경제적 효과에 대한 대체적 기준을 충족시키지 못한다. 하지만, $20,000의 감가상각비 공제를 모두 GP에게 배분하면, GP의 자본계정이 -$10,000로

11) Treas. Reg. §1.704-1(b)(2)(ii)(d)

감소되므로, 그 배분은 GP의 결손보전의무($0)를 초과하여 자본계정 잔액의 결손을 야기하므로 파트너십 계약에 따라 허용되지 않으며 경제적 효과의 대체적 기준을 충족시키지 못한다. 그러므로 1년째에 대한 감가상각비 공제는 파트너십 지분에 따라 GP와 LP에 각각 $10,000씩 배분되어야 한다.

2년째에 GP에 대한 $20,000의 감가상각비 배분은 경제적 효과를 가진다. 비록 그 배분으로 말미암아 LP의 자본계정은 $0으로 유지되는 반면, GP의 자본계정은 -$20,000로 감소되지만, GP에 대한 배분은 GP의 제한적인 결손보전의무를 초과하여 자본계정의 결손을 초래하지 않는다. 만일 LPRS가 3년째 초에 해당 자산을 장부가인 $60,000에 매각하고 청산한다면, 그 매각대금은 $80,000의 LPRS 부채에 충당될 것이다. GP는 부채의 상환에 필요한 범위 내에서 결손자본을 보전할 의무가 있으므로 GP는 남아있는 부채를 상환하기 위해 LPRS에 $20,000을 출자하여야 한다. 따라서 2년째 말에 GP는 $20,000의 결손보전의무를 지며, GP로 감가상각을 배분하더라도 GP의 자본계정을 그의 자본계정 결손을 보전할 의무보다 아래로 감소시키지 않는다. 이러한 분석은 3~5년째 동안의 감가상각 배분의 경우에도 동일하게 적용된다. 해당 자산이 완전히 감가상각된 6년째 초에 $80,000의 파트너십 부채의 원금의 상환기일이 도래하며, 파트너들의 자본계정은 각각 -$80,000(GP)과 $0(LP)이 된다. 시가는 장부가와 같다고 추정되므로 해당 자산의 가치는 0이 되고 LPRS의 부채 $80,000을 상환하는데 사용될 수 없다. 그 결과, GP는 LPRS에 $80,000을 출자하여야 하며, 이러한 제한적 결손보전의무를 충족시키기 위한 GP의 출자는 GP의 자본계정 잔액을 다시 $0으로 증가시킬 것이다.

다. 동등성 기준(Equivalence Test)

재무부 규칙에 따르면, 만일 어떤 배분이 경제적 효과에 대하여 위에서 살펴본 Big-3나 대체적 기준을 충족시키지 못하더라도 그 배분이 경제적 효과와 동등하다면 이를 구제하는 규정을 두고 있다.[12] 이러한 최후기준에 따르면, 파트너십 계약의 해석에 따라 매 파트너십 과세연도 말 시점에 그 파트너십을 청산하는 경우 Big-3를 충족시키는 것과 마찬가지의 결과를 만들어낸다면, 파트너십 계약이 자본계정의 유지에 대한 규정을 두고 있지 않는 기술적인 실수를 범했다고 하더라도, 경제적 효과를 가진 것으로 간주된다.

3. 실질성(Substantiality)에 대한 판단

가. 일반원칙

특별배분을 세법상 허용하기 위한 두 번째 중요한 기준은 어떤 배분의 경제적 효과가 그 배분이 있는 연도 및 파트너십의 일생에 걸쳐 "**실질적**"인가 여부에 주목한다. 어떤 배분의 경제적 효과는 만일 그 배분이 조세효과와는 무관하게 파트너가 파트너십으로부터 받는 금액에 실질적으로 영향을 미칠 만한 합리적 가능성이 있다면 실질적인 것으로 간주된다. 재무부 규칙에 따르면, 배분의 경제적 효과는 그 배분이 파트너십 계약의 일부가 될 때, 다음의 두 가지 경우에 해당한다면 배분의 경제적 효과는 실질적이지 않다고 규정함으로써 이에 관한 구체적인 기준을 제시하고 있다.[13)]

① 현재가치로 판단할 때, 최소한 어느 한 파트너의 세후 경제적 효과가, 만일 그 (특별) 배분이 파트너십 계약에 포함되지 않았다면 발생할 효과에 비해 증가할 수 있을 것, 및
② 현재가치로 판단할 때, 어느 파트너의 세후 경제적 효과도, 만일 그 (특별) 배분이 파트너십 계약에 포함되지 않았다면 발생할 효과에 비해 실질적으로 감소하지 않을 것 등이다.

달리 말하면, 만일 어떤 배분의 효과가 세후에 하나 또는 그 이상의 파트

---

12) Treas. Reg. §1.704-1(b)(2)(ii)(i)
13) Treas. Reg. §1.704-1(b)(2)(iii)(a)

너들에게 이익을 주면서 어느 파트너에게도 불리한 영향을 미치지 않는다면 그 배분은 실질성 기준을 충족시키지 못한다. 파트너에 대한 세후 경제적 이익 또는 불이익을 판단함에 있어, 그 배분과 파트너의 다른 조세 특성들(tax attributes) 간의 상호작용으로부터 발생하는 조세효과가 고려되어야 한다.

예를 들면,[14] 무한파트너십인 AB(파)는 투자수익을 목적으로 주식에 투자했다고 가정하자. 파트너 A는 금년에 30%의 한계세율구간에 해당될 것으로 예상하고 파트너 B는 15%를 한계세율구간으로 예상한다. 또한 더 나아가, 그 파트너십은 Big-3 기준을 충실히 만족시켜서 모든 배분이 경제적 효과를 가진다고 가정하자. 마지막으로 이 파트너십은 상대적으로 같은 금액의 비과세 이자와 과세대상 배당을 벌도록 투자구조를 짰으며, 파트너십 계약에서 비과세 이자의 경우 A에게 90%를, B에게 10%를 배분키로 하면서, 배당의 경우 전액 B에게 배분키로 정했다고 가정하자. 비록 그 배분은 경제적 효과를 가지지만, 그 배분이 이루어지는 시점에, A가 그 배분의 결과로써 세후의 경제적 효과를 증대시킬 것으로 기대되고 A와 B 어느 누구도 그들의 세후 효과를 실질적으로 감소시키지 않을 것이라는 강한 개연성(strong likelihood)이 존재하므로 실질성의 기준을 충족하지 못한다.

즉, 그 파트너십이 각각 $10,000씩의 비과세 이자와 과세대상 배당을 벌었다고 가정하자. 그 이자는 $9,000은 A에게, $1,000은 B에게 배분되고, 배당은 $10,000 모두 B에게 배분된다. 세금을 고려하기 전에, A에게는 총 $9,000이 배분되고 B에게는 $11,000이 배분되지만, 세금, 즉 파트너들의 개인적 세율구간을 고려하면, 결과는 다음과 같다.

---

14) 이 예는 Treas. Reg. §1.704-1(b)(5)의 Example 5를 기초로 한 것이다.

	A	B
이자	$ 9,000	$ 1,000
배당	0	10,000
세전 소득	$ 9,000	$11,000
배당에 대한 세금	0	(1,500)
세후 소득	$ 9,000	$ 9,500

만일 이러한 특별배분이 없이 동등한 파트너들이 이자와 배당을 각각 50:50으로 나누기로 하였다면, 그 결과는 아래와 같다.

	A	B
이자	$ 5,000	$ 5,000
배당	5,000	5,000
세전 소득	$10,000	$10,000
배당에 대한 세금	(1,500)	(750)
세후 소득	$ 8,500	$ 9,250

즉, 특별배분의 효과는 두 파트너 모두에게 세후기준으로 이익을 주기 위함이다(A는 $8,500 대신 $9,000, B는 $9,250 대신 $9,500). 따라서 그 배분은 최소한 한 파트너의 세후효과가 그러한 배분이 없었다면 생겼을 결과에 비해 증대하였고 어느 파트너의 세후효과도 실질적으로 감소하지 않을 것이라는 강한 개연성이 있으므로 실질성 기준을 충족하지 못한다. 파트너십 계약에 따르면, A의 자본계정은 $9,000(총 파트너십 소득의 45%)이 증가하고 B의 자본계정은 $11,000(총 파트너십 소득의 55%)이 증가한다. 특별배분이 실질성 기준을 충족시키지 못하므로 배당 및 비과세 이자는 45%는 A에, 55%는 B에 재배분된다.

한편, 재무부 규칙은 배분의 경제적 효과가 실질적이지 못한 두 가지 특수한 상황으로 이전적 배분과 일시적 배분의 두 가지에 주목하고 있는데, 각 경우에 있어서, 최초의 배분이 하나 또는 그 이상의 사후적 배분에 의해 상쇄되어, 파트너들에게 아무런 중요한 경제적 효과를 야기하지 않지만(즉, 그들의 자본계정에 아무런 영향을 주지 않지만) 그들의 총 조세부담을 감소시키게 되는 점을 특히 우려하고 있다. 이렇게 상쇄하는 배분의 효과는 만일 그 배분들이 같은 과세연도에 일어나면 "이전적(shifting)"이라 하고 여러 과세연도에 걸쳐 있으면 "일시적(transitory)"이라 한다.

나. 이전적 배분(Shifting Allocation)

파트너십의 한 과세연도 내에 배분의 경제적 효과는, 만일 그 배분이 파트너십 계약의 일부가 될 시점에, (주로 같은 해의 동일 또는 상쇄시키는 배분으로 인해) 파트너들의 자본계정이 그 배분에 의해 영향을 받지 않으면서, ①그 배분과 ②파트너십과 무관한 파트너의 다른 조세특성들 간의 상호작용으로부터 발생하는 조세효과를 고려할 때, 파트너들의 총 조세부담이 그러한 배분이 없을 때보다 적을 강한 개연성이 있다면 실질적이지 않다.[15]

예를 들면,[16] 무한파트너십인 AB(파)가 IRC §1231 자산[17](건물)을 구입하여 임대를 놓고, 또한 시장성 있는 주식에도 투자를 했다고 가정하자. 파트너십 계약은 Big-3 기준을 충실히 준수하고 있다. 금년 초에, 이 파트너십은 §1231 자산의 매각으로부터 $100,000의 손실이 예상되고, 주식의 매각에 따른 $100,000의 자본손실을 실현할 처지에 있다. 그렇지만 손익분기점에는 이를 것으로 예상한다. A는 같은 해에 $500,000의 통상소득과 아무런 §1231 이득을 얻지 못할 것으로 예상한다. B는 $300,000의 통상소득과 파트너십과

15) Treas. Reg. §1.704-1(b)(2)(iii)(b)

16) 이 예는 Treas. Reg. §1.704-1(b)(5)의 Example 6을 기초로 한 것이다.

17) 우리나라의 사업용 고정자산이라고 보면 된다. IRC §1231. 이를 통상 '§1231 자산'이라 부르며, §1231 자산의 처분에 따른 이익과 손실을 각각 '§1231 이득' 및 '§1231 손실'이라 부른다.

무관한 매각거래로부터 $200,000의 §1231 이득을 올릴 것으로 예상된다.[18] 파트너십의 예상되는 손실과 파트너들의 개인적 조세특성들 간의 상호작용으로부터 발생하는 조세혜택을 최대화하기 위하여, A와 B는 파트너십 계약을 수정하여 $100,000까지의 §1231 손실은 A에게 배분하고 같은 금액의 자본손실은 B에게 배분키로 하면서, 그러한 배분을 초과한 모든 다른 손실들은 파트너들 간에 똑같이 나누기로 했다고 하자.

각 파트너는 총 $100,000의 파트너십 손실을 배분받으므로, 연말에 그들의 개별적 자본계정은 §1231 손실과 자본손실이 A와 B 간에 똑같이 나누어진 것과 동일하다. 파트너들의 관심사는 이러한 특별배분의 세후결과와 만일 두 가지 $100,000 손실을 똑같이 나누기로 한 경우의 결과를 비교함으로써 다음과 같이 표시할 수 있다.

	특별배분	균등배분
파트너 A	$500,000	$500,000
통상소득		
파트너십 손실:		
§1231 손실	(100,000)	(50,000)
자본손실	0	(3,000)[19]
純과세소득	$400,000	$447,000
파트너 B		
통상소득	$300,000	$300,000
§1231 이득	200,000	200,000
파트너십 손실:		
§1231 손실	0	(50,000)

18) 파트너십의 §1231 이득과 손실은 그 특성을 그대로 유지한 채 파트너에게 투시된다. §1231 이득은 자본이득으로 취급되어 낮은 세율을 적용받는 반면, §1231 손실은 통상소득을 무제한적으로 상쇄시킬 수 있는 통상손실로 간주된다. IRC §1231

자본손실	(100,000)	(50,000)[20]
純과세소득	$400,000	$400,000

자신의 통상소득을 상쇄시키기 위해 금년에 §1231 손실을 완전히 활용할 수 있는 A의 처지로 인해, 그 배분의 결과 B의 순소득에는 영향이 없는 반면 A의 순소득은 $47,000만큼 줄어든다. 또한 그 배분이 계약의 일부가 되는 시점에 이러한 결과가 발생할 수 있는 강한 가능성이 있었다. 따라서 그 배분의 경제적 효과는 실질적이라고 볼 수 없고 그 손실은 파트너십 지분비율(50:50)에 따라 재배분되어야 한다.

다. 일시적 배분(Transitory Allocation)

일시적 배분은 위와 같은 이전적 배분의 간단한 변경에 불과하다. 만일 파트너십 계약에서, 2년 이상의 과세연도에 걸쳐 원래의 배분이 하나 또는 그 이상의 상쇄용 배분(offsetting allocations)에 의해 상쇄될 가능성이 있고, 그 배분이 계약의 일부가 되는 시점에 파트너들의 자본계정이 그 배분들에 의해 영향을 받지 않는 것으로 나타나고, 파트너들이 관련기간 동안 그들의 조세부담이 감소할 수 있는 강한 개연성(strong likelihood)이 있다면 이는 실질적이지 않다.[21] 파트너들의 악의에 대한 과세당국의 입증책임을 완화시키기 위해, 재무부 규칙에 따르면, 만일 그 배분이 사실상 파트너들의 자본계정에 아무런 중대한 변화를 일으키지 않고, 아무런 특별배분이 없었다면 발생했을 세금보다 감소했다면 "강한 개연성"의 요건을 충족한 것으로 추정한다.

---

19) 미국 세법상 자본손실은 자본이득의 범위 내에서만 공제가 가능하고, 예외적으로 자본이득을 초과하는 자본손실의 경우 $3,000까지 공제가 가능하다. IRC §1211(b)

20) 미국 세법상 자본손실과 §1231 손실(즉, 사업용 고정자산 처분손실)은 같은 방식으로 자본이득에 대해 공제가 가능하다. §1231(a) 및 §1211(b)

21) Treas. Reg. §1.704-1(b)(2)(iii)(c)

예를 들어,[22] ABC(파)는 장기 임대업과 같은 신뢰할만하고 고정된 소득흐름을 가지고 있다고 가정하자. 1년째 초기에 파트너 A는, 자신은 파트너십과 무관한 활동으로부터 소진되어 가는 이월결손금을 갖고 있다는 점과 B와 C는 최고 세율구간에 있다는 점을 잘 알고 있다. B와 C에게 부담을 주지 않으면서 A에게 이익을 주기 위해 파트너들은 1년째에 파트너십 소득의 100%를 A에게 배분키로 합의하고, 그 대가로 그 뒤의 2년간은 소득의 100%를 B와 C에 똑같이 나누기로 한 다음, 그 다음부터는 이익을 3등분해서 나누는 원래 구조로 돌아간다. 어느 시점에서나 그 파트너십 계약은 모든 배분이 Big-3 요건을 충족하여 경제적 효과를 가진다. 하지만 이러한 배분의 경제적 효과가 실질적이라 할 수 있는가? 1년째만 떼어 보면, A가 그 배분으로부터 경제적으로 이익을 얻고 다른 파트너들이 손해를 보므로 실질적이라고 할 수 있다. 하지만, 3년간을 모두 합해서 보면, 파트너들은 그 배분으로 인해 발생하는 자본계정의 순증감이 셋째 해 말에는 그러한 (특별)배분이 없었을 경우와 마찬가지로 똑같아질 것이라는 점을 처음부터 잘 알고 있었으므로, 이 거래의 경제적 효과는 완전히 씻겨 나간다. 게다가 그 배분은 A로 하여금 1년째 파트너십 소득에 대해 소진되어 가는 이월결손금을 적용할 수 있도록 하므로 3년 전체에 걸친 A, B 및 C의 총 조세부담은 감소하게 된다.

이상에서 논의한 미국 Subchapter K(IRC §704(b))에 따른 파트너십 배분에 대한 과세처리를 그림으로 나타내면 다음의 [그림 3-3-1][23]과 같다.

---

22) 이 예는 Treas. Reg. §1.704-1(b)(5)의 Example 8(i)을 기초로 한 것이다.

23) 참고한 문헌으로는, Peter Wiedenbeck, Partnership Taxation 강의자료, Washington Univ. Law School(Spring, 2006); Edward J. Schnee & Ed Haden, "Section §704(b) Final Regulations and the Tax Shelter Investment: A Review", 17 Cumb. L. Rev. 731 (1987), p.738; Karen C. Burke, *Federal Income Taxation of Partners and Partnerships*, West(3d ed. 2005), p.118; 高橋祐介, 『アメリカ·パートナーシップ所得課税の構造と問題』, 清文社 (2008), 27頁 등이다.

[그림 3-3-1] Subchapter K상의 실질적 경제적 효과 분석도

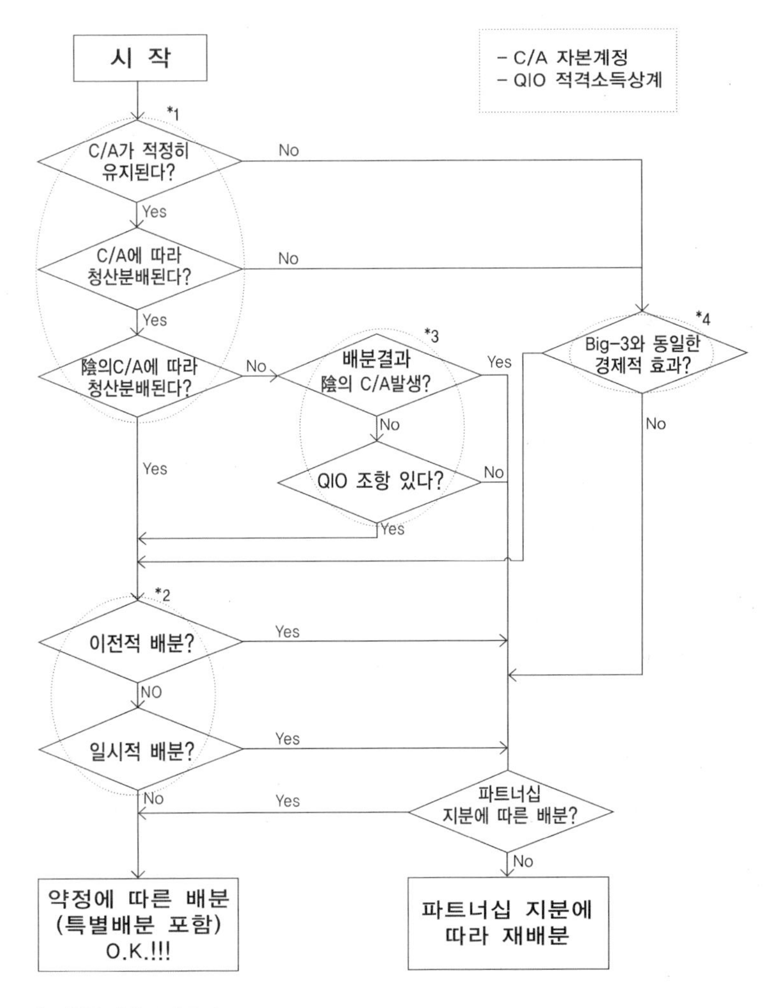

*1: 기본적 기준(Big-3 Test)
*2: 실질성 기준(Substantiality Test)
*3: 대체적 기준(Alternate Test)
*4: 동등성 기준(Equivalence Test)

III. 일본 조합과세상의 손익배부 원칙

1. 손익배부비율에 관한 일본 민법의 규정

일본 민법은 손익배부비율에 대해서 당사자가 계약에 정하도록 위임하면서, 비율의 방식에 대해서도 광범위하게 계약자유가 인정되고 손익배부비율이 출자비율에 비례할 필요도 없고, 이익배부비율과 손실부담비율도 다르게 정할 수 있다. 다만 이것을 전제로 하여, 계약에 정함이 없는 경우에는 손익배부비율은 각 조합원의 출자가액에 따른다고 규정하고 있다. 이익 또는 손실에 대해서만 배부비율을 정한 경우에는 그 비율은 손실 및 이익에도 공통적인 것으로 추정한다.[24] 더 나아가 손실에 있어서는, 일부의 조합원이 이것을 부담하지 않는 것을 정하는 계약도 조합계약의 성질에 반하지 않는다고 한다.[25]

2. 조합사업의 손익 배부 금액의 계산 방법

조합원이 임의조합 등의 조합사업에서 배부받은 손익금액은 아래 세 가지 방식들 가운데 원칙적으로 총액방식에 의해 계산하지만, 계속 적용을 조건으로 (또한 법인 조합원의 경우에는 다액의 감가상각비의 선계상 등의 과세상의 폐해가 없는 한) 아래 중간방식 또는 순액방식에 의해 계산하는 것도 인정되고 있다.[26]

---

24) 日本 民法 第674條

25) 大判明 44.12.26 民錄 17号, 916頁. 또한, 당사자의 이익을 추구하는 영리조합에 있어서는, 전조합원이 이익의 분배를 받는 것이 아니면 공동사업을 영위하는 민법상의 조합은 아닌 것으로 되므로 일부의 조합원에 대해서 이익의 분배를 받을 권리를 부정하도록 정하는 것은 허락되지 않는다고 해석되고 있다. 品川孝次, 『新版註釋民法(17)』, 有斐閣(2003) 58頁 참조.

가. 총액방식

이 방법은 조합사업의 자산, 부채, 수익 및 비용의 전부에 대해서 배부비율에 따라 계산된 액을 各조합원의 자산, 부채, 수익 및 비용으로서 인식하는 방법이다. 이 방법에 따르는 경우 各조합원은 조합사업의 거래 등에 대해서 수취배당 등의 익금불산입(배당공제), 소득세액공제, 충당금이나 준비금에 관한 규정의 적용이 인정된다.

나. 중간방식

이 방법은 조합원의 손익항목(수입, 그 수입에 관한 원가나 비용 및 손실)의 액을 그 배부비율에 따라 各조합원에 할당되는 금액으로 해서 계산하는 방법이다. 이 방법에 의하는 경우에는 조합의 손익항목의 내용은 조합원의 장부에 반영할 목적으로 각 조합원은 조합사업의 거래 등에 대해서 수취배당 등의 익금불산입(배당공제), 소득세액공제 등의 규정의 적용은 인정되지만, 조합의 자산·부채의 내용은 조합원의 장부에 반영하지 않으므로, 충당금이나 준비금에 관한 규정의 적용은 인정되지 않는다.

다. 순액방식

이 방법은 조합사업에 대해서 계산된 이익의 액 또는 손실의 액만을 그 배부비율에 따라 각 조합원에 배부 또는 부담시키는 방법이다. 즉 조합손익의 계산 잔액만을 조합원의 손익으로 인식하고, 조합의 손익·자산·부채의 내용이 조합원의 장부에 반영되지 않으므로 각 조합원은 조합사업의 거래 등에 대해서 수취배당 등의 익금불산입(배당공제), 소득세액공제, 충당금이나 준비금에 관한 규정의 적용은 인정되지 않는다. 또한 이 방식에 의하는 경우에 있어서도 조합원이 법인인 경우 조합사업의 지출금액 가운데 기부금 또

---

26) 法人税基本通達 14-1-2, 所得税基本通達 36·37 共-20

는 교제비의 액이 있는 경우는 조합사업을 자본 또는 출자를 갖지 않는 법인으로 보아 손금불산입액을 계산하고 이것을 各조합원에 배부하는 것으로 되어 있다.

개인 조합원이 조합사업에서 생긴 손익에 대해서 순액방식에 따라 손익계산을 행하는 경우에는 그 소득구분은 조합사업의 주된 사업내용에 따라 부동산 소득, 사업소득, 산림소득 또는 잡소득 중 하나의 소득으로 구분한다. 이 때문에 이 방식에 의하는 이상은 소득구분을 어떻게 결정하더라도 조합단계 소득의 성질과 조합원에 전달된 소득의 성질이 달라지는 것을 완전히 막을 수는 없다.[27]

또한 총액방식이나 중간방식의 경우의 소득구분에 대해서는 통달에는 반드시 명확하지는 않지만 이 양자의 방식은 조합의 수입금액, 지출금액 등을 배부비율에 따라서 各조합원의 수입·지출 금액으로서 계산하는 방식이므로 조합단계에서의 개개의 수입·지출 등의 내용에 따라 각종 소득으로 분류되는 것으로 해석된다.[28]

3. 손익배부비율에 대한 세법상의 취급

손익배부비율이 출자비율과 동일한 경우에는 그 비율은 자의성이 배제된 것이고 또한 회사에 있어서의 잉여금의 분배방법과도 합치한 것이므로 세무상으로도 합리적인 분배비율로서 당연히 인정된다.[29]

또한 손익배부비율은 조합계약에 의해서 정해지지만 그것이 全조합원의 합리적·객관적 판단을 기초로 해서 정해져 있는 한 배부비율에 따라서 행해진 손익의 배부에 대해서 일부 조합원으로부터 다른 조합원으로의 무상증여

27) 佐藤英雄, 前揭論文(이 책 132쪽·주61), 38頁.
28) 長谷部啓, 前揭論文(이 책 12쪽·주2), 140頁.
29) 平野嘉秋, 前揭論文(이 책 120쪽·주32), 50頁

와 같은 경제적 이익의 이전 문제는 생기지 않는다.[30] 즉, 조합과세란 근본적으로 기술, 지식 또는 노하우 등의 인적 자산을 유효하게 활용할 목적의 사업체로서 창설되는 것이고, 그에 따라 재무상태표에는 계상될 수 없는 무형의 인적 자산을 감안한 경우의 유연한 손익분배가 가능하다고 볼 수 있다. 따라서 손익배부비율이 출자비율과 다른 경우에 있어서도 그것만을 가지고는 세무상 바로 조합원간에 있어서 경제적 이익의 공여가 있었다고 해서 기부금이나 수증익으로 과세할 수 있다고 보지는 않는다.[31]

그러나 영리조합은 각 조합원이 이익을 얻을 목적으로 조합을 결성하기 위해 있으므로, 손익배부비율이 각 조합원의 출자 상황, 업무집행에의 관여 정도, 노하우의 제공 상황 등을 고려할 때 합리성이 인정되지 않는 경우에는 당연히 상기와 같은 조세회피 또는 조합원 간의 수증익 등의 과세문제가 생긴다.[32] 이러한 합리성이 인정되지 않는 경우 결국 부당행위계산부인의 법리나 증여의 문제가 생긴다고 볼 수 있다.

예를 들어 손익배부비율의 산정근거가 조합계약 등에 있어서 명확히 되어 있지 않는 것, 이익의 배부비율과 손실의 분담비율이 다른 합의, 특정의 조합원이 손실을 분담하지 않기로 하는 합의, 또는 조합원의 합의에 따라 계산기간마다 임의로 손익배부비율을 변경하는 것이 가능한 것 등은 이해가 서로 대립하는 관계에 있는 조합원들로 결성된 조합에서는 생각하기 어렵다. 또한 특수관계 있는 조합원 간에 결성된 조합의 경우 이익조작의 색채가 농후하므로 기본적으로는 합리성이 없는 것으로 취급되고 납세의무자의 예측

30) 所得稅基本通達 36·37 共 19. 金子宏, 前揭書(이 책 62쪽·주1), 402頁

31) 이 점에 관해서, 高橋祐介, 前揭論文(이 책 131쪽·주60), 108頁에서는, 조합이 번 소득이 손익배부비율에 따라서 각 조합원에 귀속한다고 하는 현행 통달과 같은 취급의 바탕에는, 남용사례가 불가피하여 사법상 노무출자나 위험 이전을 행하지 않는 단체만을 세법상 꺼내어, 결국 세법상 적격성을 명시해서 이것에 pass-through 과세를 인정하는 길을 찾는 것이 바람직하다고 제언되어 있다.

32) 大阪高裁平成3年9月26日判決(稅資186号) 621頁. 最判平成5年3月12日(稅資194号) 728頁 등.

가능성을 확보하는 견지에서 그 취지를 통달 등에 예시적으로 명시하는 것과 같이 당사자 간에 결정한 손익배부비율이 합리적인 것으로 인정되지 않는 경우에는 세무상으로 출자비율에 따라 각 조합원의 손익을 산정키로 하는 등의 취급을 명백히 할 필요가 있다고 지적되고 있다.[33)]

이러한 논의를 반영하여 최근 제정된 LLP법에는 손익배부비율의 산정근거를 명확히 한 서류의 작성의무가 부과되어 있고,[34)] 이에 따라 상당 정도의 견제효과를 기대할 수 있다고 평가되며 조합과세의 적정화 관점으로부터 이와 같은 제도를 다른 조합에 있어서도 세제상의 조치로서 의무지우고자 하는 입법태도가 강화될 것으로 예상된다.[35)]

IV. 우리나라의 경우

1. 공동사업장 과세제도

우리나라의 민법도 일본과 마찬가지로 조합에서의 손익분배비율은 조합계약에서 정할 수 있다.[36)] 그 비율을 어떻게 정하느냐는 자유이며, 반드시 출

33) 한편, 출자비율과 다른 손익배부를 인정하는 내부조직의 유연성을 인정하면 조세회피방지 목적의 규칙이 점점 더 복잡하게 되고, 우선, (예를 들어 세제적격이라 하는 개념을 사용하면서) 조직의 유연성을 배제하고, 출자액에 대응한 손익배부(결과적으로는 분배)만을 인정하는 등의 방식으로 일종의 '입구규제'를 하는 것을 고려할 필요가 있다는 제안도 있다. 森信茂樹, "新たな事業體と組合税制構築の論点", 中里實·神田秀樹 編著, 『ビジネス·タックス』, 有斐閣(2005), 233頁 참조.

34) LLP法 施行規則 第36條. 일본의 합동회사, LPS 및 LLP에 대해 자세히 검토한 국내의 문헌으로는, 이정수, "미국 LLC, LLP제도의 도입과 세법상 대응", 조세법연구 XIII-2, 한국세법학회 (2007) 참조.

35) 長谷部啓, 前揭論文(주28), 145頁.

36) 민법 제711조

자의 비율에 따라야 하는 것도 아니다. 또한 손익분배의 비율과 손실부담의 비율이 같아야 하는 것도 아니며, 이를 다르게 약정하는 것도 상관없고 손실을 부담하지 않는 조합원이 있어도 상관없다.[37)]

하지만, 민법에 따라 이렇게 자율적으로 정해진 손익배분비율을 세법상 어디까지 존중할 것인가 하는 점에 대하여 법령의 규정이 불비한 가운데 그동안 해석에 있어서 견해가 다소 엇갈려 왔었다. 하지만 2006년 소득세법 개정(2006년 12월 30일 법률 제8144호)을 통해 같은 법 제43조 제3항에서 "제1항에 따라 공동사업에서 발생한 소득금액은 해당 공동사업을 경영하는 각 거주자 간에 약정된 손익분배비율(약정된 손익분배비율이 없는 경우에는 지분비율을 말한다. 이하 "손익분배비율"이라 한다)에 의하여 분배되었거나 분배될 소득금액에 따라 각 공동사업자별로 분배한다"라고 정하여 약정된 손익배분비율이 지분비율에 우선한다는 점을 명문으로 규정한 바 있다. 즉, 우리나라 공동사업장 과세제도에서는 약정에 의해 손익배분비율을 결정할 수 있도록 인정하고 있지만, 그 구체적 내용에 있어서 손실과 이익을 구분하여 각기 다른 배분비율을 결정할 수 있는지에 대해서는 명확하게 언급하지 않고 있으나 문맥으로 보아 순이익(손실)에 대한 하나의 배분비율만을 인정하는 것이라는 견해[38)]도 있고 기간별 손익의 배분비율을 달리 정할 수 있다는 전제하에서 이의 문제점을 지적하는 입장에 비추어 복수의 배분비율이 가능하다는 취지로 해석되는 견해[39)]도 있다. 어쨌든 행정해석과 판례에서는 (상기 소득세법 개정 전 해석이기는 하지만) 출자비율과 다른 손익배분비율의 합리성을 거의 인정하지 않았던 것으로 보인다.[40)]

---

37) 곽윤직, 『채권각론 제6판』, 박영사(2003) 315쪽 및 곽윤직 편, 『민법주해(XIV) 채권(9)』, 박영사(1992) (김재형 집필분) 326쪽 참조.

38) 안종석, 앞의 글(이 책 78쪽·주40), 29쪽

39) 박훈·이은미, 앞의 글(이 책 106쪽·주43), 289쪽

40) 소득 46011-487, 1996.2.12., 대법원 1995.4.11. 선고 94누13152 판결, 대법원 1995.11.10. 선고 94누8884 판결 등

2. 동업기업 과세제도

조세특례제한법에서는 제100조의18 제1항에서 "동업자 간의 손익배분비율"에 의한다고만 규정하였으나, 같은 법 시행령 제100조의17 제1항에서 동업자 간의 손익배분비율은 "단일한" 것이어야 한다고 규정하여, 공동사업장 과세제도상의 복수의 손익배분비율에 대한 해석가능성을 봉쇄하면서 미국식의 특별배분을 세법상 전혀 허용하지 않는 쪽으로 입법의 틀을 짠 것으로 평가된다. 또한 동업기업은 손익배분비율을 납세지 관할세무서장에게 신고해야 하며, 이를 신고하지 않는 경우 지분비율을 손익배분비율로 한다.[41] 또한 조세회피의 우려가 있다고 인정되는 사유가 발생하면 해당 사유가 발생한 과세연도에 대하여는 직전 과세연도의 손익배분비율에 따르며,[42] 과세연도 중 동업자가 가입하거나 탈퇴하여 손익배분비율이 변경되면 변경 이전과 이후 기간별로 산출한 동업자群별 배분대상 소득금액 또는 결손금을 각각의 해당 손익배분비율에 따라 배분하도록 정하고 있다.[43]

원래 입법 준비단계에서는 파트너 간 출자자산이 자본과 노무로서 상이한 경우에는 이익과 손실의 배분비율을 달리 정하는 것을 허용하지만, 파트너간의 출자자산이 동종의 자산인 경우에는 약정에 의한 단일의 손익배분비율만을 인정하고, 손익배분비율이 정해지지 않은 경우 및 약정에 의한 손익배분비율이 경제적 실질에 부합하지 않는 경우에는 지분비율을 적용하자는 안이 유력하였다.[44] 또한 약정에 의한 손익배분비율은 자본계정 유지원칙이 준수되는 경우에만 경제적 실질에 부합하는 것으로 인정키로 하면서, 자본계정 유지를 위해서는 위에서 살펴본 미국식의 자본계정 증감을 통한 유지·관리,

---

41) 조세특례제한법 시행령 제100조의17 제1항 단서
42) 조세특례제한법 시행령 제100조의17 제2항
43) 조세특례제한법 시행령 제100조의17 제3항
44) 안종석, 앞의 글(주38), 30쪽 및 TF案(이 책 78쪽·주40), 58-62쪽 참조.

청산 시 잔여재산 분배, 청산 시 결손보전의무 등을 포함하는 내용이 논의되었다. 이러한 논의가 다수의견을 차지한 배경으로는, "사적 자치를 인정하는 것이 동업기업 과세제도의 중요한 특징이며, 손익배분비율의 자율적인 결정이 사적 자치를 구성하는 가장 중요한 요소 중 하나이기 때문"이라는 점이 주요 논거였다.[45] 하지만 다양한 손익배분비율을 인정할 경우 제도 시행 초기부터 동업기업 과세제도가 지나치게 복잡해질 수 있고 이로 인한 조세회피의 남용 우려가 크다는 이유로 최종 입법단계에서 이를 불허하는 쪽으로 입법적 판단을 한 것으로 보인다.

한편, 단일의 손익배분비율만을 허용함에 따라 특별배분을 포함한 다양한 형태의 손익배분비율을 세법상 허용하기 위한 전제조건으로서 동업자들의 세무상 가액인 지분가액과는 별개로 동업자들의 경제적 실질에 기초한 자본계정의 개념 또한 새로 도입할 필요가 사라졌다고 볼 수 있다.

3. 평가와 대안

가. 평가

동업기업 과세제도를 설계하는데 있어서 손익배분비율 및 자본계정 도입에 대한 위에서와 같은 입법태도는, 현물출자에 따른 과세이연을 불허하는 입장과 함께,[46] 동업기업 자산 및 출자지분에 대한 세무상 가액(미국의 inside basis 및 outside basis)과 장부상 가액(시가에 터잡은 장부가치) 간의 이원적 운용을 배제한 결과와 논리적으로 앞뒤를 맞출 수 있게 되었다.[47] 즉,

45) 안종석, 앞의 글(주38), 29쪽.

46) 현물출자와 관련해서는 본 장 제2절 제II항의 논의를 참조. 또한 동업기업으로의 현물출자에 따른 과세문제를 비판적으로 다룬 최근의 논문으로, 이준규·이은미, 앞의 글(이 책 115쪽·주22) 참조.

47) 이와 유사한 취지의 지적으로 이창희, 앞의 책(이 책 40쪽·주45), 536쪽 참조.

동업자의 입장에서 동업기업에 재산을 출자할 때 출자재산의 시가로 양도한 것으로 보아 이를 과세계기로 삼음에 따라 당연히 동업자의 출자지분에 대한 세무상 기준가액인 지분가액은 시가에 터잡은 장부상 기준가액인 자본계정과 항상 일치하게 된다(stepped-up basis). 또한 동업기업의 입장에서도 출자받은 재산에 대한 세무상 기준가액(inside basis)은 항상 출자 시의 시가와 일치하게 된다. 따라서 동업자 입장에서나 동업기업 입장에서 장부상 기준가액과 세무상 기준가액 간의 불일치가 발생할 여지가 사라진다. 더 나아가 동업기업에 대한 재산의 출자 시점은 물론 동업기업의 운영에 따른 손익의 배분에 있어서도 동업자나 동업기업 모두 세무상 가액(동업자의 지분가액 및 동업기업의 내부기준가액)만을 유지·관리하면 족하고, 이와 별개로 시가에 터잡은 자본계정을 별도로 유지·관리할 필요가 없게 된다.

이렇듯 입법 논의과정에서의 다수의견에도 불구하고 단일의 손익배분비율만을 인정한 이유는 "제도도입 초기 단계에 예측할 수 없는 문제들이 생길 경우 과세관청에 부담이 되기 때문일 것"[48]이라는 다소 궁색한 설명 이외에는 달리 합리적 논거를 찾기 어려운 실정이다.

그렇다면, 논의의 핵심은 과연 우리나라의 동업기업과세에서 자본계정을 통한 다양한 손익배분비율을 허용할 것인지, 만일 허용한다면 그 방식은 어떻게 설계할 것인지의 입법론 차원의 문제로 귀결된다고 할 수 있다.

다양한 손익배분비율을 허용할 때 예상되는 문제점은 매우 분명하다. 가장 먼저, 이를 이용한 다양한 신종 조세회피행위가 유행할 가능성이 있다는 점이다. 또한 이의 연장으로서, 조세회피행위를 방지하기 위한 입법·행정적 대응을 하다보면 제도가 지나치게 복잡해지고 이에 따른 과세행정상의 부담 및 납세순응비용이 증가하게 된다는 우려가 있는 점 또한 무시할 수 없다. 또한 기업설립의 유연성과 사적 자치를 폭넓게 인정하는 다른 여러 요소들

48) 이준규·이은미, 앞의 글(주46), 66쪽. 이 논문의 저자들 또한 이러한 입법태도에 대해 매우 비판적인 입장을 피력하고 있다.

과 함께, 특별배분을 허용함으로써 결국은 "괴로울 정도로 복잡하고 혼란스러운"[49] 과세제도를 갖게 된 미국의 사례는 우리나라의 입법자들에게 제우스가 던져준 판도라의 상자처럼 두려움을 주기에 충분하였다.

그럼에도 불구하고 현재의 입법태도는 많은 비판에서 자유로울 수 없다.

먼저, 동업기업 과세제도의 도입취지가 기존의 공동사업장 과세대상이던 임의조합과 익명조합뿐만 아니라 상법상 인적회사와 일부 유한회사 및 새로 상법상 도입이 예상되는 합자조합과 유한책임회사는 물론 자본시장 및 금융투자업에 관한 법률상 각종 집합투자기구에 이르기까지 광범위한 범위에서 투시과세를 적용함으로써 기업설립의 다양성과 유연성을 제고하고자 하는 정책적 취지를 반감시키고 말았다.

또한, 세법이 이렇듯 경직된 방식으로 단일의 손익배분비율만을 인정함에 따라(일본의 표현을 빌리자면 일종의 "입구규제"[50]를 택함에 따라) 투시과세 체계의 근간이라 할 수 있는 경제적 실질이 우선하고 이에 부응하여 조세효과를 부여하는 방식이 아니라, 조세효과로 인해 경제적 실질이 왜곡 또는 제약될 수 있어 세제를 짜는데 있어서 가급적 피해야 할 조세중립성을 저해할 우려가 있다.

다음으로 다양한 방식의 손익배분비율을 허용하는 경우에 필연적으로 수반하는 자본계정의 개념을 포섭하지 못함에 따라 동업기업과세 전반에 걸쳐 실체적 접근과 집합적 접근의 혼합적 성격상 불가피하다고 평가되는 세무상 기준가액(inside/outside basis)과 자본계정(capital account) 간의 이원적 운용

49) Judge Raum's opinion in Foxman v. Commissioner, 41 T.C. 535 (1964) footnote 9. 이를 그대로 옮기면, "The distressingly complex and confusing nature of Subchapter K presents a formidable obstacle to the comprehension without the expenditure of a disproportionate amount of time and effort even by one who is sophisticated in tax matters with many years of experience in the tax field." 어쨌든 파트너십 과세제도는 미국 세법 중 가장 이해하기 힘든 과목 중 하나로 악명이 매우 높다.

50) 森信茂樹, 前揭論文(주33) 참조.

을 저해하고 있으며, 이러한 점은 특히 현물출자에 따른 과세이연의 필요성이 크다는 현실적 여건을 고려할 때 그 중요성이 더욱 부각된다고 할 수 있다.[51]

나. 대안과 전제조건들

도입 여부에 대한 치열한 찬반논의를 거쳐 미국의 파트너십 과세제도를 기초로 한 동업기업 과세제도를 기왕 도입한 마당에는 제한적인 범위일지라도 동업자들 간의 다양한 손익배분비율을 세법상 허용하는 조치는 불가피한 선택으로 판단된다. 또한 비록 제한적으로나마 다양한 손익배분비율을 허용한다면[52] 경제적 실질에 적합한 동업기업 과세체계의 틀을 짜기 위한 목적에서 당연한 논리적 귀결로서 자본계정의 도입도 불가피할 것이다. 결국 남은 문제는 현행법과 같이 이를 전면 부인하는 경직된 방식과 자본계정에 관한 복잡하기 짝이 없는 요건들을 전제로 특별배분을 거의 무제한 허용하고 있는 미국의 파트너십 과세제도 방식의 중간 어딘가에서 선을 그을 것인가의 문제라고 할 수 있겠다.

여기서, 미국에서 파트너십 제도를 이용한 조세회피행위가 번창한 이유를 따져볼 필요가 있겠다. 가장 큰 원인으로는 무엇보다 세율의 문제와 손익특성의 전환 문제를 빼 놓을 수 없다. 즉, 미국은 오랫동안 개인과 회사 간의

---

51) 미국에서 파트너십에 대한 재산출자에 대해 과세이연을 적용하는 이유로 "파트너십 설립이 '단순한 형식의 변화'이기 때문이 아니라, 사업체의 설립과 확장을 촉진하고 실현요건에 따라 발생되는 자본의 동결효과를 피하고자 하는데 그 목적이 있다"라는 평가는 이 문제의 처리방식에 대해 우리에게 시사하는 바가 크다 하겠다. Wiedenbeck & Berger(이 책 26쪽·주20), p.42. 이 책 제2장 제2절 제III항의 2. 참조.

52) 이러한 제한적인 허용의 대표적인 사례는 동업기업 과세제도 도입 시 TF案에서 다수의견으로 제시된 바 있는 파트너간의 출자자산이 자본과 노무로 상이한 경우 이익배분비율과 손익배분비율을 달리 정하는 것을 허용하는 방식을 들 수 있다. TF案(주44), 58쪽.

이중과세를 제거하는데 매우 인색하였으며,[53] 전반적인 고세율 구조 하에서 특히 회사소득세율에 비해 개인 소득세 최고세율이 매우 높아 파트너십을 이용한 조세회피의 유인이 매우 강했다는 점을 쉽게 유추할 수 있다.[54] 또한 통상소득과 자본이득에 대한 세율 격차가 매우 커서 통상소득을 자본이득으로, 또는 자본손실을 통상손실로 전환시키고자 하는 유인이 매우 강했다는 점도 함께 유의할 필요가 있겠다.

또한 소득세제, 특히 사업체 과세 제도를 역사적 맥락에서 짚어보면, 기업단계에서 벌어들인 소득에 대한 과세방식으로 사업체를 독립적인 과세대상으로 삼는 회사소득세가 만들어지기 훨씬 전부터 사업체를 그 사원의 소득에 대한 과세의 편의적 수단으로 삼는 투시과세 제도가 매우 발달하였고[55] 이로 인해 이 제도에 대한 납세의무자나 조세변호사들의 조세기획(tax planning) 및 과세당국의 대응능력이 고도로 발달할 수 있었던 사회·경제적 경험에도 함께 주목할 필요가 있겠다.

하지만 현 시점에서 우리나라의 조세환경은 파트너십 과세라는 투시과세 제도가 고도로 발달해 온 미국의 사정과는 매우 다르다. 즉, 소득세와 법인세 간의 세율차이가 과거 미국의 경우보다 크지 않을 뿐만 아니라 배당세액 공제제도로 인해 소득세와 법인세의 이중과세 문제가 일부 완화되었다는 점,

---

53) 우리나라에서와 같은 배당세액 공제제도(imputation)를 두고 있지 않았으나, 2003년부터 배당소득세율을 35%에서 15%로 인하하는 방식으로 회사와 개인 간의 이중과세 문제의 완화를 시도한 바 있다. The Jobs and Growth Tax Relief Reconciliation Act of 2003. IRC §1(h)

54) 실제로 파트너십을 이용한 조세회피행위가 가장 극심한 시기였던 1960년대 중반부터 1981년까지 미국의 회사소득세율은 46%, 개인 소득세 최고세율은 70%, 장기자본이득세율은 40%로 세율격차가 매우 심하였는데, 1980년대 이후 개인소득세율과 회사소득세율의 격차를 줄이고(현재는 35%로 동일) 배당소득세율을 자본이득세율과 같은 15%로 맞춤에 따라 파트너십을 이용한 조세회피 행위는 현저히 줄어들었다. Wiedenbeck & Berger, *supra* note 51, pp.3-7

55) 이 책 제2장 제2절 제I항의 논의를 참조.

미국의 자본이득에 해당하는 양도소득세율이 소득세 최고세율과 별 차이가 없을뿐더러[56] 상장사 주식의 경우 대부분 양도소득 과세대상에서 제외되어 있는 점,[57] 양도소득의 경우 사업소득 등의 종합소득과 손익통산이 불가할 뿐만 아니라[58] 양도손익 내에서도 부동산관련 양도손익과 주식·출자지분 양도손익 간의 손익통산이 불허되는 점,[59] 거주자群이 동업기업으로부터 배분받은 소득금액을 일본의 총액방식 또는 중간방식에서와 같이 이자, 배당, 사업, 기타 및 양도소득으로 각 구분하고 있으며 동업기업의 결손금 또한 사업소득 필요경비, 부동산 관련 자산의 양도소득 필요경비 및 주식·출자지분 관련 양도소득의 필요경비로 구분하고 있는 점,[60] 주로 세제 이외의 요인에 의해 배당성향이 매우 낮고 법인형태에 대한 과도한 선호현상 등을 고려할 때 동업기업 과세제도를 이용한 과도한 조세회피 행위가 미국처럼 번창할 가능성은 매우 회의적이라고 평가할 수밖에 없겠다.

이러한 점들을 고려한다면, 동업기업 과세제도를 투시과세 본연의 장점을 살릴 수 있도록 좀 더 유연하게 설계하고 운영할 수 있지 않을까? 이렇듯 좀 더 유연한 동업기업 과세방식을 채택하기 위해 고려해야 할 사항은 무엇인가? 먼저, 제도의 초기단계임을 고려할 때, 조세회피에 대한 우려보다는 투시과세를 필요로 하는 다양한 형태의 기업조직 활성화에 정책적 우선순위를 부여할 필요가 있겠으며, 그 출발점은 다양한 손익배분비율을 허용하는 방향

---

56) 종합소득에 대한 최고세율은 35%(2012년부터는 33%)이며(소득세법 제55조 제1항). 양도소득 세율은 일부 투기성 양도를 제외하고는 종합소득 세율과 동일하다(같은 법 제104조 제1항 제1호 내지 제10호). 단, 주식 및 출자지분의 양도에 따른 양도소득 세율은 주식 및 출자지분의 유형에 따라 10%, 20%, 30%의 비례세율이다(같은 법 같은 조 같은 항 제11호).

57) 상장주식의 경우 친족 기타 특수관계 있는 자의 보유주식을 합한 주식의 비율이 3% 이상이거나 주식의 시가가 100억원을 넘는 경우에만 양도소득세가 부과된다. 소득세법 제94조 제1항 제3호 및 같은 법 시행령 제157조 제4항

58) 소득세법 제102조 제1항

59) 소득세법 제102조 제2항 및 같은 법 시행령 제167조의2 제1항

60) 조세특례제한법 제100조의18 제3항, 같은 법 시행령 제100조의18 제6항 및 제7항

으로 점차 확대하는 것이다. 또한 이러한 점을 이용한 조세회피행위에 대한 대응책으로서 자본계정의 엄격한 유지 및 당사자들 간의 경제적 실질관계가 이러한 자본계정에 따라 형성될 수 있도록 관련 법령과 파트너십 회계제도의 정비가 필요할 것이다. 더 나아가 동업자가 너무 많은 수로 구성되어 동업기업의 사무부담이 지나치게 커지거나 과세당국의 집행비용 측면에서 투시과세가 곤란하다고 인정될만한 사정이 발생하는 경우에는 예외적으로 법인과세를 적용하는 방식[61]이나 조세회피에 대한 최후의 수단으로서 동업기업과세특례를 이용한 조세부담의 경감이나 소득 또는 부의 이전에 대해 적절히 대응할 수 있도록 증여세제나 부당행위계산부인과 관련한 법령의 보완 등이 필요하다고 하겠다.[62]

V. 현물출자 자산의 내재손익에 대한 배분

1. 개설

본 장 제2절 제II항(현물출자에 따른 과세이연의 문제)에서 살펴본 바와 같이 파트너십에 대한 현물출자에 따른 과세상의 대응방식은 미국, 일본 및 우리나라가 서로 상이하다. 이 점은 자본계정 및 지분가액의 개념과 결합하면서 이들 나라가 서로 다른 투시과세 체제를 운용하는데 있어서 핵심적 단초를 제공하고 있다. 이러한 차이점은 출자 시 내재손익을 가진 재산을 파트너십 단계에서 매각하거나 파트너들에게 분배(distribution)하는 경우 그 출자 시점의 내재손익의 배분(allocation)에 대한 과세문제와도 직접적인 관

---

61) 미국의 경우 PTP는 파트너십이 아니라 회사로 간주되어 회사소득세 과세대상임. 단, 총소득의 90% 이상이 이자·배당·임대료 등 수동적 소득항목으로 구성된 파트너십은 제외. IRC §7704

62) 이와 같은 취지의 지적으로, 윤지현, 앞의 글(이 책 105쪽·주40), 21-22쪽.

련이 있다.

즉, 내재손익을 가지고 있는 현물출자 자산을 파트너십이 매각 또는 분배하는 경우 출자 전 내재손익과 출자 후 내재손익을 파트너들에게 어떻게 배분할 것인가 하는 문제에 대해 미국의 경우 IRC §704(c) 및 해당 재무부 규칙에 따라 집합적 접근방식과 실체적 접근방식이 혼합된 복잡한 규정을 두고 있다. 이에 반해, 일본과 우리나라의 경우 이에 대한 아무런 명문의 규정을 두고 있지 않아 해석에 의존하는데, 일본의 경우 현물출자에 대한 일부양도설 입장의 연장에서 출자 전 내재손익[63]은 현물출자 조합원에게 배부하고 출자 후 내재손익은 조합원의 손익배부비율에 따르는 것으로 보는 것이 통설이다. 이는 결국 집합적 접근을 관철한 꼴이 되는데 이에 따라 조합원의 변경과 출자자산의 수가 많은 경우 이에 대한 각 조합원의 세무상 기준가액을 관리해야 하는 조합사무가 과중해지는 단점이 지적되고 있다.

한편, 우리나라의 경우 현물출자 시 전부양도설에 따라 출자 전 내재손익은 출자 동업자가 출자 시에 이를 미리 인식하여야 하므로, 동업자의 세무상 기준가액(내재이익이 있는 자산의 경우 stepped-up된 지분가액)과 동업기업의 장부가액(또는 동업자의 자본계정)은 항상 일치하게 된다. 따라서 이의 불일치를 전제로 하여 그 차액을 어느 파트너에게 배분할 것인지에 대한 복잡한 규정을 두고 있는 미국의 입법상의 복잡함이나 각 조합원별 및 각 현물출자 자산별 세무상 기준가액을 따로 관리해야 하는 일본의 실무상 번거로움도 피할 수 있는 매우 간소한 제도 설계를 하고 있다고 평가할 수 있다. 미국과 일본의 제도를 살펴봄으로써 이 문제에 대한 개선방안을 짚어보기로 한다.

---

63) 출자 시 일부양도의 결과 조정된 세무상 기준가액을 기초로 한 내재손익이다.

2. 미국의 제도

가. IRC §704(c)의 제정 배경

파트너들이 파트너십 지분을 대가로 재산을 출자할 때, 앞서 살펴본 현물출자에 대한 과세이연에 따라 그들은 아무런 이득이나 손실을 인식하지 않으며 이들이 출자재산에 대해 갖고 있던 기준가액은 그대로 파트너십에 승계된다. 이는 결국 실체적 접근방식에 따라 현물출자를 파트너와 파트너십 간의 교환거래로 파악한 결과라고 할 수 있다.64) 만일 IRC §704(a)의 일반원칙을 이 거래에 적용하면 파트너십에 의한 출자재산의 처분에 따른 이득이나 손실은 파트너십 계약에 따라 배분되는데, 이 경우 출자 전 손익을 파트너들에게 이전시키는 편리한 수단을 제공한다. 예를 들어, A는 원가(기준가액) $12,000/시가 $20,000의 토지를 출자하고 B는 $20,000의 현금을 출자하여 AB(파)를 설립했다고 가정하자. 비록 토지는 파트너십 장부에 시가로 기록되지만, 파트너십은 세무목적상 $12,000의 장부가를 그대로 승계한다. 만일 A와 B가 50:50의 지분비율대로 이익을 배분키로 합의한다면, 파트너십에 의한 사후적인 토지의 매각에 따른 손익은 IRC §704(a)에 따라 A와 B에게 똑같이 배분될 것이다. 따라서 만일 파트너십이 토지를 $20,000에 매각하면, 이는 어떠한 장부상 이익도 실현하지 못하고 파트너들의 자본계정은 영향을 받지 않겠지만, 총이익이 A가 그 토지를 보유한 기간에 귀속됨에도 불구하고 동 매각에 따라 실현된 $8,000의 조세상 이득 중 $4,000은 B에게 배분될 것이다. 출자 전 이득의 1/2은 단지 A가 아닌 AB(파)가 그 재산을 매각함에 따라 B에게 이전되어 버린다. 이와 유사하게, 만일 A가 시가보다 높은 장부가를 가진 재산을 출자한다면 조세상 손실이 이전될 수도 있다.

이렇게 출자 전 이득을 B로 이전하는 것은 영구적이지는 않다. 즉, 파트너

---

64) J. Paul Jackson, et al., *supra* note 47(이 책 40쪽·주47), p.1204

십의 $8,000의 조세상 이득이 A와 B에게 똑같이 배분된다면, 이들의 지분가액은 $16,000과 $24,000로 각각 증가된다. 만일 그 파트너십이 A와 B에게 $20,000의 현금을 각각 넘기고 청산한다면, A는 $4,000의 이득($20,000의 분배금액 − $16,000의 지분가액)을 인식하고, B는 $4,000의 손실($20,000의 분배금액 − $24,000의 지분가액)을 인식하게 될 것이다. 비록 B가 결국은 토지매각에 따라 앞서 인식한 이득을 상쇄하기 위해 $4,000의 손실을 인식하지만, 이러한 손실을 인식하는 데에는 이미 상당한 시간이 경과될 수 있으며, AB(파)가 존재하는 동안에는 몇 년 동안 지속될 수 있다. 또한 출자된 재산이 감가상각 자산이라면, 그 이득과 나중의 상쇄시키는 손실의 성격이 달라질 수도 있는데, 이는 감가상각자산의 매각에 따른 이득이 감가상각 환입의 결과 통상소득인 반면, B의 파트너십 지분의 청산이나 매각에 따른 그의 손실은 자본손실이 되기 때문이다.

실체적 접근방식을 취함에 따라 발생하는 이러한 소득/손실의 이전문제에 대한 쉬운 해결방안은 파트너십이 $8,000의 조세상 이득을 IRC §704(b)에 따라 출자 파트너인 A에게 특별배분 하는 것이다. 그러나 그 재산은 출자 당시 파트너십 장부에 $20,000의 시가로 기록되므로, $20,000의 매각에 따라 아무런 장부상 이득을 얻지 못한다. 따라서 $8,000의 조세상 이득의 특별배분은 IRC §704(b)의 원칙에 따른 실질적인 경제적 효과를 갖지 못한다.

나. IRC §704(c)의 주요 내용[65]

이런 문제들에 대한 의회의 대응이 IRC §704(c)(1)(A)인데, 이에 따르면 파트너십에 출자한 재산에 대한 소득, 이득, 손실 및 경비공제 등의 항목들은 그

---

65) 아래의 논의는 파트너십에 의한 '§704(c) 자산'의 매각이나 교환의 경우를 설명하고 있으나, 이는 동 재산의 감가상각의 경우에 있어서도 마찬가지의 결과가 되므로 재무부 규칙은 이러한 감가상각의 경우에도 동일한 원칙을 적용하고 있다(Treas. Reg. §1.704-3(b)(1)). 따라서 이에 대한 자세한 논의는 생략한다.

재산의 파트너십에 대한 기준가액과 출자 시의 시가 사이의 변화를 고려하는 방법으로 파트너들 간에 나누어져야 한다. 이는 실질적인 경제적 효과를 결여한 조세 배분이므로 파트너들의 자본계정에 대한 변화를 수반하지 않는다.

IRC §704(c)에 관련된 상세한 재무부 규칙들은 '§704(c) 자산'에 대한 배분에 적용되는데, 이는 파트너십에 출자하는 시점에 출자 파트너의 세무상 기준가액과 다른 공정시장가치를 가진 재산을 말한다.[66] 만일 그 재산의 시가가 세무상 기준가액보다 크다면 그 차이는 '내재이익(built-in gain)'이고, 만일 그 세무상 기준가액이 그 시가보다 크다면 그 차이는 '내재손실(built-in loss)'이다.[67] 현물출자 재산이 내재이익/손실을 가지고 있는지를 결정하는데 있어서, 만일 당사자들이 충분히 대립되는 이해관계를 가지고 있다면 과세당국은 그들의 자본계정에 반영된 바에 따라 파트너들의 정상적 거래에 의해 결정된 가치를 인정한다.

재무부 규칙에 따르면, 파트너십이 IRC §704(c)의 목적과 일관된 어떠한 합리적인 방법을 사용하여 배분하는 것을 허용하면서 다음 세 가지 방법이 가능한 것으로 인정하고 있는데,[68] ①전통적 방법, ②치유적 배분을 병행한 전통적 방법 및 ③구제적 방법(remedial method) 등이다.[69] 각 방법은 만일 파트너들의 전체적인 조세채무를 실질적으로 감소시키고자 내재손익의 조세효과를 파트너들 간에 이전시키는 방법으로 재산의 출자와 이에 대응하는 조세 항목들을 배분한다면 그런 배분은 합리적이지 않다는 일반적인 남용방지 원칙의 적용을 받는다.

---

66) Treas. Reg. §1.704-3(a)(3)(i)

67) Treas. Reg. §1.704-3(a)(3)(ii)

68) Treas. Reg. §1.704-3(a)(1)

69) Treas. Reg. §1.704-3(b)~(d). '§704(c) 자산'의 각 항목별로 세 가지 방법 중 하나를 사용할 수 있지만, 파트너와 파트너십은 사실과 상황에 적합한 합리적인 방법을 사용하여야 한다. 대개, IRC §704(c)는, 내재손익이 존재하는지를 결정하기 위한 목적상 감가상각 자산이나 재고자산 등과 같이 똑같은 조세특성을 가진 재산을 제외하고는 개별 자산별로 적용된다. Treas. Reg. §§1.704-3(a)(2) & (e)(2)

(1) 전통적 방법(traditional method)

이 방법은 일반적으로 파트너십으로 하여금 '§704(c) 자산'상의 내재손익을 이를 출자한 파트너에게 배분하도록 요구한다.

위의 예(A는 원가 $12,000/시가 $20,000인 토지를, B는 현금 $20,000을 출자)에서, 만일 파트너십이 그 토지를 $20,000에 매각하면, 전통적 방법은 $8,000의 전체 내재이익을 A에 배분한다. 만일 파트너십이 그 토지를 $35,000에 매각해서 $23,000의 과세이득을 낳으면서 이 중 $8,000은 출자 전 내재이익이고 $15,000은 파트너십이 보유하는 기간 동안 발생한 것이라면, $8,000의 출자 전 이득은 IRC §704(c)(1)(A)에 따라 A에게 배분되고, $15,000의 출자 후 이득은 A와 B간에 똑같이 나누어진다.

IRC §704(b)관련 재무부 규칙에 따르면, 출자 당시 출자재산의 세무상 기준가액과 시가의 차이는 파트너십이 2종의 장부를 유지하도록 요구하는데, 하나는 (자본계정을 포함한) '장부' 목적이고, 또 하나는 '세무' 목적이다. 위 예에서, 토지는 파트너십의 장부에 $20,000의 시가로 보고되지만 그 파트너십은 조세목적상 $12,000이라는 A의 기준가액을 승계하여 최초로 $8,000의 장부/조세상 차이를 만든다. A와 B는 파트너십 설립에 따라 각각 $20,000의 자본계정을 가지지만, B의 지분가액은 $20,000인 반면 A의 초기 지분가액은 $12,000이 된다. 그 토지가 $35,000에 매각될 때, 기장의무자는 $15,000의 장부상 이득과 $23,000의 세무상 이득을 별도로 계산해야 하는 이중적 의무를 수행해야 한다. 파트너십 계약에 따라 그 장부상 이득은 A와 B에게 각각 $7,500씩 배분되고, 이에 따라 그들의 자본계정은 조정된다. 세무목적상, 파트너들은 이러한 장부상 이득에 대한 개별적인 몫을 배분받고, 이에 추가로 전통적 방식은 출자 시점의 세무상 기준가액과 시가 사이의 차를 고려하고 가능한 장부/세무상 차이를 제거하기 위해서, $8,000의 장부/조세상 이득의 차이를 A에게 배분한다. 이러한 배분의 결과 파트너들의 장부 및 조세상 자본계정이 다음과 같이 다시 균형을 찾게 된다.

	A		B	
	Tax	Book	Tax	Book
설립시	$12,000	$20,000	$20,000	$20,000
매각시 이득	15,500	7,500	7,500	7,500
잔액	$27,500	$27,500	$27,500	$27,500

(2) 상한선 원칙(ceiling rule)

위 예에서 AB(파)가 토지를 장부가인 $20,000보다는 적고 세무상 기준가액인 $12,000보다는 큰 금액인 $15,000에 매각했다고 가정하자. 매각에 따라 그 파트너십은 $3,000의 세무상 이득을 얻지만, 장부상 $5,000의 손실을 입는다. 파트너십 계약에 따라 파트너들은 장부상 손실을 똑같이 나누지만, 세무상 이득은 어떻게 되는가? 그럴듯한 방법으로서, $8,000의 출자 전 이득을 A에게 배분하고 $5,000의 출자 후 손실은 A와 B에게 똑같이 나누어 A는 $5,500의 純과세이득으로, B는 $2,500의 조세상 손실로 마무리하는 것이다. 그러면 각 파트너의 지분가액은 파트너십의 장부가액(inside basis)에 대한 그들의 몫과 조화를 이루고 장부/조세상의 차이도 깔끔하게 제거된다.

그러나 전통적 방법은 '상한선 원칙(ceiling rule)'을 부과하여, 파트너들에게 배분되는 총이득과 손실은 파트너십에 의해 실현된 세무상 이득과 손실을 초과할 수 없도록 하고 있다.[70] 그 결과, 그 파트너십은 조세목적상 손실을 실현하지 않았으므로 B가 $2,500의 경제적 손실을 입었더라도 어떤 조세상 손실도 B에게 배분될 수 없다. 비록 A는 $8,000의 출자 전 이득과 $2,500의 출자 후 손실을 입어 $5,500의 순 이득을 올렸지만 상한선 원칙은 파트너십에 의해 인식된 세무상 이득의 전부인 $3,000만을 A에게 배분할 수 있도록 한다. 이는 B로 하여금 파트너십에 의해 보유된 기간 동안의 토지에 대한 손실의 정당한 몫을 빼앗기게 하며, A가 그 토지를 보유한 전 기간 동안 그

70) Treas. Reg. §1.704-3(b)(1)

에게 발생한 이익을 과소평가하게 만드는데, 이는 결국 IRC §704(c)(1)(A)가 금지하고자 했던 바로 그 손익의 이전에 다름 아닌 결과가 된다. 파트너들의 장부(자본)와 세무 계정에 대한 다음의 요약이 나타내듯이 상한선 원칙은 파트너십의 장부/세무상의 차이를 영구화시킨다.

	A		B	
	Tax	Book	Tax	Book
설립시	$12,000	$20,000	$20,000	$20,000
매각시 세무상 이득	3,000			
매각시 장부상 손실		(2,500)		(2,500)
잔액	$15,000	$17,500	$20,000	$17,500

과세당국이 상한선 원칙과 이로 인한 왜곡을 방치하는 배분방식을 왜 계속 인정하는지는 분명치 않지만,[71] 재무부 규칙에 따르면 이러한 상한선 원칙의 병폐를 치유하기 위해 다음의 두 가지 방법을 허용하고 있다.

(3) 치유적 배분(curative allocation)

이 방법은 상한선 원칙에 따른 왜곡을 바로잡기 위하여 파트너십으로 하여금 소득, 이득, 손실 또는 경비공제 등의 기타 파트너십 조세항목들의 합리적인 '치유적 배분(curative allocations)'을 허용하고 있다. '치유적 배분'이란 대응하는 장부상 항목에 대한 파트너십의 배분과는 다른 오로지 조세목적상의 배분을 말한다. 따라서 치유적 배분은 아무런 경제적 효과를 가지지 않고 파트너들의 자본계정에 반영되지 않는다.[72]

치유적 배분은 ①그것이 상한선 원칙의 효과를 상쇄하는데 필요한 금액 내에서, ②그렇게 배분된 손익이 같은 성격을 지니면서, 상한선 원칙으로 영

71) Laura Cunningham & Noel Cunningham(이 책 112쪽·주8), p.93
72) Treas. Reg. §1.704-3(c)(1)

향을 받는 조세항목과 같은 조세효과를 가지는 경우에만 합리적이라고 인정된다. 치유적 배분은 이것이 해당 재산의 내용연수와 같이 합리적인 기간에 걸쳐 이루어지고 그 재산이 출자된 해에 유효한 파트너십 계약에 의해 승인되면 과거의 과세연도로부터의 상한선 원칙에 따른 왜곡을 바로잡기 위해 이루어질 수 있다.

앞의 예(파트너십이 $15,000에 토지를 매각하여 $5,000의 장부상 손실과 $3,000의 세무상 이득을 올린 사례)로 돌아가서, 장부상 손실은 A와 B에 똑같이 배분되고, 세무상 이득은 모두 A에게 배분된다고 하자. 더 나아가 파트너십이 B가 출자한 $20,000의 현금으로 주식에 투자하여, $10,000의 장부상 및 세무상 이득을 올렸다고 가정하자. 이 장부상 이득은 A와 B에 각각 $5,000씩 배분된다. 추가로, 토지와 주식의 매각에 따른 이득은 똑같은 장기자본이득의 성격을 지니므로 파트너십은 주식에 대한 B의 세무상 이득 중 $2,500을 A에게 치유적 배분을 할 수 있다. 따라서 A의 장부상 이득을 맞추기 위해, 주식 매각에 따른 $5,000의 자본이득을 A에게 배분하는 대신 $7,500의 자본이득을 배분하고, B에게는 단지 $2,500의 자본이득을 배분한다. 그 결과 토지의 매각에 따라 A에게 충분한 이득을 배분하지 못하고 B에게 충분한 손실을 배분하지 못하도록 한 상한선 원칙을 치유하게 된다. 이러한 배분에 따른 파트너들의 세무 및 장부상 (자본)계정은 다음과 같다.

	A		B	
	Tax	Book	Tax	Book
설립 시	$12,000	$20,000	$20,000	$20,000
토지: 세무상 이득	3,000			
토지: 장부상 손실		(2,500)		(2,500)
주식: 세무상 이득	7,500		2,500	
주식: 장부상 이득		5,000		5,000
잔액	$22,500	$22,500	$22,500	$22,500

(4) 구제적 방법(remedial method)

치유적 배분을 병행한 전통적 방법은 파트너십이 다른 원천으로부터 적절한 형태의 세무상 손익을 충분히 인식하는 경우에만 상한선 원칙에 따른 왜곡을 치유할 수 있다. 그러나 위 예에서 만일 AB(파)가 주식을 팔지 않는다면, A에게 배분할 아무런 세무상 이득도 없게 되고 상한선 원칙의 해로운 효과는 계속된다. 재무부 규칙은 이러한 상황에 대비하여 아래와 같이 구제적 배분을 허용하고 있다.

이 방법에 따르면, 만일 상한선 원칙으로 인해 비출자파트너(위 예의 B)에게 세무상 배분과 다른 장부상 배분이 일어난다면, 그 파트너십은 비출자파트너에게 그 전체 차액에 해당하는 구제적 배분(remedial allocation)을 하고, 동시에 출자파트너(위 예의 A)에게 상쇄용 구제적 배분(offsetting remedial allocation)을 할 수 있다. 구제적 배분은 상한선 원칙에 의해 제한되는 항목같이 각 파트너의 조세채무에 같은 효과를 가져야만 하는데, 예를 들어, 만일 상한선 원칙에 의해 제한되는 조세항목이 출자된 자본자산의 매각으로부터의 손실이라면, 출자파트너에 대한 상쇄용 구제적 배분은 자본이득이라야 한다.

위 예에서, AB(파)가 토지를 $15,000에 팔고 그 해에 다른 아무런 과세 거래도 하지 않았다고 가정하자. 만일 파트너십이 구제적 배분방법을 택한다면, $2,500의 자본이득을 만들어 A에게 배분하면서, 상쇄용 구제적 배분으로 $2,500의 자본손실을 B에게 배분한다. 이는 토지에 대한 $8,000의 출자 전 이득의 전부를 A에게 배분한 것에서, 출자 후 손실에 대한 A의 몫인 $2,500을 뺀 것 및 출자 후 손실에 대한 B의 정당한 몫인 $2,500을 B에게 배분한 것과 동일한 효과를 가진다.

다. 배분방법의 선택 시 고려사항

궁극적으로 구제적 방법을 통해 파트너십에 의해 실현된 다른 손익과 상관없이 상한선 원칙에 따른 왜곡은 바로잡히지만, 재무부 규칙은 이 방법을 강제하지 않는다. 따라서 파트너십은 IRC §704(c) 배분을 하는데 있어서, 장부/조세상 차이를 야기할 잠재적 가능성을 가진 전통적 방법을 포함하여 어떠한 합리적인 방법도 선택할 수 있다. 따라서 재무부 규칙은 납세의무자에게 현물출자 재산을 다루는데 있어서 상당한 유연성을 제공하고 있으며, 파트너십이 각각의 재산들에 대해 서로 다른 방법을 사용하는 것도 허용하고 있다. 위 사례에서 A와 B는 어떤 방법을 선호할까에 대한 답은 파트너십 밖에서의 파트너들의 세무상 입장에 달려있다. 파트너십이 토지를 $15,000에 매각한 경우, 그 선택방법은, 만일 A가 고세율 구간이고, B가 경비나 손실의 통산 가능성이 없다면, 상한선 원칙의 적용을 받는 전통적 방법을 선호할 것이다. 왜냐하면, 이를 통해 A의 소득을 과소평가할 수 있고, B가 $2,500의 손실을 사용하는 시기를 늦출 수 있기 때문이다. 하지만 만일 B가 A보다 고세율 구간에 있다면, 파트너들은 B가 그 손실을 보다 빨리 사용할 수 있도록 치유적 배분을 병행한 전통적 방법 또는 구제적 방법을 선호할 것이다.

라. IRC §704(c) 원칙의 기타 적용

신규 파트너가 새로 들어올 때 출자재산에 대한 배분과 유사한 문제가 발생한다. IRC §704(b) 규칙은 그러한 경우에 IRC §704(c) 원칙의 적용을 요구한다.[73)]

예를 들어,[74)] 파트너 X, Y가 각각 $10,000의 현금을 출자하여 XY(파)를 설립하여 출자자금으로 $20,000어치 주식을 샀으며, XY(파) 계약은 자본계정의 적절한 유지, 양(+)의 자본계정 잔액에 따른 청산 및 청산 시 결손 자본계정 잔액의 보전 등을 규정하고 있고, 주식의 가격이 $30,000로 상승한 다음 새 파트너인 Z가 $15,000의 현금을 출자하여 1/3의 지분을 받았다고 가

73) Treas. Reg. §§1.704-1(b)(4)(i) & -1(b)(5)

74) Treas. Reg. §1.704-1(b)(5)의 Example 14(i)

정하자. 파트너십에 재산의 출자가 없었으므로 IRC §704(c)는 이 사안에 직접 적용되지 않는다. 하지만, IRC §704(b) 하의 재무부 규칙들은 Z의 가입 전의 $10,000의 주식가치 상승에 따른 이득이 X와 Y에게 똑같이 과세되도록 유사한 원칙의 적용을 요구하고 있다. 이와 같은 방법의 내재이익 배분은 Z의 신규 가입 시 X와 Y의 자본계정을 상향조정하면서 그 주식을 재평가하여 달성할 수 있다.[75] 만일 그러한 재평가가 이루어지면, 파트너십이 합리적인 배분방식을 사용할 수 있도록 §704(c) 자산에 적용되는 각종 원칙들이 다시 적용된다.

예를 들어, 파트너십이 전통적 방법을 사용하고 다른 어떤 자산도 소유하고 있지 않으며, Z의 가입 시 주식의 가치는 $30,000이고, 각 파트너의 자본계정은 그들의 동일한 1/3 지분을 반영하여 $15,000로 기록될 것이라고 가정하자. 그 후의 주식매각에 따라 '장부상' 이득은 파트너들 간에 똑같이 나누어지고, 장부상 손익과 세무상 손익간의 차이는 오로지 X와 Y에게만 배분될 것이다. 따라서 만일 그 주식이 나중에 $36,000에 팔리면, $6,000의 장부상 이득은 장부 및 세무 목적상 각 파트너들에게 $2,000씩 배분되고, 나머지 $10,000의 세무상 이득은 X와 Y에게 똑같이 배분될 것이다.

동일한 결론은 IRC §704(b)에 따라, 출자 전 이득을 X와 Y에게 특별배분하는 방법으로 재평가 없이도 달성될 수 있다. 따라서 만일 그 주식이 $36,000에 팔려서 $16,000의 세무 및 장부상 이득을 낳으면, X와 Y에 우선배분되는 $10,000의 이득은 실질적인 경제적 효과를 가진다. 그러나 만일 파트너십 자산이 재평가되지 않고, 그 계약이 Z의 가입 시 내재이익의 특별배분 규정도 두고 있지 않다면 어떻게 되겠는가? 이 경우 가치상승에 대한 Z의 몫은 $2,000임에도 불구하고 그의 자본계정은 $5,333만큼 증가하여 Z의 가입 전의 세무상 이득과 경제적 이익의 일부를 X, Y로부터 Z로 효과적으로 이전시키게 된다. 이런 상황에 대하여 재무부 규칙은 다른 조세효과가 이러

75) Treas. Reg. §§1.704-1(b)(2)(iv)(f) 및 1.704-1(b)(4(i)

한 자본 이전으로부터 발생할 수 있음을 경고하고 있는데, 이렇게 이전되는 금액은 Z에 대한 보수 또는 증여로 취급된다.[76)]

3. 일본법의 태도 및 해석

본 장 제2절 제II항의 2.에서 살펴본 바와 같이 일본의 조합과세상 현물출자에 대한 과세상 취급에 대해 입법상 명확한 태도를 보이지 않고 해석에 의해 일부양도설의 입장을 취해오다가, 지난 2005년 입법적 조치를 통해 조합에 대한 사법상의 성질에 충실히 기초한 과세효과를 부여하는 차원에서 일부양도설을 취하고 있다.[77)] 조합에 대한 현물출자에 대하여 이렇듯 분명한 입법적 태도를 취했음에도 불구하고 조합이 출자 시 내재손익이 있는 재산을 출자 후 양도한 경우 출자 전 내재손익과 출자 후 내재손익을 구별할 것인지 여부 및 이를 어느 조합원에게 배부할 것인지 여부에 대해 입법상의 태도를 밝히지 않음에 따라 여전히 해석에 의존하고 있다.[78)]

즉, 본 장 제2절 제II항의 2.의 사례(A는 원가 200, 시가 1,000인 토지를 출자하고, B는 현금 1,000을 출자, 손익배부비율은 50:50)에서 출자에 따라 A는 원가 100의 토지를 시가인 500에 B에게 매각한 것으로 보아 400의 양도차익을 실현하였으므로 토지에 대한 A의 기준가액은 100, B의 기준가액은 500이 된다. 그 후 조합이 출자받은 토지를 1,100에 양도한 경우 조합이 실현한 양도차익은 500(1,100－600)이 되며 손익배부비율에 따라 A와 B에게 각각 250씩 배부된다. 하지만 조합이 실현한 양도차익 500은 출자 시 A가 보유한 내재이익 400과 출자 후 A와 B가 공동으로 실현한 내재이익 100으로 구성되어 A에게 450, B에게 50씩 배부되어야 함에도 불구하고 각각 250

76) Treas. Reg. §1.704-1(b)(5)의 Example 14(iv); Treas. Reg. §1.704-1(b)(1)(iv)
77) 租稅特別措置法 第41條의2, 第67條의12 및 같은 法 施行令 第39條의31 第5項
78) 高橋祐介, 前揭論文(이 책 37쪽·주37), 38頁

씩 배부된다면 A에게 배부되어야 할 이익 200이 B에게로 이전되는 결과가 된다. 이 사례와 같이 손익의 발생원인이 현물출자 자산의 양도에 의한 경우에는 당해 자산의 양도손익을 출자 전의 내재이익 중 일부양도설에 따라 미실현된 부분(400)과 출자 후의 내재이익(100)으로 구분하고, 출자 후의 내재이익은 각 조합원에게 출자비율(또는 손익배부비율)로 배부하고, 출자 전의 내재이익 중 출자에 따라 미실현된 부분은 현물출자 조합원(A)에게 전부 배부하지 않으면 안 되고, 양도손익의 전부를 출자비율(또는 손익배부비율)에 의해 각 조합원에 배분한 경우에는 조합원 간에 경제적 이익의 이전이 있은 것으로서 또 다른 과세문제를 발생시킨다고 하는 해석이 지배적이다.[79]

이러한 현물출자 재산에 대한 일본의 입법태도 및 해석을 종합해 보면, 집합적 접근에 기초한 일부양도설에 따라 출자 재산에 대한 비출자조합원의 몫만큼만 양도손익이 실현된 것으로 본다. 이에 따라 조합원의 수가 많다든지, 조합원의 탈퇴·신규가입 등에 따라 각 조합원의 현물출자 자산별 지분가액이 수시로 변동하는 등 조합단계에서 각 조합원의 손익계산이 극도로 복잡해질 수 있다. 이러한 우려와 함께 과세당국 입장에서도 양도손익의 계산이 적정한지를 검증하는데 상당한 곤란이 발생하고 이는 집행비용의 증가로 이어질 수 있다는 우려가 있다. 그럼에도 불구하고, 이러한 일본의 입법태도는 조합계약에 대한 사법상의 성질에 철저히 근거하여 조세상의 효과를 부여하고자 하는 일본 조세법상의 전통적 해석원칙[80]이 잘 드러난 사례라고 하겠다. 따라서 일본의 조합과세상 현물출자와 관련한 세제 집행상의 곤란은 이러한 전통에 집착하고자 하는 입법 및 해석상 태도로 인해 스스로 자초한 측면이 크다고 밖에 볼 수 없고, 투시과세 제도를 두고자 하는 정책적 목표에 비추어볼 때 그다지 합목적적이라는 평가를 받기는 어렵다고 하겠다.[81]

---

79) 長谷部啓, 前揭論文(주28), 135頁
80) 金子宏, 前揭書(주30), 121頁
81) 이러한 입법 및 해석상 태도에 대한 비판으로, 高橋祐介, 前揭論文(주78), 38頁 및 長谷部啓, 前揭論文(주28), 135頁

한편, 현물출자 시 내재손익을 가진 조합재산을 조합단계에서 양도한 경우 양도손익의 배분에 대하여는 단순히 미국의 Subchapter K에 따른 전통적 방식만을 적용하도록 하면서, 이러한 방식에 수반하는 상한원칙(ceiling rule)의 적용은 배제하고 있는 것으로 평가된다. 이러한 상한원칙으로 인해 미국의 IRC §704(c) 하의 재무부 규칙이 극도로 복잡해진 측면과 출자 전 및 출자 후 내재손익을 함께 통산하여 손익배부비율에 따라 나눌 경우 발생할 수 있는 소득 및 손실의 무상이전 가능성과 이로 인한 조세회피 남용의 우려 등을 고려할 때, 현실적으로 타당할 뿐만 아니라 불가피한 해석상의 선택이라고 볼 수 있겠다. 다만, 이러한 해석상의 원칙을 명문의 규정으로 분명히 해둘 필요성은 계속 제기되고 있는 실정이다.

4. 우리나라에서의 바람직한 대응방안

위에서 살펴본 바와 같이, 우리나라는 명문의 입법적 조치 없이 법원 및 과세당국의 해석을 통해 공동사업장 과세제도 하에서와 마찬가지로 동업기업 과세제도 하에서도 여전히 과세이연을 배제하고 전부양도설을 택하고 있다. 따라서 동업기업 단계에서 현물출자 재산의 양도에 따른 내재손익의 과세문제가 제기될 여지는 없으며, 이러한 현행법의 태도는 사업체 설립에 있어서 과세이연을 허용하지 않는 한편 투시과세에 대한 이론적 바탕으로서 집합적 접근방식을 배제하고 실체적 접근방식만을 근거로 삼는 태도로 평가된다. 이러한 현물출자에 따른 조세효과에 대한 입법 및 해석상의 태도가 우리나라의 공동사업장 과세 또는 동업기업 과세제도의 단순화뿐만 아니라 이를 통해 조세회피의 남용가능성을 차단하고 징세편의를 도모할 수 있다는 등의 장점이 있음은 부인할 수 없다. 그러나 이는 결국 투시과세 제도를 통해 달성하고자 하는 정책적 목표(사업체 설립·운영상의 유연성 및 조세중립성 확보)와도 상반될 뿐만 아니라 투시과세의 이론적 기초로서 입법 및 해석상의 기준으로 가급적 집합적 접근방식을 따르는 것이 바람직하다는 투시과세 제도에 대한 일반적 인식이나 다른 나라들의 경향과도 상당히 다른 태도로서 추후 이러한 과세이연을 허용하는 쪽으로 입법적 보완이 불가피하다고 본다.[82]

이렇듯 동업기업으로의 현물출자에 대한 전부 또는 일부의 과세이연을 허용하는 쪽으로 입법태도를 변경하는 경우,[83] 동업기업이 현물출자 재산을 양도할 때 동업자 단계에서 발생한 내재손익을 어떻게 배분할 것인가 하는 문제가 제기될 수 있다. 그리고 이 문제에 대해서 동업자의 출자 전 내재손익을 출자 동업자에게 배분해야 한다는 점에 대해서는 쉽게 결론에 이를 수 있겠으나, 과세이연된 이익보다 실제 실현된 이익이 감소하거나 과세이연된 손실보다 실제 실현된 손실이 더 증가하는 등의 경우 상한원칙(ceiling rule)에 따라 동업자들에게 배부되는 總이득과 손실을 동업기업이 실현한 세무상 이득과 손실을 초과할 수 없도록 제한할 필요가 있는지 여부에 있다고 할 것이다.

하지만 이러한 상한원칙에 대해서는 미국에서조차 유사한 결론(상한선 원칙이 없는 전통적 방식에 따른 결론)을 불필요하게 복잡한 과세규칙(상한선 원칙에 따른 치유적 배분 및 구제적 배분)을 통해 어렵게 달성한다는 비판이 제기되고 있는 실정이며, 부분적인 과세이연을 허용하고 있는 일본의 제도하에서도 이러한 상한선 원칙을 정하고 있지 않으며 이의 도입 필요성에 대한 논의조차 없는 실정을 감안할 때 우리나라에서 이에 대한 입법적 고려를 서

---

82) 이렇듯 현물출자에 따른 과세이연을 허용하는 것이 바람직하다고 하면서, 이러한 과세이연을 악용한 조세회피 행위에 대한 개별적 규정의 보완이 필요하다는 주장으로 이준규·이은미, 앞의 글(주46), 83쪽. 한편, 동업기업 과세제도의 도입과정에서 출자 재산에 대한 동업자의 장부가액을 동업기업이 그대로 승계하는 방식으로 과세이연을 허용하자는 안이 제1안으로 유력하게 제기된 바 있으며, 이와 함께 이를 이용한 조세회피 방지를 위한 규정을 보완하자는 주장이 함께 제기된 바 있다. 이에 대한 자세한 논의는, TF案(주44), 23-25쪽 참조.

83) 이러한 입법이 필요한 취지에 대해서는 본 장 제2절 제II항의 논의를 참조.

두를 필요는 없다고 판단된다. 따라서 현물출자에 대한 과세이연 제도의 정비와 출자 후 양도에 따른 출자 전 내재손익을 출자 파트너에게 우선 배분하는 원칙을 먼저 입법한 다음 이에 대한 제도적 보완을 가해 나가는 태도가 바람직하다고 본다.

5. 소결

현물출자 자산의 출자 전후의 내재손익의 배분 문제는 투시과세 제도를 설계하는데 있어서 과세이연의 허용 여부의 문제와 집합적 관점과 실체적 관점의 대립과 조화의 문제가 섞여있는 대표적인 분야라고 할 수 있다. 이 문제에 있어서 각국이 취하는 입법 및 해석상의 태도는 매우 대조적이다. 미국의 경우 세제를 넘어서는 산업정책상의 목표에 따라 과세이연을 폭넓게 인정하는 전제 하에 파트너와 파트너십 간의 교환거래임을 인정하는 실체적 관점을 기본으로 삼으면서, 다른 한편 이러한 실체적 접근방식으로 인한 파트너들 간의 손익의 이전 가능성을 방지하기 위해 집합적 접근방식에 기초한 전통적·치유적·구제적 배분 등의 각종 남용방지 규정을 두고 있다. 이로 인해 제도는 매우 복잡한 꼴을 띄지만 투시과세 제도를 통해 달성하고자 하는 경제적 효율을 제고하는 한편 공평의 가치에도 나름대로 충분한 주의를 기울이는 입법태도로서 우리나라의 제도 운용에 있어서 좋은 본보기로 평가할 수 있겠다.

일본의 경우 미국과 같은 과세이연의 허용에 대한 요청이 강하나 아직 입법에는 이르지 못한 채 현물출자에 대해서는 일부양도설의 입장을, 출자 전후의 내재손익의 배분에 대해서는 집합적 접근방식을 취하는 것으로 평가된다. 이에 따라 조합원의 수나 출자자산의 종류가 많은 경우 과세효과가 지나치게 복잡해 질 수 있다. 또한 조합원들 간의 손익의 이전 가능성에 대하여 구체적인 입법적 조치 없이 증여의제 등의 일반 규정에 의존함에 따라 남용가능성이 발생한다. 이러한 점들이 투시과세 사업체의 활성화에 부정적 영향을 미친다는 점은 명백하다고 할 수 있다.

우리나라의 공동사업장 및 동업기업 세제가 법인과세에서 허용되는 수준의 과세이연도 불허하고 현물출자 시 전부양도설의 입장을 취하는 입법 및 해석상의 태도는 세제를 단순화 시킨다는 행정적 편의의 측면에서는 수긍할 만하다. 그러나 이 제도를 통해 달성하고자 하는 정책적 목표 및 법인과세의 문제점과 이에 대한 대안으로서의 투시과세의 적용범위 확대라는 제도의 취지에 비추어볼 때 지나치게 경직된 태도임을 지적하지 않을 수 없으며, 입법적 개선이 요구된다고 본다.

VI. 소위 'Non-recourse 부채'의 배분

1. 개설

미국의 파트너십 과세제도에 파트너들의 인적 책임이 배제된 파트너십의 차입, 즉 물적 책임만을 지는 non-recourse 차입과 관련하여 많은 복잡한 문제가 발생한다. 미국에서 이 문제가 크게 대두된 배경에는 출자하였거나 출자키로 약속한 금액을 한도로 유한책임만을 부담하는 파트너가 파트너십이 일으키는 non-recourse 차입을 이용하여 손쉽게 지분가액을 증가시켜 파트너십의 손실이나 비용을 배분받음으로써 파트너십을 일종의 조세은신처로서 활용할 수 있다는 장점이 있기 때문이었다. 이러한 조세은신처는 고세율 시기에 납세의무자와 일부 조세전문가의 절세전략 및 이들을 대상으로 절세상품을 개발해서 판매하고자 했던 금융기관의 이해가 맞아떨어지면서 1960 ~ 80년대에 걸쳐 급속도로 번성하였으며 이에 대한 과세당국 및 의회의 입법적 대응노력 또한 줄기차게 경주되었다. 이러한 노력은 이 책 제2장 제2절 제IV항에서 살펴본 바와 같이 지분가액 상한제도, 위험부담 제한 원칙 및 수동적 손실제한 등 일련의 손실제한 제도를 정비하는 입법적 조치와 함께 본 제VI항에서 살펴보는 바와 같이 non-recourse 부채의 대한 파트너로의 배분을 엄격히 제한하는 복잡한 재무부 규칙들을 통해 비교적 성공적으로 달성되고 있다.[84)]

여기서는 이러한 non-recourse 부채의 배분제한에 대한 미국 재무부 규칙의 내용을 살펴본 다음, 이와 유사한 방식의 조세회피 사례로 일본에서 문제가 되었던 익명조합 사례와 유사 조세회피행위가 우리나라의 동업기업 과세제도 하에서 발생할 가능성 및 이에 대한 대안을 고찰해 보기로 한다.

2. 미국의 Non-recourse 부채 배분 원칙

가. 파트너십 최소한의 이득과 non-recourse 공제의 이해

그 동안 배분(allocation)과 관련하여 살펴본 사항은 파트너십 활동이 파트너들의 현금이나 현물의 출자, 또는 recourse 차입에 의해 이루어지는 경우에 국한되었다. 그러나 많은 파트너십은 non-recourse 부채를 통해 재산을 취득한다. 비록 Crane 판결을 통해 납세의무자들에게 non-recourse 담보 부채금액을 피담보 재산의 기준가액에 포함할 수 있도록 허용되었지만,[85)] 그런 납세의무자들의 경제적 위험은 그들의 현금투자액과 그들이 인적책임을 지는 차입금액에 제한된다. 만일 그 재산가치가 채무액 미만으로 하락하면, 그 소유자는 채권자들로 하여금 재산가치가 채권금액에 모자라는 부분만큼의 경제적 손실을 부담하도록 한 채 책임을 벗어날 수 있다.

파트너십이 non-recourse 부채를 통해 감가상각 자산을 구입할 때, 이에 따

84) Stephen A. Lind, et al.(이 책 42쪽·주48), p.156
85) 본 제3장 제2절 제IV항의 논의를 참조.

른 감가상각 공제의 경제적 부담은 그들의 현금/재산 투자금액과 recourse 부채에 대한 그들의 몫에 한해서 그 파트너들이 부담한다. 파트너십의 지분 및 recourse 차입을 초과하는 감가상각비 공제는 non-recourse 부채에 귀속될 수 있고, 같은 금액만큼의 그 재산가치 하락으로부터 발생하는 경제적 위험은 대여자(lender)가 부담한다. 경비공제 및 손실의 배분은 그 파트너에게 상응하는 경제적 부담을 반영하지 않으면 경제적 효과를 결여하므로 재무부 규칙에 따르면 non-recourse 부채에 귀속될 수 있는 어떠한 경비공제의 배분도 실질적인 경제적 효과를 가질 수 없다.[86] 예를 들어, AB(파)는 Lender로부터 $100,000의 non-recourse 부채를 차입하여 같은 금액의 건물을 구입했다고 가정하자. 또한 그 파트너십의 첫 해의 감가상각비 공제는 $5,000이었다고 가정하자. 이런 상황에서, 만일 첫 해에 그 재산의 가치가 $5,000만큼 감소한다면 파트너십은 그 차입에 대한 채무불이행이 발생하고 Lender는 $5,000의 경제적 손실을 입게 되므로 감가상각비 공제의 어떠한 배분도 실질적인 경제적 효과를 가지지 않는다.

비록 차입자들은 non-recourse 부채를 상환해야 할 경제적 부담을 피할 수 있다 하더라도, 그들은 그 부채의 총액을 그 피담보 재산의 처분에 따라 실현된 금액에 포함해야 하는 세무상의 부담을 피할 수 없다. 대법원의 Tufts 판결[87]에 따라, 납세의무자는 그 자산의 실제 가치와 무관하게 최소한 non-recourse 부채가 그 재산의 기준가액(장부가)을 초과하는 범위 내에서 처분이익을 인식하여야 한다. 예를 들어, 위 예에서 첫 해 말에 그 건물의 처분에 따라 파트너십이 실현한 최소의 금액은 채무면제 금액인 $100,000이며, 이 중 최소한 $5,000($100,000의 실현금액 중 $95,000의 장부가 초과금액)의 이득을 인식하였다. 재무부 규칙[88]에 따르면, 위 $5,000과 같이 장부가를 넘

86) Treas. Reg. §1.704-2(b)(1)

87) Commissioner v. Tufts, 461 US 300 (1983). 위 본 제3장 제2절 제IV항의 2.-다.의 논의 참조.

88) Treas. Reg. §1.704-2(d)(1)

는 non-recourse 부채를 나타내는 이득을 '파트너십 최소한의 이득(partnership minimum gain)'[89]이라 한다. 이것은 만일 파트너십이 non-recourse 부채가 딸린 재산을 그 부채를 모두 면제받으면서 다른 대가를 받지 않고 처분한다면 그 파트너십이 실현했을 이득금액을 말한다. non-recourse 부채를 담보하는 자산의 장부가를 부채금액 미만으로 감소시킴에 따라 파트너십 최소한의 이득을 만들거나 이를 증가시키는 경비공제[90]를 'non-recourse 공제'라고 한다. 비록 non-recourse 공제의 배분은 경제적 효과를 가질 수 없지만, 그럼에도 불구하고 재무부 규칙은 파트너십이 그러한 공제를 '파트너십 최소한의 이득'이 배분될 파트너들에게 배분하는 것을 허용한다.[91] 이러한 일종의 조세환급(tax payback)을 '최소한의 이득 환불(minimum gain chargeback)'이라고 하는데, 이는 '파트너십 최소한의 이득'을 과거에 'non-recourse 공제'가 배분되었던 파트너들에게 다시 배분하도록 요구하는 파트너십 계약조항을 말한다. 'non-recourse 공제'와 '파트너십 최소한의 이득'의 상호 배분은 결국 파트너들의 자본계정에서 상호 균형을 찾게 된다. 'non-recourse 공제'의 배분은 '최소한의 이득 환불'을 수반하여야 하므로, 재무부 규칙은 '파트너십 최소한의 이득'에 대한 파트너의 몫을, 경제적 효과에 대한 대체적 기준의 목적상 그 파트너의 결손자본계정 보전의무의 증가로 취급한다.[92] 그러한 결손보전의무는 그 재산의 처분이나 부채의 상환에 따라 '파트너십 최소한의 이득'이 감소할 때 발생될 것이다.

재무부 규칙은 이러한 개념을 4가지 safe harbor 기준으로 나누고 있다. 만일 이 기준이 충족된다면, 'non-recourse 공제'의 배분은 파트너의 지분율에 따라 이루어진 것으로 간주된다.[93] 만일 어떤 배분이 이 기준을 충족하지 못

89) Tufts 판결에서 쟁점이 되었던 데서 유래하여 'Tufts gain'이라고도 불림. Laura E Cunningham & Noel B. Cunningham, *supra* note 71, p.251 참조
90) 주로 감가상각의 형태로 발생한다.
91) Treas. Reg. §1.704-2(f)(1)
92) Treas. Reg. §1.704-2(g)(1)

한다면, 'non-recourse 공제'는 파트너십에 대한 파트너들의 전반적인 경제적 지분에 따라 배분된다. 따라서 조세계획의 목적상, safe harbor를 준수하는 내용으로 파트너십 계약을 짜는 것이 매우 바람직하다.

'non-recourse 공제'의 배분을 위해서는 다음의 4가지 요건이 모두 충족될 때 인정된다.

① 파트너십 존속기간 동안 파트너십 계약은 경제적 효과에 대한 Big-3 기준이나 대체적 기준의 요건을 충족시켜야 한다.
② 파트너십이 'non-recourse 공제'를 갖는 첫 과세연도부터 파트너십의 존속기간 동안 'non-recourse 공제'는 그 파트너십의 non-recourse 부채를 담보하는 재산에 귀속시킬 수 있는 몇 가지 다른 중요한 파트너십 항목의 배분들과 합리적으로 일관된 방법으로 배분되어야 한다.
③ 파트너십이 'non-recourse 공제'를 갖거나 '파트너십 최소한의 이득'의 증가에 배분할 수 있는(allocable) non-recourse 부채의 차입금을 분배(distribution)하는 첫 해부터 파트너십 계약은 '최소한의 이득 환불' 규정을 포함하여야 한다.
④ 파트너십 계약에 따른 모든 기타의 중요한 배분과 자본계정 조정은 기본적인 IRC §704(b) 규칙들을 준수해야만 한다.

나. Non-recourse 부채의 배분 원칙

파트너십의 non-recourse 부채의 배분은 IRC §752 및 이와 관련된 재무부 규칙[94]에서 정하고 있는데, 이 규정들은 다음과 같이 매우 복잡한 3단계 접근법을 채택하고 있다. 이에 따르면, non-recourse 부채에 대한 어느 파트너의 몫은 다음의 합이 된다. 즉, ①IRC §704(b)에 따라 결정된 '파트너십 최소한의 이득'에 대한 그 파트너의 몫, ②출자재산에 의해 담보된 non-recourse 부채의 경우, 만일 그 파트너십이 부채를 전액 상환하는 과세 거래에서 아무런 대가없이 그 재산을 처분한다면 그 파트너가 IRC §704(c)

93) Treas. Reg. §1.704-2(b)(1) & (e)
94) Treas. Reg. §1.752-3(a)(1)~(3)

에 따라 인식할 이득의 액 및 ③파트너십 이익에 대한 그의 몫에 따라 결정된 그 밖의 잔존 non-recourse 부채에 대한 그 파트너의 몫 등이다. 이 중 세 번째 형태가 실제로 대부분의 상황에 가장 일반적으로 적용되므로 이를 먼저 살펴보기로 한다.

(1) 파트너십 이익에 대한 파트너의 몫

일반적으로 recourse 부채는 파트너십 손실에 대한 파트너들의 개별적인 몫에 비례해서 배분되는 반면, non-recourse 부채는 파트너십 이익에 대한 파트너들의 지분에 비례해서 배분된다.[95] 특별배분이 없다면, non-recourse 부채는 단순히 파트너들의 지분에 따라 배분된다. 만일 파트너십 계약에서 이익에 대한 특별배분을 정하고 있다면, 이에 따를 가능성은 상당히 커진다. 예를 들어, A와 B는 동등한 파트너지만 그들의 계약에서 한 가지 중요한 이익항목이 A에게 배분되고 다른 하나의 중요한 이익항목은 B에게만 배분된다고 가정하자. 만일 그 파트너십이 non-recourse 부채를 부담하는 자산을 구입하였다면, 재무부 규칙은, 파트너십 계약에서 파트너들의 지분은 이것이 파트너십 소득이나 이득의 어느 중요한 항목의 배분과 합리적으로 일치하는 한 IRC §752의 목적상 존중될 것이다.[96] 그 결과 AB(파)는 파트너십 계약서에 "IRC §752의 목적상 파트너십 이익에 대한 파트너들의 지분"을 간단히 명시함으로써 non-recourse 부채를 A에게만, B에게만, 또는 A와 B에 똑같이 배분할 수 있다. 그러한 명시적 합의가 없다면, 파트너십 이익에 대한 파트너들의 지분은 그 파트너들의 경제적 관계와 관련한 모든 사실과 상황을 고려하여 결정된다.

---

95) Treas. Reg. §1.752-2(a) & -1(e). 앞의 본 제3장 제2절 제IV항의 논의를 참조. 이 규칙에 따른 부채의 배분 몫을 'Share Rule'이라고 한다. Philip Postlewaite & Tammy Bialosky(이 책 144쪽·주89), p.741 참조.

96) Treas. Reg. §1.752-3(a)(3)

또한 재무부 규칙은 non-recourse 부채를 배분하기 위한 몇 가지 대체적 방법을 제시하고 있다. 잔존 non-recourse 부채는 그러한 부채에 귀속되는 필요경비 공제가 배분될 것으로 합리적으로 예상되는 방법에 따라 배분될 수 있다.[97] 추가로 non-recourse 부채에 담보된 출자재산의 경우, 파트너십은 그 재산에 대한 §704(c) 이득이 그 재산의 기준가액을 초과하는 부채로부터 발생하는 이득보다 큰 범위에서 초과 non-recourse 부채를 그 출자파트너에게 먼저 배분할 수 있다. 마지막으로, 재무부 규칙은 초과 non-recourse 부채를 배분하기 위해 선택된 방법은 매년 바뀔 수 있다고 정하고 있다.[98]

(2) '파트너십 최소한의 이득'에 대한 파트너들의 몫

만일 파트너십이 최소한의 이득을 발생시킨다면, non-recourse 부채의 배분 원칙은 필요경비 공제의 배분(allocation) 및 그러한 부채에 귀속되는 분배(distribution)에 대한 원칙을 직접적으로 따르게 되는데, 그 부채는 '파트너십 최소한의 이득'에 대한 각 파트너의 몫에 따라 먼저 배분된다.[99] 예를 들어[100] A와 B가 각각 $500의 현금을 출자하여 AB(파)를 설립했다고 가정하자. 그 파트너십은 $10,000에 내용연수 20년인 어떤 자산을 구입하면서, $1,000의 현금 지급 및 그 자산에 대해 5년 후 상환조건의 $9,000의 non-recourse 부채를 부담하였다. 또한 첫 4년간 이 자산에 대한 모든 감가상각, 소득, 이득 또는 손실은 A에게 유효하게 특별배분하고, 나머지 기간 동안에는 똑같이 나뉜다고 가정하자. 첫 2년 동안, 파트너십은 최소한의 이득을 얻지 못하고, 그 부채는 파트너십 이익에 대한 전체적 지분에 따라 A와 B에게

97) Treas. Reg. §1.752-3(b)

98) Treas. Reg. §1.752-3(b)

99) Treas. Reg. §1.752-3(a)(1); Treas. Reg. §1.704-2(g)(1). 이 규칙에 따른 부채의 배분 몫을 'Assumption Rule'이라고 한다. Philip Postlewaite & Tammy Bialosky, *supra* note 95, p.741 참조.

100) Treas. Reg. §1.752-3(c) Example 1 참조.

배분되거나, 만일 합의된 배분이 ①파트너십 소득이나 이득의 중요한 항목의 몇 가지 다른 유효한 배분, 또는 ②그러한 non-recourse 부채에 귀속될 수 있는 경비공제가 배분되어질 것으로 합리적으로 예상되는 방법과 합리적으로 일관된다면 파트너십 계약에 달리 정한 방법으로 배분된다. 만일 그 파트너십 계약이 IRC §752 목적상 이익의 균등한 분할을 정하고 있다고 가정하면 그 부채는 똑같이 배분될 것이고 각 파트너의 지분가액은 $4,500씩 증가하여 $5,000이 될 것이다.

3년째 해에, 그 자산의 장부가가 $8,500으로 감소하고 부채는 그대로 $9,000이므로, $500의 파트너십 최소한의 이득이 생긴다. 파트너십 최소한의 이득을 발생시키는 모든 non-recourse 공제는 A에게 배분되므로, 마찬가지로 A에게 최소한의 이득 환불(minimum gain chargeback)이 있어야만 한다. 파트너십 최소한의 이득에 대한 A의 몫은 $500이므로 파트너십 non-recourse 부채의 $500은 A에게 배분되어야 한다.[101] non-recourse 부채의 나머지는 첫 두 해 동안에서와 마찬가지로 배분된다. 그 결과, 3년째 말에 A에게 배분된 non-recourse 부채는 파트너십 최소한의 이익에 대한 A의 몫인 $500 더하기 나머지 $8,500의 절반($4,250)이 되어 총 $4,750이 된다. 그 나머지, 즉 $4,250은 B에게 배분된다. A가 그에게 배분된 $500의 non-recourse 공제를 사용할 수 있을 만큼 충분한 지분가액을 가지고 있음을 확인하기 위해서 non-recourse 부채의 배분에 귀속될 지분가액 증가는 최소한의 이익의 증가를 야기하는 non-recourse 경비공제를 A에게 배분하기 직전에 일어난 것으로 간주한다.[102] 이 원칙은 파트너십 부채를 파트너들의 지분가액에 포함하는 주요 목적 중 하나가 그러한 부채들에 귀속되는 항목들에 대하여 그 파트너들에 의해 주장되어질 필요경비 공제를 지원하기 위한 것이라는 사실을 반영한다.[103]

---

101) Treas. Reg. §1.752-3(a)(1)

102) Treas. Reg. §1.752-3(a)

최소한의 이득 배분원칙은 그 최소한의 이득이 non-recourse 차입금의 분배(distribution)에 의해 야기되는 경우에도 적용된다. 그 경우 IRC §704(b) 규칙에 따라 최소한의 이득을 배분받는 피분배파트너는 최소한의 이득을 발생시키는 non-recourse 부채가 배분되어질 그 파트너이다. 앞의 예로 돌아가서, AB(파)는 2년째 말에 그 자산을 담보로 non-recourse 방식으로 $10,000을 추가로 차입하여 그 차입금을 전액 B에게 분배(distribution)했다고 가정하자. IRC §704(b) 및 IRC §752 하의 재무부 규칙에 따라, 그 차입에서 생긴 $10,000의 파트너십 최소한의 이득은 B에게 배분되고, $10,000의 부채 또한 B에게 배분된다. 그 차입금의 분배가 B에 대한 이득의 인식이라는 결과를 초래하지 않는다는 점을 확인하기 위해서 파트너십 non-recourse 부채의 배분으로부터 발생하는 지분가액의 증가는 그 분배로부터 지분가액이 감소하기 직전에 일어나야 한다.

(3) IRC § 704(c) 이득에 대한 파트너의 몫

파트너십에 출자된 재산이 그 장부가를 초과하는 non-recourse 부채에 담보제공되어 있다면, 그 재산은 파트너십 최소한의 이득과 유사하게 내재이득을 가지고 있다. 그러나 재무부 규칙에 따르면, 이 내재이득은 IRC §704(b)에 따른 파트너십 최소한의 이득이 아니라 잠재적인 §704(c) 이득이다. 재무부 규칙에 따르면, 최소한의 §704(c) 이득의 범위에서 출자재산에 의해 담보된 non-recourse 부채는 IRC §704(c)에 따라 이러한 최소한의 내재이득이 배분되는 파트너에게 배분된다.[104)]

예를 들어, A와 B가 AB(파)를 설립하면서 A는 $1,000의 현금을, B는 시가

---

103) Treas. Reg. §1.752-3(c) Example 1

104) Treas. Reg. §1.752-3(b). 이 규칙에 따른 부채의 배분 몫을 'Fair Market Value Limitation'이라고 한다. Philip Postlewaite & Tammy Bialosky, *supra* note 95, p.741 참조.

$3,500/장부가 $1,000이며 $2,500의 non-recourse 부채에 담보된 재산을 출자했다고 가정하자. 또한 A와 B는 §704(c) 이득을 배분하기 위해 전통적 방법을 사용하기로 합의했다고 가정하자. $2,500의 채무면제 이외에는 아무런 대가없이 B가 재산을 처분한다면 IRC §704(c)에 따라 $1,500의 이득을 발생시키므로, $1,500의 non-recourse 부채는 B에게 배분된다. 나머지 $1,000의 잔존 non-recourse 부채는 파트너십 이익에 대한 그들의 지분에 따라 A와 B에 각각 $500씩 배분된다.[105] 이런 상황에서 B는 $2,500의 부채를 면제받지만 또한 $2,000의 파트너십 부채를 배분받는다. 재무부 규칙은 이러한 금액이 순액으로 계산되어 B의 부채가 $500만큼 순감소하는 결과가 되게 한다.

마지막으로, 파트너십 최소한의 이득이나 §704(c) 이득이 아니면서 어떤 자산에 내재된 이득의 최소금액이 있을 수 있다. 예를 들어, 새로운 파트너가 가입할 때 파트너십 자산의 장부가는 시가를 반영하여 재평가될 수 있다.[106] 따라서 만일 XY(파)가 Z가 새로 파트너가 될 때 장부가 0이고 시가 $10,000인 건물을 가지고 있다면, 그 건물은 파트너십 장부에 $10,000로 재평가될 수 있다. 만일 그 파트너십이 나중에 그 건물을 담보로 non-recourse 방식으로 $5,000을 차입한다면, 그 파트너십은 비록 그 부채가 그 건물의 세무상 기준가액을 $5,000만큼 초과하지만 장부상 가치는 초과하지 않으므로 아무런 최소한의 이득을 갖지 않는다. 이러한 내재된(built-in) 최소한의 이득 금액은 재무부 규칙에 의해 IRC §704(c)와 마찬가지로 취급된다. 따라서 X와 Y는, 만일 그 재산의 매각이 있고 각자가 $5,000의 non-recourse 부채 중 $2,500을 배분받는다면 생기는 $2,500의 §704(c) 형태의 이득을 각각 배분받는다.

---

105) 물론 이 경우 B는 추가적인 §704(c) 이득을 가지고 있으므로, $1,000의 초과 non-recourse 부채 전부를 B에게 배분할 수 있다. Treas. Reg. §1.752-3(a)(3)

106) 본 제3절 제V항의 2.-라.의 논의를 참고하라

다. 소결

미국은 Crane 판결 및 Tufts 판결 등에 따른 사법적 판단에 따라 부채에 대한 처리원칙을 결정해 왔다. 즉 파트너가 파트너십 부채에 대해 인적 책임을 부담하는지 여부를 기준으로 recourse 부채와 non-recourse 부채로 나눈 다음, 각 부채의 경제적 실질을 바탕으로 recourse 부채의 경우 누가 경제적 손실위험을 부담하는지에 따라, non-recourse 부채의 경우 이익에 대한 지분 몫에 따라 각 파트너에게 배분시키는 구조를 택하고 있다. 이러한 부채의 배분(특히 non-recourse 부채의 배분)은 파트너십 세제 전체에 걸쳐 매우 중요한 기능과 역할을 수행하고 있는데, 그 핵심적 이유는 이러한 부채의 배분을 지렛대로 활용하여 파트너의 지분가액을 조정함으로써 파트너십 단계의 손실을 활용하는 이른바 조세은신처가 가능하기 때문이다. recourse 부채는 파트너십이 지급불능(default)이 되는 경우 누가 그 궁극적 책임을 부담하는가에 따라 배분되므로 대개의 경우 무한책임파트너만이 그 몫을 차지하는데 반해, non-recourse 부채의 경우 어떤 파트너도 인적 책임을 부담하지 않고 파트너십이 버는 이익이나 파트너십이 보유하는 자산만이 그 책임재산이 되는 점에 착안하여 무한 및 유한책임파트너 구별 없이 파트너십 이익 및 자산에 대한 지분율에 따라 모든 파트너에게 배분된다. non-recourse 부채의 이러한 성격으로 인해 파트너십 부채에 대해 아무런 책임을 지지 않는 유한책임파트너들이 파트너십을 조세은신처로 널리 이용하게 됨으로써(정확히는 금융기관들이 파트너십 및 non-recourse 부채의 이러한 특성을 이용한 절세상품을 개발·판매함으로써) 한 때 커다란 사회적 문제가 되기도 하였다.

그럼에도 불구하고 여전히 유한책임파트너가 IRC §752에 따라 non-recourse 부채를 통해 지분가액을 늘리고 이에 따라 파트너십 손실을 배분받을 수 있는 방법으로는 위에서 살펴본 ①파트너십 이익지분에 따른 파트너십 부채에 대한 몫, ②파트너십 최소한의 이익에 대한 몫, 및 ③현물출자 재산에 대한 §704(c) 이득에 대한 몫 등이 인정되고 있다. 이렇게 non-recourse

부채를 파트너의 지분가액에 가산을 허용하는 이유는 Crane 판결에서 적고 있듯이 채무자(즉, 파트너십)는 부채를 취득자산의 원가(기준가액)에 포함한다는 전통적 원칙에 부합함은 물론 파트너를 개인사업자와 달리 취급할 근거가 없다는 점 및 이를 통해 파트너십의 내부기준가액(inside basis)과 파트너의 지분가액(outside basis)을 맞출 수 있다는 점 등이 고려된 것으로 판단된다. 즉, 이렇듯 세제 운용에 있어서의 일관성과 정합성을 확보하는 것이 조세은신처로 인한 부작용보다 더 중요하다는 정책적 판단에 바탕하고 있다고 볼 수 있다. 또한 이러한 판단의 이면에는 파트너의 인적 책임이 배제된 non-recourse 부채를 파트너에게 배분함으로써 지분가액의 증가를 허용하더라도 이를 이용한 조세은신처는 제2장 제2절 제IV항에서 살펴본 위험부담 원칙 및 수동적 손실제한 원칙을 통해 충분히 대응이 가능하다는 점이 고려되었음은 자명하다 하겠다. 즉, non-recourse 부채의 처리에 대한 Subchapter K의 대응을 일괄하면, Crane 판결과 Tufts 판결을 통해 확립된 부채의 기준가액 포함원칙을 나름대로 일관하는 한편, 이로 인한 조세은신처의 폐해는 별도의 손실배분 제한 규정을 통해 규제해 나가는 것으로 평가할 수 있겠다.

부채, 특히 non-recourse 부채에 대한 미국 IRC §752 및 관련 재무부 규칙에 따른 이러한 입법태도는 나름대로의 사법적 전통에 입각해 있고 경제적 합리성이 충분히 인정되지만 여전히 recourse와 non-recourse를 구별하는 기준으로서 '인적 책임(personal liability)'을 어떻게 판단할 것인지 여부 및 조세은신처에 대한 직접적인 규제로서 위에서 살펴본 바 있는 위험부담 원칙이나 수동적 손실 제한 원칙 등이 조세은신처를 이용한 조세남용에 대응하는데 충분한지 여부 등에 대하여 여전히 많은 문제가 제기되고 있으며, 논쟁은 당분간 계속되리라 본다.

3. 일본의 사례

최근 일본에서 익명조합을 통하여 non-recourse 부채를 이용한 절세상품 판매와 관련한 중요한 사례로서 항공기 리스사업을 둘러싼 항소법원 판결[107]을 들 수 있다. 이 사건은 영업자(리스회사), 임차인(항공회사), 익명조합원 및 금융기관 등이 등장하는 전형적인 차입리스 거래에서 leveraged lease, 익명조합, non-recourse 부채 등의 소재를 활용하여 차입금에 대한 이자와 리스물건(항공기)에 대한 감가상각비는 조기에 손금으로 인식하면서 당해 거래활동에서 생기는 소득은 나중에 인식시키는 방법으로 과세이연의 절세효과를 노린 사안이다.[108] 이 사건에서 과세당국은 납세의무자인 익명조합원이 체결한 조합계약은 경제적 실질에 비추어 단순한 이익배당계약에 불과하므로 납세의무자가 조합단계에서 발생한 손익을 자신의 다른 과세소득과 통산할 수 없다고 주장하였다. 그러나 법원은 해당 리스거래에 이용된 조합계약이 민법상 조합계약의 성립요건을 충족한 이상[109] 이와 다른 계약유형

107) 平成 16年 10月 28日 名古屋地裁 判決, 平成 17年 10月 27日 名古屋高裁 判決(判例タイムズ 1204号 224頁). 피고인 과세당국의 상고 포기로 항소심 판결로서 확정되었다.

108) 이 사건에 대한 보다 자세한 사실관계의 설명과 이 판결에 따른 우리나라의 동업기업 과세제도의 운영상의 시사점 등에 대해 고찰한 글로, 이용우, “동업기업 과세제도를 이용한 조세회피행위의 사례 및 그 규제방안에 대한 검토”, 법원조세커뮤니티·한국세법학회 공동학술세미나 (2009.9.28.) 자료집 참조.

109) 즉, 조합의 업무집행 권리는 조합원 전원에 공동으로 귀속하지만, 조합계약이나 조합원 전원의 합의에 의해 업무집행자를 선임하는 것이 가능하다는 점(日本 民法 第671條 및 第672條) 및 비록 업무집행권이 업무집행자에 집약되고 다른 조합원들은 업무집행권을 갖지 않는 소위 익명조합의 경우 조합원 간의 공동사업성은 희박하지만 그럼에도 불구하고 업무집행자 이외의 조합원에 업무 및 조합재산의 상황을 검사할 권리가 인정되고 있다면(日本 民法 第673條) 조합으로서의 본질을 잃었다고 볼 수 없다고 판단하였다. 이 판결에 대하여는, “민법상의 조합으로서 공동사업의 하나의 형태로서, 민법이 업무집행조합원을 선임해서 행한 조합

인 이익배당계약으로 인정할 수 없다는 이유로 과세당국의 주장을 배척하면서 원고 승소의 판결을 내렸다.

한편 상기한 항공기 리스 사건 이전에도 일본에서 익명조합을 조세은신처로 활용한 다수의 사례가 있는데,[110] 이는 익명조합의 성격을 민법상의 조합계약의 성립요건을 기준으로 영업자의 단독사업이 아닌 영업자와 숨은 조합원들간의 공동사업의 형태로 파악하는 데에서 비롯되는 것으로 판단된다. 이러한 일본 법원의 태도는 "조세법상의 과세요건도 우선 사법에 의해서 해석되지 않으면 안 되고 조세법 독자의 목적론적 해석에 따라 일반법의 개념과 모순·저촉해서는 안 되므로 조세법률주의의 입장을 엄격히 취해서 조세실무에 있어서 조세회피로 보이는 행위가 행해지는 경우라 할지라도 이것을 부인하고 납세의무자가 선택한 사법상의 수단·형식을 조세법상 통상 이용되는 법적 수단·형식으로 바로잡아 과세하기 위해서는 이것을 허용하는 법률상의 근거를 요한다"[111]고 하는 조세법 해석에 대한 뿌리 깊은 사법 우선의 원칙에 크게 영향을 받은 결과로 판단된다.[112]

즉, 이 사건에서 법원은 업무집행조합원이 활용한 non-recourse 차입금에

사업을 예정하고, 이 경우 일반조합원은 직접적인 업무집행에 종사하지 않더라도 조합의 공동사업의 구성원으로서의 검사권 및 해임권이 존재하는 이상 세법의 입법적 조치도 없이 민법상의 조합으로서의 법적 성격을 부정하는 것은 허락되지 않는다."라는 지적에서 익명조합에 대한 일본의 법원 및 학계의 태도를 엿볼 수 있다. 大渕博義, "任意組合による航空機リ-ス事業の損失は利益配當契約による雜所得の損失として損益通算を否認した課税處分の可否(上)", 稅務事例 37卷 7号, 9頁

110) 1950년대 암금융의 사회적 폐해를 불러일으켰던 보전경제회 사건을 비롯하여, 1980년대 이후 부동산, 항공기, 영화 산업 등에 광범위하게 활용되고 있으며, 이에 대한 자세한 논의는 增井良啓, 前掲論文(이 책 64쪽·주12), 133頁 이하 및 이창희, 앞의 책(주47), 355쪽 등 참조

111) 平成 17年 10月27日 名古屋高裁 判決

112) 이러한 일반적인 인식은 문제의 항공기 리스 사건 판결이 나오자 "이 판결에 대한 숱한 해설과 논평의 대부분이 그 判旨를 높게 평가하고 긍정하고 있다"라는 평가에서도 엿볼 수 있다. 椛島文子, 前掲論文(이 책 72쪽·주33), 207頁

대한 세법상의 효과에 대해서는 직접적인 판단을 하지 않았다. 하지만 non-recourse 차입을 포함한 이 사건의 전체적인 거래구조가 경제적 합리성이 결여되었다는 과세당국의 주장에 대하여, 법원은 "차입 형식의 일정한 경제적 목적을 달성하는데 있어서 복수의 법형식이 고려되는 경우 세제상의 장점을 고려해서 그 선택을 행하는 것 자체는 하등 이상하거나 부당한 것은 아니다"라고 판단하였다. 더 나아가 "만일 이러한 거래로 인해 세액의 감소를 도모하는 것이 허락되지 않는다면 세계적으로 항공기의 주요한 공급원의 하나인 리스 사업을 전개하는 것은 현저히 곤란하게 되는 것이 용이하게 예상된다"라고까지 판단하였다. 즉, non-recourse 차입이 사법상 그 유효성이 인정되는 한 세법상 납세의무자가 이를 이용한다고 해서 이에 따른 과세상 효과를 부인당하지 않는다는 점을 분명히 하였으며, 과세당국 또한 이러한 non-recourse 차입을 이용한 조세회피 전략에 대응하기 위한 미국에서와 같은 구체적인 입법 조치를 강구하지 않는 것으로 보인다.

다른 한편, 일본의 경우 1950년의 보전경제회 사건 이래 최근에 이르기까지 익명조합을 이용한 공세적인 조세전략(aggressive tax planning) 및 이에 대한 과세당국의 제재 노력이 지속되고 있는 바, 이는 익명조합원이 익명조합을 통해 얻는 수동적 손익을 그 사법적 형식에 얽매여 조세법 목적상 이러한 형식을 내치지 못한 채 적극적 손익과 통산을 허용해온 결과로서 스스로 자초한 측면이 강하다고 볼 수 있다. 또한 불과 최근에 들어서 여러 입법적 조치를 통해 이러한 익명조합을 통한 손익통산을 규제하기 시작하였는데,[113] 대표적인 것으로 상기 항공기 리스사건에 대한 대응조치로서 2006년부터 업무집행조합원을 선임해서 부동산소득[114]을 발생시키는 사업을 행하는 민법상 조합의 개인조합원의 당해 사업에서 생긴 손실은 이것이 발생하지 않은

113) 租稅特別措置法 第41條의4의2 第1項, 第67條의12 第1項, 所得稅基本通達 36·37共-21 등 참조.

114) 日本 所得稅法에 따르면 항공기 임대에 따른 소득을 부동산 소득으로 구분하고 있다. 日本 所得稅法 第26條

것으로 취급하였다.[115] 더 나아가, 익명조합계약에 의한 개인 출자자(익명조합원)는 영업자로부터 받는 이익(손실)의 분배를 그 결손금의 통산이 가능하지 않는 잡소득으로 취급하는 등의 입법적 조치를 취한 바 있는데,[116] 이러한 조치가 실효성을 가질 것인지에 대해서는 좀 더 관찰이 필요해 보인다.

이렇듯 일본의 경우 익명조합을 통한 조세전략에 대해 부분적으로 입법적 조치를 취했음에도 불구하고 여전히 non-recourse 차입에 대해서는 세제상으로도 그 유효성을 인정하는 태도를 취하고 있다. 이럴 경우 익명조합을 이용하여 부동산이나 항공기, 선박 등을 활용한 조세전략에는 대응할 수 있겠으나, 부동산 이외의 영화 또는 기술집약적 벤처기업 등에 대한 투자에 대해서는 여전히 동일한 조세전략의 사용이 가능하다. 또한 익명조합 이외에 LLP나 LPS 등과 같은 유한책임만을 부담하는 다수의 투자자로 구성할 수 있는 새로운 사업체의 창설을 통해 투시과세의 대상이 되는 조합형태가 다양해짐에 따라 이를 활용한 조세은신처가 더욱 기승을 부릴 것이라는 우려가 지적되기도 한다.[117]

4. 우리나라의 경우

우리나라에서 동업기업 과세제도 도입 전의 공동사업장 과세제도 하에서 위의 미국과 일본에서와 같이 익명조합 또는 공동사업장을 활용한 조세은신처는 실제 사례가 거의 확인되지 않았는데, 그 주요한 이유로는 ①상법상 익명조합에 대해 우리나라는 일본과 달리 오랫동안 세법상 이를 영업자의 단독사업으로 파악하여 영업자의 사업소득금액을 계산함에 있어 익명조합원에

115) 日本 租稅特別措置法 第41條의4의2. 이 책 제2장 제3절 제III항의 3.-나.의 논의를 참조.

116) 日本 所得稅基本通達 36·37共-21. 이 책 제2장 제3절 제III항의 3.-다.의 논의를 참조.

117) 長谷部啓, 前揭論文(주28), 108頁

대한 이익분배액을 필요경비에 산입함과 아울러 익명조합원이 익명조합으로부터 분배받은 이익은 이자소득의 일종인 비영업대금의 이익으로 과세하다가 2006년 소득세법 개정(2006년 12월 30일 법률 제8144호)을 통해 2007년부터 익명조합에 대하여 공동사업장 과세제도의 적용대상으로 하면서 이를 배당소득으로 과세[118]해 오고 있어 이에 대해서는 필요경비가 인정되지 않아 익명조합 단계에서 발생한 손실을 배분받을 수 없다는 점,[119] ②익명조합의 형태가 아닌 민법상 조합의 형태를 취하는 경우 조합원의 무한책임을 배제할 방법이 없다는 점 및 ③인적회사의 경우 그 성격은 조합이나 상법상 회사로 취급하여 법인과세의 대상이 되므로 회사 단계의 손실이나 경비의 공제가 불가하다는 점 등과 함께 ④사업성이나 경제적 가치를 따지기보다 물적·인적 담보 위주로 형성되어 온 우리나라의 금융 관행상 non-recourse 차입에 대한 금융시장의 회피경향 등을 들 수 있겠다.

한편, 새로 도입된 동업기업 과세제도 하에서는 기존의 공동사업장 과세대상뿐만 아니라 인적회사를 비롯한 각종 신종 투자매체에 대해서까지 투시과세의 대상으로 삼음에 따라 이들을 활용한 조세은신처의 등장 가능성을 우려하는 지적이 있는데,[120] 위 ④에서 지적한 바와 같은 우리나라의 금융관행과 이러한 조세은신처 상품의 개발과 판매에 적지 않은 거래비용이 들

---

118) 배당소득으로 분류하면서 원천징수세율은 과거(비영업대금의 이익)와 마찬가지로 25%로 하고, 금융소득 종합과세 여부와 무관하게 무조건 종합과세하고 있다. 소득세법 제14조 및 제129조

119) 이와 같은 지적으로 이용우, 앞의 글(주108), 25쪽

120) 이에 대한 대표적인 지적으로서 이용우, 앞의 글(주108), 24쪽 참조. 이에 따르면, 동업기업 과세제도 하에서 이러한 조세은신처의 등장을 우려하는 전제로서 우리나라에서도 미국이나 일본에서와 같은 non-recourse loan이 실행가능하다는 점을 들고 있는데, 그 근거로서 채무불이행에 따른 강제집행 부집행의 특약이 유효하다는 대법원의 판례(대법원 1996.7.26. 선고 95다19072 판결)를 들고 있다. 이론적인 측면에서만 보자면 이러한 우려를 완전히 배제할 수 없으나 본문에서 지적한 여러 사정을 고려할 때 실제 현실화할지에 대해서는 매우 회의적이나 추후 면밀한 관찰이 필요해 보인다.

어간다는 점 및 공세적 조세전략에 따른 과세당국과의 마찰 가능성 등을 고려할 때 현실적으로 이러한 조세은신처의 등장 가능성은 커 보이지 않는 것으로 판단된다. 따라서 현재 단계에서 미국에서와 같은 복잡하기 짝이 없는 non-recourse 부채에 대한 배분원칙 및 손실제한 원칙들을 곧바로 입법하기보다는 동업기업 과세제도의 시행에 따라 이러한 조세은신처를 통한 남용 여부를 면밀히 관찰한 다음 이로 인한 불합리한 조세 일실 현상이 확인된다면 미국의 여러 제도를 참고하여 입법적 보완을 해 나가야 할 것으로 판단된다.

제4절 파트너와 파트너십 간의 거래

I. 개설

집합적 관점과 실체적 관점 간의 긴장을 엿볼 수 있는 또 하나의 분야가 파트너와 파트너십 간의 거래인데, 예를 들어, A와 B는 동등지분으로 참여하여 아파트 건물을 매입해서 임대사업을 행하는 AB(파)를 설립했다고 가정하자. 만일 A가 AB(파)의 사업을 위한 차입중개를 돕는 담보대출 중개인을 겸업으로 하고, 그의 대출중개 역무의 대가로 AB(파)로부터 $5,000을 받았다면, 그는 파트너가 아닌 다른 지위에서 역할을 한 것이라고 할 수 있다. 이렇듯 파트너로서의 A의 지위는 A와 AB(파) 간 거래의 조세효과에 어떻게 영향을 미치는가? A의 수수료가 단순히 AB(파)의 소득에 대한 그의 배분 몫의 일부라고 해야 하는가(집합적 접근), 아니면 그 거래가 마치 AB(파)와 독립적인 3자간에 발생한 것처럼 취급해야 하는가(실체적 접근)? 집합적 접근을 취한다면, 과연 대가 전체를 파트너 자격에서 받는 배분으로 볼 것인가 아니면 자기 지분 해당 부분에 대해서만 자본의 환급으로 보고 다른 파트너 해당 부분에 대해서는 근로소득이나 사업소득으로 볼 것인가?

또한, A가 AB(파)를 위해 계속적인 관리업무를 수행한다고 가정하자. AB(파)는 A의 노무에 대한 보상으로 파트너십 소득 중 $100,000을 우선적으로 배분한 다음 나머지 손익은 A와 B간에 합의한 대로 나누는 방식을 A에게 제안할 수 있다. 그러나 A는 파트너십 이익에 의존하는 이러한 보상방식 대신 파트너십 이익에 상관없이 정액 방식으로 년 $100,000의 수수료를 요구할 것이다. 일상적인 기업경영에 책임을 지는 무한책임파트너로서 A는 두 경우 모두에서 독립적인 제3자가 아니라 파트너로서 행동할 것이고, 그의 보장된 수수료마저도 독립적인 제3자에게 지급하는 급료라기보다는 배분 몫에 더 가깝다. 결국 문제의 쟁점은 이러한 상황에서 언제 그리고 어떻게 A가 과세되고, 그러한 과세상 취급이 파트너십에 어떤 영향을 미치는가이다.

이러한 문제는 위와 같이 파트너와 파트너십 간의 노무 제공 및 재산 사용에 대한 대가를 수수하는 경우뿐만 아니라 양자 간의 재산의 매각이나 교환의 경우에도 마찬가지로 발생한다.[1] 이 문제에 대한 각국의 입법이나 해석 태도 또한 다양해서 미국의 경우 원칙적으로 실체적 관점에서 비파트너 자격으로 행한 거래의 경우 이를 독립된 제3자와의 거래로 파악하는 반면, 일본의 경우 입법적 해결을 시도하지 않은 채 법원의 판결에 따라 각 사안별로 그 거래가 사법상 근로관계인지 출자관계인지에 따라 세법상 서로 다른 조세상의 효과를 부여하고 있는 것으로 평가되고 있다. 우리나라의 경우 종래 공동사업장 과세제도 하에서의 행정해석과 판례는 공동사업장의 실체성을 인정하지 않은 채 공동사업자가 공동사업장에 근로를 제공하고 급료 명목으로 보수를 지급받거나 부동산 등을 임대하고 임대료를 지급받는 경우 이 금액은 공동사업장의 필요경비에 산입하지 않고 이를 지급받는 공동사업자에 대한 소득분배로 보고 당해 공동사업자의 분배소득에 가산하였다. 동업기업 과세제도하에서는 원칙적으로 미국식의 실체적 접근방식을 따르고 있지만 이러한 방식으로부터 결정적 예외를 두고 있는 것으로 평가된다. 그 자세한 내용과 입법상의 보완내용을 살펴보기로 한다.

---

1) 파트너와 파트너십 간의 재산의 양도나 교환에 따른 세무상 효과는 양자간의 노무의 제공이나 재산의 임대차 거래와 유사하므로 이 책에서는 후자를 위주로 살펴보면서 전자에 특유한 사항을 주석에 간단히 언급하기로 한다,

II. 미국의 경우

1. 개설

이 문제에 대하여 미국은 입법적 조치 없이 오랫동안 판례가 엇갈렸으나 1954년 Subchapter K 제정을 통하여 노무와 재산의 사용에 따른 파트너-파트너십 거래를 다음의 3가지 범주로 나누면서 실체적 접근 쪽으로 전환하였다.[2)]

① 파트너십과 비파트너 자격의 파트너간의 거래 - IRC §707(a)에 따라 파트너십과 독립적인 제3자와의 거래로 취급
② 소위 "보장된 지급" - 보장된 지급이란 노무 또는 자본의 사용에 대해 파트너 자격의 파트너에 대한 지급으로서 파트너십의 소득과 무관하게 결정되는 대가를 의미하는데, IRC §707(c)에 따라 몇 가지 목적으로는 독립적인 제3자에 대한 보수나 지분의 지급으로 취급되나 다른 몇 가지 목적으로는 (주로 시기) 배분 몫으로 취급
③ 파트너 자격으로 행한 노무에 대하여, 파트너십 이익의 일정비율을 기초로 한 지급과 같이 파트너 자격에 따른 여타의 지급들 - IRC §707의 적용이 배제되어 파트너십의 배분 몫의 일부로 취급되고 파트너에게 지급될 때 IRC §731의 분배(distribution) 원칙에 따라 규율됨

의회는 수년에 걸쳐 파트너들이 소득이연, 조기 비용공제, 손익의 특성변경 등과 같은 수단을 동원하여 파트너십 형태의 유연성을 악용하는 것을 방지하기 위한 원칙으로서 이러한 입법구조를 지지해 왔으며, 이러한 남용금지

2) 1954년 Subchapter K 입법 시 의회는 IRC §707에 따른 파트너와 파트너십 간의 거래에 대해서 실체적 접근방식을 취한다는 점을 분명히 한 반면, 다른 모든 사항들에 대해서는 실체적 접근방식과 집합적 접근방식 중 어느 쪽을 취하는지에 대해 어떠한 예단도 제공할 의도가 없다고 밝혔다. H.R. Conf. Rep. No. 2543, 83rd Cong., 2nd Sess. 59 (1954) 참조. 이 책 제2장 제2절 제III항의 1.의 논의 참조.

조항들은 파트너십과 그 파트너들 간의 조세기획(tax planning) 시도에 따라 지속적으로 추가되어 왔다.

2. 비파트너 자격의 파트너와의 거래

IRC §707(a)에 따라, 파트너는 실체적 입장에서 독립된 계약자처럼 비파트너 자격에서 파트너십에 노무를 제공하거나 이자나 임대료를 받으면서 파트너십에 자금을 대여 또는 재산을 임대할 수도 있다.

파트너가 일정한 거래를 파트너 자격에서 행했는지 또는 비파트너 자격에서 행했는지에 대한 구체적 판단기준은 법령에 제시하지 않은 채 조세법원은 파트너가 파트너십의 사업에 대해 "계속적이고 전반적인 노무를 제공할 때 파트너로서 행한 것"이라고 판단했다.[3] 이에 따르면, 어느 파트너가 제한된 기술적 성격의 노무나 구체적인 거래와 관련이 있는 노무를 제공하는 독립적인 자격에서 행할 때 비파트너 지위는 쉽게 인정될 수 있다. 또한 재무부 규칙에 제시된 IRC §707(a)(1)의 유일한 사례는 파트너십이 신용을 얻거나 파트너십 차입을 위한 담보로서 파트너가 별도로 소유한 자산을 사용하는 것과 관련이 있으며,다른 모든 경우에서는 단순히 "거래의 형식보다 실질이 지배한다"라고만 정하고 있을 뿐이다.[4]

만일 어떤 지급이 IRC §707(a)(1)에 따른 지급으로 분류되는 경우와 '배분 몫'으로 분류되는 경우 무슨 차이가 있는가? 먼저 파트너와 파트너십의 손익의 시기와 성격이 영향을 받을 수 있는데, 후자의 경우 '배분 몫'으로 분류되는 항목의 성격은 파트너십 단계에서 결정되고, 이 항목들은 파트너십의 과세연도가 끝나는 해에 파트너에게 투시된다. 하지만, 만일 전자가 적용되면 파트너와 파트너십은 일반적으로 마치 그들이 독립 당사자들로서 거래한 것

3) Pratt v. Commissioner, 64 T.C. 203 (1975)
4) Treas. Reg. §1.707-1(a)

처럼 성격과 시기를 결정한다. 따라서 노무 또는 재산이나 금전의 사용에 대한 IRC §707(a)(1) 지급은 그 수령자에게 항상 통상소득이고 수령자의 회계방식에 따라 과세된다. 지급하는 자(파트너십)는 통상 그러한 지급을 자신의 회계방식에 따라 사업경비로 공제하거나 자본적 지출로서 자산화 할 수 있다.

이와 같이 IRC §707(a)(1) 지급과 '배분 몫' 간의 조세상 효과의 차이를 이용하여 다양한 조세회피 전략이 사용될 수 있는데, 예를 들어, 위 1.의 예에서 AB(파)는 발생주의를 사용하는데 반해, A는 현금주의 및 曆年의 납세의무자라고 가정하자. 만일 A의 노무에 대한 대가가 IRC §707(a)(1)에 해당되면, A는 그 돈을 받을 때까지 총소득에 포함할 필요가 없지만, '배분 몫'으로 취급된다면, A는 비록 실제 지급은 다음 해로 연기되더라도 파트너십의 과세연도 말에 전부 과세된다. 반면 AB(파)는 실제 지급은 다음 해에 하면서 경비공제는 첫 해에 받을 수 있게 된다.

이와 같이 납세의무자가 파트너십을 통해 이러한 소득과 비용공제 간의 불일치를 악용하는 것을 방지하기 위해 의회는 IRC §267의 시기상의 제한규정을 파트너와 파트너십 간의 거래에 확대하여 적용키로 하였다. 이에 따르면, 비용공제는 그 금액이 지급받는 자의 총소득에 포함되기 전에는 허용되지 않는다.[5] 따라서 발생주의 방식을 쓰는 파트너십은 어떤 비용항목이 지불되고 피지급인의 소득에 포함되기 전에는 현금주의 파트너에게 지불의무가 있는 그 항목을 경비로 공제할 수 없다.[6]

5) IRC §§267(a)(2) 및 (e)

6) 한편, 파트너-파트너십 간의 재산의 매각 또는 교환의 경우, 파트너가 특수관계자들과 함께 50%를 초과하는 지분을 가진 피통제파트너십과의 거래를 통하여 손실인식을 불허(IRC §707(b)(1))하는 한편, 통상소득을 자본이득으로 전환하는 것을 금지하는 남용방지 규정을 두고 있다. IRC §707(b)(2)

3. 가장지급(Disguised Payment)[7]

만일 파트너십이 IRC §707(a)(1)에 해당하는 거래에서 노무 또는 재산사용의 대가를 파트너에게 지급하고, 그 비용이 성격상 자본적 지출(예를 들어, 창업수수료)이라면 파트너십은 세무목적상 그 지급을 마치 독립적인 제3자에게 한 것처럼(즉, 상당한 기간에 걸쳐 공제 또는 상각되는 자본적 지출로) 취급하여야 한다.[8] IRC §707(a)(1) 지급이 아니라 노무나 재산에 대해 배분으로써 파트너에게 지급하는 경우에는 그 시기가 매우 중요한데, 만일 당사자들이 자본적 지출을 당기에 공제 가능한 비용으로 전환할 수 있다면 그 중요성은 매우 커진다. IRC §707(a)(2)(A)는 납세의무자들이 이러한 시기상의 이점을 얻기 위하여 노무나 재산에 대한 지급을 가장하는 것을 막고 있다.

예를 들어, 동등 지분의 ABC(파)는 어떤 자산의 취득과 관련하여, A의 비파트너 자격의 노무제공의 대가로 $30,000을 지급하기 전에 $30,000의 순소득을 가지고 있다고 가정하자. 그 지출은 해당 과세연도를 넘어 장기에 걸쳐 효과를 가지는 자산과 직접 관련되므로 파트너십은 IRC §263에 따라 그 지급을 자본화하도록 요구된다. 따라서 과세소득은 여전히 $30,000이 되어 각 파트너에게 $10,000씩의 배분 몫과 IRC §707(a)(1)에 따라 A에게 추가적인 $30,000의 통상소득을 만들게 된다(A의 총소득은 $40,000).

이와는 달리, 만일 당사자들이 $30,000을 A에게 특별배분하는 방식으로 유효한 계획을 재구성한 다음 그 금액을 실제로 분배하였다면, 조세효과는

---

7) 이와 유사하게, 파트너가 현금이나 다른 재산을 파트너십에 이전하고 파트너십이 이와 관련된 현금 또는 다른 재산을 그 파트너에게 이전한다면, 두 건의 거래는 가장매매(disguised sales)로서 파트너십과 비파트너 자격의 파트너 간의 재산의 매매나 교환으로 취급되어야 한다고 규정하여 남용에 대한 가능성을 제한하고 있으며, 이러한 두 건의 거래가 2년 이내에 이루어진다면 가장매매 거래로 추정하고 있다(IRC §707(a)(2)(B)).

8) IRC §709

크게 달라진다. $30,000의 파트너십 순소득은 모두 A에게 투시되어 A의 총 소득을 $40,000에서 $30,000로 감소시키고,[9] B와 C에게는 아무런 소득도 돌아가지 않게 된다. 만일 이러한 계획이 성공한다면 파트너십은 자본화해야 했던 비용을 당기 비용으로 처리할 수 있게 된다. 이와 같이, 파트너십은 독립적인 제3자에게 지급하는 임차료인 경우 지급을 자본화해야 하는 상황에서 위와 같은 방식을 사용하여 자본화 요건을 피할 수 있다.

하지만 위험회피형 파트너나 재산 임대인은 대체로 파트너십 이익에 의존하는 배분 몫의 방식으로 보상받기를 원하지 않으므로 이와 같은 방법은 쉽게 실행하기 어렵다. 그러나 단순한 이익 또는 배분 몫과 동일하지만 실제로 아무런 위험이 없고, 따라서 실무상으로 지급이 보장된 것이라는 점을 파트너들에게 확신시키기 위한 방법을 지속적으로 고안하였으며 이에 대한 대응으로 과세당국이 이러한 거래들을 재구성할 수 있는 규정을 늘려나갔다.

의회는 IRC §707(a)(2)(A)를 제정하여 이러한 조세기획을 금지하였는데, 동 규정에 따르면, 만일 ①어느 파트너가 파트너십에 노무를 제공하거나 재산을 이전하고, ②그 파트너에게 관련되는 직·간접의 파트너십 배분 및 분배가 있고, 그리고 ③종합적으로 볼 때 그러한 노무의 제공이나 재산의 이전과 배분/분배가 비파트너 자격에서 행한 파트너와 파트너십간의 거래로서 적절히 성격지울 수 있다면, 그 거래는 파트너십과 비파트너 간의 거래로 취급되어질 것이다. 그러한 경우에, 재산 또는 노무의 대가로 그 파트너에게 지급되는 금액은 파트너십에 제공된 노무나 재산에 대한 지급으로 취급되며, 파트너십은 이러한 금액을 자본화하여야 한다. 파트너십은 과세손익에 대한 잔여 파트너들의 몫을 결정하는데 있어서 노무를 제공하거나 재산을 이전하는 파트너에 대한 '의도된(purported) 배분'을 비파트너에 대한 지급으로 취급하여

---

9) 이 $10,000의 차이는 단지 시기상의 차이에 불과할 수 있는데, 만일 A가 $10,000의 배분 몫에 대해 과세된다면 그의 지분가액은 그 금액만큼 증가되고, 그의 파트너십 지분의 처분 또는 청산 시 $10,000만큼 소득이 줄어들게 된다.

야 한다. 이러한 '의도된 배분'에 해당하는지 여부에 대한 판단기준으로서 다음의 요소가 고려된다.[10)]

① 가장 중요한 요소로서, 그 지급이 액수에 대하여 평가할만한 위험에 처해 있는지,
② 그 수령인의 파트너로서의 지위가 일시적인지,
③ 그 파트너에게 행해지는 배분과 분배가 파트너의 노무제공이나 재산이전과 시기적으로 근접해 있는지,
④ 모든 사실과 상황에 비추어볼 때, 그 수령인이 그 자신이나 파트너십에게, 만일 그가 제3자의 자격으로 그 파트너십에 노무를 제공했다면 가능하지 않았을 조세혜택을 얻기 위해 파트너가 되었는지,
⑤ 노무에 대한 의도된 배분/분배와 관련이 있는데, 일반적이고 계속적인 파트너십 이익에서의 그 수령인의 지분의 가치가 문제의 배분과의 관계에서 작은지(즉, 그 의도된 배분이 사실상 수수료에 불과한지),
⑥ 재산에 대한 의도된 배분/분배와 관련이 있는데, 자본계정이 IRC §704(b)에 따라 존중되어야 한다는 요건이, 자본에 대한 가장지급에 해당하는 소득 배분을 경제적으로 실행불가능하게 만들고, 이에 따라 이러한 배분이 발생하지 않을지. 이러한 (가장지급의) 결과는 일반적으로 다음의 경우들에서 발생하게 되는데, ⓐ파트너가 파트너십에 출자하는 재산의 가치가 그 재산의 시가 이하로 평가되는 경우(따라서, 그 파트너의 자본계정의 금액이 부적절하게 저평가됨), ⓑ그 재산이 파트너에 의해 시가보다 싼 가격으로 파트너십에 팔리는 경우, ⓒ그 자본계정이, 현재가치가 작고, 일정한 기간(intervening period) 동안에 자본계정에 대한 아무런 의미있는 회수가 없는 장래 먼 시점에서 존중되지 않는 경우 등이다.

4. 보장된 지급(Guaranteed Payment)

'보장된 지급'이란 노무제공이나 자본의 사용대가로서 파트너십 소득과

10) Staff of the Joint Committee on Taxation, "General Explanation of the Revenue Provisions of the Deficit Reduction Act of 1984", 98th Cong., 2d Sess.(1984), pp.226-229

상관없이 파트너십이 파트너에게 지급하는 것을 말한다. 노무의 측면에서 보장된 지급은 급료와 유사하다. 예를 들어, 만일 부동산 파트너십이 파트너십 이익과 무관하게 무한책임파트너에게 계속적인 관리 노무의 대가로 연간 고정액을 지급한다면, 그 수수료는 보장된 지급으로 간주된다. 자본사용에 대한 전형적인 보장된 지급은 파트너의 초기 현금 출자액의 10%와 같이 파트너들 간에 손익의 배분 전에 어떤 경우에라도 지급되어야 하는 파트너의 지분투자에 대한 우선적 회수이다.

보장된 지급은 노무나 재산의 사용에 대해 고정되어 있다는 점에서 IRC §707(a)(1)의 여러 특성을 가지고 있다. 하지만, 이는 파트너십의 계속적 활동의 전체적인 부분인 노무나 출자 자본과 관련이 있다는 점에서 배분 몫과 유사하다. 따라서 이는 독립적인 제3자라기보다는 파트너의 자격에서 파트너에게 지급되는 것이다. 보장된 지급은 세무목적상 일종의 혼합된 형태이다. 먼저 이는 세무목적상, IRC §707(a)(1)과 같이 비파트너에 대한 지급으로 취급된다. 마찬가지로, 이는 파트너십의 과세소득의 금액과 성격에 상관없이 통상소득으로 파트너에게 과세되며, 파트너십에 의해 경비로 공제되거나 일정한 요건 하에 자본화한다.[11] 그러나 시기상의 목적으로, 이러한 지급은 그 파트너십의 회계방법에 따라 지급 또는 발생한(paid or accrued) 지급을 공제하는 과세연도 또는 그 이전의 과세연도에 파트너의 소득에 포함된다는 점에서 '배분 몫'과 유사하다.[12] 따라서 파트너는 이를 지급받는 것과 상관없이 소득에 포함하여야 한다.

5. 소결

파트너와 파트너십간의 거래에 대한 미국 Subchapter K의 대응을 요약하

11) IRC §§162, 263
12) Treas. Reg. §1.707-1(c)

자면, 파트너십 사업형태의 유연성을 확보하자는 취지에서 실체론에 입각하여 비파트너 자격에서의 거래를 원칙적으로는 인정하되, 납세의무자(파트너)들이 이러한 원칙을 남용하여 소득의 성격과 과세시기를 임의로 변경시키는 등의 가능성을 방지하기 위한 매우 구체적인 행정입법을 갖춘 것으로 평가된다. 즉, 파트너 자격에서 통상소득을 발생시키는 노무제공이 불가능하다거나, 파트너십 사업에 필수적인 재화 또는 용역을 제공하더라도 파트너 자격을 가지고 있다는 사실만으로 그 대가의 성격을 일괄적으로 배분 몫으로 한다거나 파트너십 단계에서 경비공제를 부인당하지 않으며, 남용가능성을 배제하면서 구체적인 거래의 실질에 적절히 대응하는 과세효과를 부여하고자 나름대로 매우 정교한 규범체계를 갖추고 있는 것으로 평가된다.

이러한 취지를 구체화하는 방법으로 파트너 - 파트너십 간의 거래를 활용하여 파트너의 비파트너 자격에서의 독립된 거래의 결과 파트너십 단계에서 선자본화하여 파트너의 소득을 늘려 잡아야 하는데도 불구하고 이를 자본화하지 않고 바로 파트너의 통상소득으로 처리하는 일종의 가장지급에 대한 요건을 상세히 두고 있다. 또한 지급의 실질이 '보장된 지급'이더라도 그 소득의 시기에 있어서는 파트너가 선택한회계 방법(현금주의 vs. 발생주의)에 따르지 않고 파트너십 단계에서 이러한 지급을 비용 또는 자본화하는 시점과 일치시키는 등의 입법적 조치를 취하고 있다. 이에 비추어볼 때, 미국의 경우 파트너-파트너십 간의 거래에 대한 대처에 있어서도 전체적으로 실체적 접근방식에 따라 파트너십 형식의 기업형태를 이용하는데 있어서 유연성과 조세중립성을 최대한 보장하는 것을 원칙으로 삼는 한편 이를 통한 조세남용행위에 대해서는 구체적 태양에 따라 개별적으로 대처하고 있는 것으로 평가되며, 이러한 입법태도는 나중에 살펴볼 우리나라의 경우에도 많은 참고가 되리라 본다.

III. 일본의 경우

1. 입법태도

조합원이 조합에 대해서 노무를 제공하면서 손익분배와는 별개로 노무제공의 대가로 보수를 수령할 수 있을까? 또한 수령할 수 있는 경우에 이것이 조합의 손익계산상 비용으로 인정될까? 보수를 수령하는 개인조합원에 있어서, 이것이 사업소득(이익의 분배)과 급여소득(보수) 가운데 무엇으로 분류될까라는 문제가 있다.

이 점에 대해서 일본은 오랫동안 미국에서처럼 입법적인 해결을 시도하지 않은 채 과세당국의 행정해석이나 법원의 판례에 의존해 오고 있는데, 이러한 행정해석과 판례의 경향은 대체로 엄격한 집합적 접근방식으로부터 실체적 접근방식을 부분적으로 수용하는 형태로 발전해 온 것으로 평가된다. 즉 행정해석의 경우 신회사법 제정 전이기는 하지만 합명회사 등에 관한 취급으로서, 1950년의 法人稅基本通達 260은 "노무 및 신용출자에 대해 지급한 보수는 원칙적으로 손금에 산입하지 않는다"라고 했지만, 1959년에 "노무출자사원 및 신용출자사원에 대해서 보수를 지급한 경우에 있어서는 다른 사원에 대해서 지급한 보수와 같이 취급하는 것으로 하고 당해 보수의 액 가운데 이런 사원의 직무내용 등에 비추어 상당하다고 인정되는 부분의 금액은 손금에 산입하는 것으로 한다"라고 개정함으로써 노무제공의 내용에 따라 순수한 노무제공의 대가로서 인정되는 경우가 있을 수 있다는 점을 분명히 하였다.[13)]

---

13) 이 점에 관한 해설로서, 武田昌補, "勞務出資と不平等配當", 稅經通信 05年 9月号, 222頁 참조

2. 판례와 해석 예

이 문제에 대한 일본 법원의 태도를 파악할 수 있는 가장 좋은 예로서 임의조합의 조합원이 조합의 사업에 관한 작업에 종사해서 노무비의 명목으로 지불된 금원이 급여소득과 사업소득 중 어디에 해당하는가가 다투어진 사건으로서 "사과생산조합사건"이 있다.

이 사건에서 1심 판결[14]은 본건 노무는 조합 전체의 소득과는 하등의 관계도 없고 오로지 노동시간에 의해 정해져 있으므로 급여소득이라고 판시하고 사업소득으로의 과세처분을 취소하였다.

이에 대해 항소심 판결[15]은 "조합원인 X가 조합과의 사이에서 고용계약을 체결하고자 한다면 X는 한편에서는 고용계약의 피용자 입장으로, 다른 한편에서는 총조합원의 한 사람으로서 고용자의 입장에서 고용계약을 체결하는 것이 되고, 이와 같은 모순된 법률관계의 성립을 인정하는 것에는 의문이 있다"라고 하여, "조합원이 조합으로부터 조합원의 입장에서 받는 수입은 급여, 상여 등 명목으로 받는 것이더라도 이런 소득은 당해 조합의 사업에서 생긴 사업소득이라고 하는 성질이 바뀌는 것은 아니다"라고 판시하여 1심판결을 취소했다.

그러나 상고심[16]에서는, "민법상 조합의 조합원이 조합의 사무에 종사한 것에 대하여 조합으로부터 금원의 지불을 받은 경우 당해 지불이 조합의 사업에서 생긴 이익의 분배에 해당하는 것인가, 아니면 소득세법상의 급여소득에 관한 급여 등의 지불에 해당하는 것인가는 당해 지불의 원인이 된 법률관계에 대한 조합 및 조합원의 의사 내지 인식, 당해 노무의 제공이나 지불의 구체적 태양 등을 고찰해서 객관적·실질적으로 판단해야하는 것이고, 조합

---

14) 盛岡地判 平成 11.4.16. 判例タイムズ 1026号 157頁
15) 仙台高判 平成 11.10.27. 訟務月報 46巻 9号 3700頁
16) 最判 平成 13.7.13. 判時 1763号 195頁

원에 대한 금원의 지불이기 때문이라고 해서 당해 지불이 당연히 이익의 분배에 해당하는 것으로 되는 것은 아니다. 또한 당해 지불에 관한 조합원의 수입이 급여 등에 해당한다고 하는 것이 곧바로 조합과 조합원과의 사이에 모순되는 법률관계의 성립을 인정하는 것이 되는 것은 아니다"라고 한 다음에, 본건에 있어서는 X에 지불된 노무비는 고용관계에 있는 것이 분명하므로 일반 종업원에 대한 노무비와 같고, 작업시간을 기준으로 금액이 결정되어 있는 점, 그 지불방법도 일반 종업원에 대한 것과 동일하고 매월 소정일에 현금으로 지급된 점에 비하여 조합원에 대한 배당은 平成 3년도에 한번 행해져 있는 것에 지나지 않는 등의 사실을 근거로 "전업 종사원에 대한 노무비는 본건 조합의 이익 유무 내지 그 다과와는 무관하게 결정되고 지불되어지고 있었다고 보는 것이 상당하다"고 해서 항소심 판결을 파기했다.

이 판결이 나온 다음의 평석으로서, 일본 민법 제671조에는 조합의 업무를 집행하는 조합원에 대해 위임에 관한 규정을 준용하고 있고, 이 규정 가운데 수임자의 보수청구권이 포함되어 있을 뿐만 아니라 "다른 조합원은 업무집행자에 대해서 보수를 지불하지 않아도 좋지만 특약으로 이것을 정한 때는 지불하지 않으면 안 된다"[17]라고 해석되고 있으므로, 계약에 따라 업무집행 조합원이 조합업무의 집행을 위임받은 것에 대해서 보수를 청구하는 것이 가능하다는 해석이 있고,[18] 따라서 민법상으로는 '노무의 제공에 대한 보수'와 '노무출자에 대한 손익분배'를 구분하는 것이 가능하다. 또한 항소심 판결에 대해서 "민법상 조합원에 의한 재산 또는 노무의 제공과 당해 조합원으로의 금전의 지불 등을 모든 출자와 그것에의 손익분배로 정하지 않으면 안 되는 이유는 없다"[19]라든가 "민법상 조합이 조합원과 고용계약을 체결하는 것과 그것을 세법상 어떻게 취급할까는 다른 수준의 이야기이고,

---

17) 森泉章, 『新版註釋民法(17) 債權(8)』, 有斐閣(2003), 121頁
18) 高橋祐介, 前揭論文(이 책 131쪽·주60), 111頁
19) 佐藤英雄, "民法上の組合の組合員が受ける『給與』の所得分類", ジュリスト 1189号, 123頁

고용계약이 체결 가능한가 여부에서 사업소득/급여소득을 구분하는 것은 직접 관계가 없다"[20]라고 하는 등 항소심 판결을 비판하면서 최고재판소 판결을 지지하는 경향이 뚜렷하며 반대의 입장을 찾기가 어렵다.

IV. 우리나라의 경우

1. 공동사업장 과세제도하에서의 대응

동업기업 과세제도가 도입되기 전에는 일본과 마찬가지로 우리나라도 법령에 명시적 규정을 두지 않고 해석에 의존해 오고 있었는데, 행정해석과 판례에 따라 공동사업자와 공동사업장 간의 고용계약관계나 임대차계약관계는 인정되지 않는 것으로 판단된다.

먼저, 공동사업자에 대한 급여나 이자의 지급은 필요경비에 산입하지 않는 것으로 본다. ①공동사업자 중 1인에게 경영에 참가한 대가로 급료명목의 보수를 지급한 때에는 당해 공동사업자의 소득분배로 보고 그 공동사업자의 분배소득에 가산한다. ②출자지분에 따라 배분되는 소득금액 외에 추가로 지급받는 약정이자는 당해 공동사업장의 소득금액 계산에 있어서 필요경비에 산입하지 아니하고, 이를 지급받는 공동사업자에 대한 소득분배로 보고 당해 공동사업자의 소득분배금에 가산한다. ③공동사업자에게 지급한 강의수당은 당해 공동사업장의 소득금액계산에 있어서 필요경비에 산입하지 아니한다. 특히 위 ①과 ③은 근로소득으로 볼 것인지 아니면 사업소득으로 볼 것인지 문제와 관련, 문제가 된 사안들에서는 소득의 성격을 사업소득으로 보고 있다.[21]

---

20) 長谷部啓, 前揭論文(이 책 12쪽·주2), 138頁

21) 소득세법기본통칙 43-1, 소득46011-2905(1999.7.23.), 소득46011-407(2000.3.30.)

이에 반해, 공동사업자 중 1인이 소유한 건물을 임차하여 공동사업을 영위하는 당해 공동사업장은 1거주자로 보며, 이 경우 당해 공동사업장이 지출한 임차료는 공동사업장의 필요경비에 산입한다고 보아, 건물 등의 임대차에 있어서 위에서와 같은 일반적인 원칙에 대한 예외를 인정하는 행정해석[22]이 있었으나, 그 이후 대법원은 조합원이 조합에 토지를 제공한 다음 조합으로부터 배분받는 해당 토지의 임대료 상당액은 부동산 임대소득이 아닌 사업소득으로 보았다. 결국 위 노무제공에 대한 보수와 마찬가지로 부동산 제공에 따른 대가 또한 소득분배로 파악하였다.[23]

2. 동업기업 과세제도에서의 대응

공동사업장 과세제도상의 위와 같은 과세당국 및 법원의 입장은 조세특례제한법에 따라 새로 도입한 동업기업 과세제도에서 크게 변화를 겪게 되었다. 새로운 제도에 따르면, 동업자와 동업기업간의 출자나 분배와 같은 거래뿐만 아니라 자산의 임대, 자금의 대여, 용역(노무)의 제공 등을 제3자간의 독립적 거래에 준하여 수행할 수 있다는 현실적 측면 및 위에서 살펴본 미국과 일본의 입법례 및 판례의 경향을 고려하여 이러한 독립적인 거래를 세제상으로도 인정하게 되었다. 이에 따라 동업자가 동업기업으로부터 얻은 손익이 동업기업의 소득과 관계없이 결정되는 경우는 비동업자의 자격에서 제3자간의 독립된 거래로 인정하고 동업자와 동업기업은 해당 과세연도의 소득금액을 계산할 때 그 거래에서 발생하는 수익 또는 손비를 익금 또는 손금에 산입하도록 했다.[24] 다만, 조세회피를 방지하기 위해 동업기업과 동업자가

등 참조

22) 소득46011-3077(1997.11.29.)

23) 대법원 2005.3.11. 선고 2004두1261 판결. 이 판결의 상세한 설명은 이창희, 앞의 책(이 책 40쪽·주45), 554쪽 참조.

24) 조세특례제한법 제100조의19 제1항

소득을 부당하게 감소시킨 것으로 인정되는 경우에는 동업기업과 동업자를 특수관계로 보아 법인세법상 부당행위계산부인규정을 준용하도록 했다.[25]

한편, 동업기업과 동업자간의 독립적인 거래란 동업자가 동업기업으로부터 얻는 거래대가가 동업기업의 소득과 관계없이 해당 거래를 통하여 공급되는 재화 또는 용역의 가치에 따라 결정되는 경우로서 다음의 거래를 말한다.[26]

> ① 동업자가 동업기업에 재화를 양도하거나 동업기업으로부터 재화를 양수하는 거래,
> ② 동업자가 동업기업에 금전, 그 밖의 자산을 대부하거나 임대하는 거래 또는 동업기업으로부터 금전, 그 밖의 자산을 차입하거나 임차하는 거래,
> ③ 동업자가 동업기업에 용역(해당 동업기업이 영위하는 사업에 해당하는 용역은 제외)을 제공하는 거래 또는 동업기업으로부터 용역을 제공받는 거래를 포함

상기 ③과 관련하여(특히 괄호 안의 문언), 제빵업을 영위하는 동업기업의 동업자가 제빵 역무를 제공하고 대가를 받는 경우에는 동 역무는 이 동업기업이 영위하는 사업에 해당하는 용역에 해당하므로 출자에 대한 분배로서 사업소득으로 보아야 한다.[27] 원래 제도 도입단계에서는 동업자의 근로소득으로 보고 동업기업에 대해서는 비용공제를 허용하는 방안이 유력하였지만[28] 마지막 입법단계에서 변경되었다.

---

25) 조세특례제한법 제100조의19 제2항
26) 조세특례제한법 시행령 제100조의20
27) 이태로·한만수, 앞의 책(이 책 103쪽·주35), 567쪽 참조.
28) TF案(이 책 78쪽·주40), 75쪽.

3. 평가와 비판

동업기업 과세제도를 설계하면서 동업기업에 어느 정도의 실체성을 인정하면서 동업자와 동업기업간의 거래를 제3자 간의 독립적 거래로 구성이 가능하도록 허용한 것은 미국과 일본의 입법과 해석 례와 일정한 조화를 꾀할 수 있다는 점 외에도 다음과 같은 의미를 부여할 수 있겠다. 즉, 동업기업이 개인기업과 마찬가지로 일종의 완전한 투시의 대상이라기보다는 어느 정도의 실체성이 있음을 부인할 없다는 점 및 동업자 중에는 출자만 하고 사업활동에 적극적으로 참여하지 않는 동업자도 있을 수 있는데 이들의 경우 동업기업과의 관계는 경제적 실질의 관점에서 볼 때 주식회사와 주주간의 관계와 큰 차이가 없다고 할 수 있다는 점 등에 비추어볼 때 주목할 만한 입법상의 태도변화로 평가할 수 있겠다.

하지만 현행 조세특례제한법상의 규정은 다음과 같은 문제점과 한계를 안고 있다.

가장 중요한 비판으로서, 조세특례제한법에서 동업자가 비동업자 자격에서 독립적으로 동업기업과 거래할 수 있다고 정하였음에도 불구하고, 같은 법 시행령에서 동업자가 "동업기업이 영위하는 사업에 해당하는 용역"을 이러한 독립적인 거래대상에서 제외한 점을 들 수 있다. 즉, 동업자-동업기업 간의 거래에 대한 과세효과를 설계하는데 있어서, 총론에서는 동업기업의 실체성을 원칙적으로 인정하면서도 그 각론에서는 동업자-동업기업 간 거래에 있어서 가장 빈발하고 중요한 부분이라 할 수 있는 동업기업의 해당 영업과 관련된 용역(노무)의 제공에 대해서 명시적으로 독립적 거래에서 배제하는 결과를 초래한 것으로 평가된다. 따라서 이 점, 즉 "동업기업의 해당 영업 용역 제공"에 대하여, 공동사업장 과세제도 하에서 행정해석으로 유지되어 오던 독립적 거래 부인 원칙이 동업기업 과세제도 하에서 입법적으로 명백히 부인됨으로써 동업자-동업기업 간 거래에 대한 과세상의 경직성이 오히려 더욱 강화되었다는 비판을 면하기 어렵다. 일본의 「사과생산조합사건」의 사실관계에 우리나라의 동업기업 과세제도의 규정을 적용하면 일본의 최고재판소 판결과는 완전히 상반된 결론에 이르게 되며(조합원이 사과생산이라는 조합의 영업에 해당하는 용역을 제공하였으므로), 그토록 많은 비판을 받아왔던 이 사건의 항소심 판결과 똑같은 결론에 이르게 된다는 점에 주목할 필요가 있겠다.

이렇듯 현행 동업기업 과세제도는 동업자-동업기업 간 거래에서 비동업자 자격을 인정하는데 경직된 태도를 취하고 있다. 그 주된 요인으로는, 이러한 거래를 통하여 동업자들간의 합의로써 사업소득을 근로소득으로 쉽게 전환할 수 있고 동업기업은 이를 비용으로 공제받음에 따라 사업체 단계의 소득을 최소화시킬 수 있는 유인을 제공하기 때문에 이를 방지할 필요가 있다는 점에서 찾을 수 있다.[29] 하지만 동업자가 비동업자 자격에서 제공한 용역의 대가가 법인세법 또는 소득세법상의 자본화(capitalization) 요건[30]을 갖춘 경우(이는 위 미국의 경우에서 살펴본 가장지급의 사례와 정확히 일치한다)에는 '배분 몫'의 분배, 즉 사업소득으로 과세하는 것이 아니라 근로소득으로 과세하는 것이 오히려 세수측면에서 보다 유리한 결과[31]가 되는데, 이는 현행 규정에 대한 입법자의 의도와는 반대의 결과인 것으로 판단된다. 다만 우리나라의 법인세제 및 사업소득세제상 자본화 요건이 미국이나 일본의 경우보다 그 범위가 협소하므로[32] 이러한 자본적 지출 또는 자본화 요건을 이용한 남용가능성은 그다지 크지 않다고 할 수도 있겠다. 그러나 문제의 본질은 동업자-동

---

29) 이와 함께 대가를 받는 동업자의 경우 근로소득 공제가 가능한 점도 지적할 수 있다. 同旨, 金子宏, 前揭書(이 책 62쪽·주1), 398頁

30) 법인세법 시행령 제19조 제1호, 소득세법 시행령 제55조

31) 동업기업 입장에서 당기 비용공제가 불가하므로 동업자의 사업소득 일실이 없다는 점을 상기하라.

32) 자산의 기준가액에 포함되는 비용의 범위에 대한 미국의 uniform capitalization rule(IRC §263A)과 우리나라의 비교법적 논의에 대해서는 이창희, 앞의 책(주23), 782-784쪽 참조.

업기업간의 거래와 그 대가의 성격을 세법의 규정을 통해 어느 한 쪽으로 강제 분류한다고 해서 그 남용가능성이 제거되지 않는다는 점이다. 이런 측면에서 현행법의 규정은 동업자-동업기업 간 거래형태 및 거래목적의 다양성과 이를 통한 동업기업의 활성화라는 보다 근원적인 정책적 지향점을 무시하고 과세행정상의 편의만을 좇은 입법태도라는 비판을 면하기는 어렵다.

또한, 조세회피를 방지하기 위해 동업자와 동업기업이 소득을 부당하게 감소시킨 것으로 인정되는 경우에는 동업기업과 동업자를 특수관계로 보아 법인세법 제52조의 부당행위계산부인 규정을 준용하도록 정하고 있는데,[33] 이 또한 이 문제로 인한 조세회피의 우려를 불식시키기에 충분하다고 보기는 어렵다. 즉, 동업자-동업기업간의 거래를 통한 조세전략(tax planning)은 동업자-동업기업 간의 손익이나 각종 조세특성의 이전 또는 전환만을 노리는 것이 아니고 동업기업에는 조세상 지위의 변화를 일으키지 않으면서 동업자들 간의 손익의 이전이 있거나 특정 동업자만이 조세상 이득을 얻는 경우가 있을 수 있는데 이 경우에까지 부당행위계산부인 규정을 적용하여 거래를 재구성하는 데는 분명히 한계가 있다. 즉, 다액의 양도차손을 보유한 동업자가 상당한 내재이익을 가진 자산을 매매의 형식으로 동업기업에 이전하여 이 때 실현한 이익을 양도차손과 통산한[34] 다음 동업기업이 이를 다시 출자 동업자에게 분배의 형식으로 재이전하는 경우[35] 동업기업이나 타동업자에게는 아무런 경제적 효과를 미치지 않으면서 출자 동업자만이 해당 자산의 내재이익을 조기 실현함으로써 양도소득세를 줄이는 효과를 누리게 되는데 이런 형태의 거래에 법인세법 제52조에 따른 부당행위계산부인 규정이나 무상증여 규정을 적용할 수 있을지는 매우 회의적이다.[36]

---

33) 조세특례제한법 제100조의19 제2항

34) 양도차손의 통산에 대해서는 소득세법 제102조 제2항 및 같은 법 시행령 제167조의2 제1항 참조.

35) 이는 위에서 살펴본 미국의 IRC §707(a)(2)(B)가 규제하는 가장매매(disguised sales)에 유사한 형태가 될 것이다. 상기 각주 7 참조.

V. 소결

이상의 논의를 종합하여 결론을 내리자면,

파트너-파트너십 간의 거래를 그 성격에 따라 출자자-출자기업 간의 자본거래의 성격과 독립적인 제3자간의 손익거래의 성격으로 양분해서 사고할 수 있는가 하는 문제에 대하여 미국과 일본의 경우 사법상으로 뿐만 아니라 세법상으로도 이러한 양자의 병립이 가능하다는데 큰 이의가 없다. 우리나라의 경우도 근로소득과 사업소득의 구분기준이 불분명하지만, 결국 이에 대한 판단은 공동사업자 또는 동업자가 근로기준법상 근로자에 해당할 수 있겠는가 여부에 대한 판단으로 귀결된다. 이 문제에 대해 행정해석과 판례는 오랫동안 독립적인 제3자로서의 지위를 인정하는데 매우 소극적인 태도를 보여왔다. 하지만 사법상으로는 "근로기준법상의 근로자에 해당하는지 여부는 그 계약이 민법상의 고용계약이든 또는 도급계약이든 위임계약이든 그 계약의 형식에 관계없이 그 실질에 있어 근로자가 사업 또는 사업장에 임금을 목적으로 종속적인 관계에서 사용자에게 근로를 제공하였는지 여부에 따라 결정되는 것"이라 하고,[37] 임원의 보수를 근로소득으로 정하고 있는 점[38] 등에 비추어볼 때, 동업자(공동사업자)의 비동업자(비공동사업자) 자격에서의 독립적 거래를 사법상의 성격으로부터 당연히 배제된다고 볼 수는 없겠다.

위와 같은 해석은 비교법적으로 미국의 경우 Subchapter K 제정 당시부터 다른 분야에서와는 달리 파트너-파트너십 간의 거래에 있어서는 유독 실체

36) 물론 조세특례제한법 제100조의19 제2항에서 법인세법 제52조뿐만 아니라 양도소득에 대한 부당행위계산을 정한 소득세법 제101조를 함께 준용하고 있다면 이 사안의 결론은 달라질 수 있을 것이다. 하지만 이러한 입법적 보완만으로 남용가능성이 모두 제거될 수 있을지는 미지수다.

37) 대법원 2002.7.12. 선고 2001도5995 판결

38) 소득세법 제20조 제1항 제1호

적 접근방식을 전면적으로 채택하고 있음을 입법취지에서 적고 있고, 전통적으로 집합적 접근방식에 충실한 조합과세 제도를 운용해 오던 일본의 경우에도 행정해석 및 법원의 판례를 통해 조합원의 독립적 제3자 입장에서의 조합과의 거래를 정면으로 인정하는 태도와도 일맥상통한다고 보아야 할 것이다.

이러한 점에 비추어볼 때, 동업기업 과세제도에서 동업자-동업기업 간의 독립적인 제3자간의 거래를 허용한 점은 바람직하다. 하지만, 동업기업의 해당 영업에 대한 용역을 이러한 제3자간 거래에서 제외한 점은 사법상 허용되는 비동업자 자격에서의 거래에 대하여 세법상 동업자 자격의 거래로 파악하여 과세상 효과를 부여하는 것은 논리적 합리성의 측면에서나 이를 통한 조세회피 방지의 실효성 측면에서 문제가 있으며 입법상 재고가 필요해 보인다. 결국 사법상 허용되는 거래의 형식을 존중하는 형태로 세법상 효과를 부여하되, 이로 인한 구체적인 남용방지 규정을 마련해 가는 것이 바람직해 보인다. 이 때 미국의 가장지급, 보장된 지급 및 가장매매에 대한 규제 규정 등이 참고가 될 수 있을 것이다.

제5절 지분의 양도에 따른 과세문제

I. 개설

파트너십 지분의 매각을 둘러싼 과세문제는 크게 양도인의 입장에서 양도에 따른 손익의 성격을 어떻게 볼 것인가? 즉, 양도되는 지분을 회사의 주식처럼 하나의 독립된 자본적 자산으로 보아 양도차손익으로 과세할 것인가(실체적 접근)? 아니면 이 지분이 표상하는 파트너십 각 자산에 대한 양도파트너의 지분 몫의 양도에 따른 손익으로 볼 것인가(집합적 접근)라는 문제이다. 이러한 실체적 접근과 집합적 접근의 대립은 파트너십 지분의 양도인뿐만 아니라 양수인의 입장에서도 문제가 된다. 즉 새로 취득하는 양수인의 지분가액(outside basis)을 매입원가로 잡는다고 하더라도, 지분매각에 따라 실현되어 이미 과세된 파트너십 자산에 대한 양수인 지분 몫의 파트너십의 내부기준가액(inside basis)의 조정을 허용할 것인가(집합적 접근), 말 것인가(실체적 접근)? 이러한 조정을 허용한다면 이를 강제할 것인가, 아니면 양수인의 선택에 맞길 것인가? 이와 같은 복잡한 문제가 발생한다.

이러한 문제를 해결하는데 있어 완전한 실체적 접근만으로 일관한다면, 양도인 입장에서 파트너십을 이용한 소득유형의 전환이 손쉬워질 뿐만 아니라 양수인 측면에서도 지분 매각에 따라 이미 과세된 부분에 대하여 추후 파트너십의 자산 매각 시 이중과세되는 문제가 발생하게 된다. 하지만 그렇다고 완전한 집합적 접근을 취한다면 이러한 문제는 해결할 수 있겠지만 납세의무자 입장이나 과세당국 입장에서 각 자산별로 각 파트너의 세무상 기준가액과 보유기간 등을 별도로 관리해야 하는 도저히 감당할 수 없는 행정상의 부담을 야기할 수 있다.

결국 파트너십 지분의 양도 문제에 있어서도 이러한 실체적 접근과 집합적 접근 간의 일정한 혼합을 통한 조화노력이 불가피하다. 이 점에 있어서 미국의 경우 오랜 역사적 경험과 시행착오를 거쳐 오늘날에는 원칙적으로 실체적 접근을 취하면서(IRC §741) 지분의 양도 시에 발생한 개개의 파트너십 자산의 내재손익에 대해서는 제한적으로 집합적 접근을 취하는 방법(IRC §751에 따른 통상손익 강제원칙 및 IRC §754에 따른 양수인의 내부기준가액 조정 선택권)을 혼합하여 매우 정교한 방법으로 이 문제를 해결하고 있는 것으로 평가된다.

한편 일본은 이 점에 대하여 아무런 법령상의 규정을 두고 있지 않으면서 해석에 의해 조합의 사법상 성격을 좇아 집합적 방식을 취한 것으로 판단되며, 우리나라의 경우 종래 일본과 같이 명문의 입법 규정 없이 공동사업장 과세제도 하에서는 행정해석에 의해 집합적 접근방식이 적용되어 오다가 동업기업 과세제도 하에서는 미국식의 실체적 접근방식이 명문으로 입법되기에 이르렀으나 그 구체적인 과세효과에 대해서는 여전히 많은 의문과 해석의 여지가 남아있는 것으로 평가된다.

이러한 사정을 고려하여 본 절에서는 파트너십 지위의 양도에 대한 미국의 과세규칙들을 위주로 과세상의 문제점들을 살펴본 다음 일본의 논의와 우리나라의 입법적 시사점을 차례로 검토해 보기로 한다.

II. 미국의 경우

1. 양도파트너에 대한 조세효과

가. 손익특성의 전환 가능성과 그 대책

일반적으로 미국 IRC에 따른 소득은 통상소득(손실)과 자본이득(손실)으로 구분된다. 개인의 경우 통상소득은 최고세율 35% 과세되지만 장기자본이득은 최고세율 15%로 과세된다.[1] 법인의 경우는 통상소득과 자본이득 모두 최고세율 35%로 과세된다.[2] 또한 자본손실은 자본이득의 범위에서만 공제가 가능하다(개인의 경우에는 자본이득이 없더라도 최저 $3,000의 공제가 인정되고 있다).[3] 이와 같은 취급 하에서 납세의무자는 일반적으로 통상소득(자본손실)보다는 자본이득(통상손실)을 선호하므로 통상소득(자본손실)을 자본이득(통상손실)으로 전환(conversion)하고자 하는 동기가 생긴다.

어느 이익이 자본이득인지 통상소득인지는 그 이익이 자본적 자산(capital asset)의 매각 또는 교환으로부터 생기는지 여부에 따르지만, 어느 자산이 자본적 자산인지 여부는 그 자산을 납세의무자가 어떻게 취급하고 있을까에 달려 있다.[4] 한편, 파트너십은 납세의무자는 아니지만 소득계산상은 납세의무자와 같이 취급되므로[5] 파트너십이 얻은 소득이 자본이득인지 여부 또는 파트너십이 가진 자산이 자본적 자산인지 여부는 파트너십이 어떻게 그 자산을 취급하고 있었는지에 달려있다. 따라서 파트너십에 있어서는 자본적 자산이 아니었던 자산이 파트너의 지분에 대한 자본적 자산 취급에 따라 지분의 매각 시 파트너 수중에서는 자본적 자산으로 전환될 가능성이 있다.

---

1) IRC §1
2) IRC §11(b), §1201(a)
3) IRC §1211
4) IRC §1221
5) IRC §701; IRC §703(a)

납세의무자(파트너)는 이와 같은 상황을 이용해서 파트너십에 있어서 통상소득을 파트너 지분의 양도를 통해서 자본이득으로 전환하고자 하는 동기가 생긴다. 하지만 Subchapter K는 파트너의 지분양도가 있더라도 파트너십 수중에서의 통상소득의 성질을 그대로 파트너에게 승계시키는 방법으로 이러한 동기를 제거하고자 하는데, 이 규정이 IRC §751 해산예정파트너십 조항이다.

나. IRC §741 자본손익 및 IRC §751 해산예정파트너십 조항의 내용

이 문제에 대한 Subchapter K의 대응에 대한 고찰은 IRC §741로 시작하는데, 이에 따르면 파트너십 지분의 매각이나 교환에 따른 손익은 자본자산의 매각에 따른 손익으로 간주함으로써 원칙적으로 실체적 접근을 채택하였다. 그러나 파트너십 지분의 매각에 대한 이러한 자본이득 취급은 만일 파트너십이 매각하는 경우 통상소득을 낳는 재고자산이나 매출채권 같은 자산을 보유한다면 통상소득을 자본이득으로 전환할 수 있도록 함으로써 역사적으로 납세의무자들에게 상당한 남용의 기회를 제공하였다. 이렇게 파트너십의 통상소득을 파트너의 자본이득으로 전환할 가능성을 봉쇄하기 위해 양도파트너가 받은 금액이 미실현매출채권(unrealized receivables) 또는 재고자산(inventory items)에 귀속되는 범위에서 IRC §741은 IRC §751(a)에게 양보함으로써 실체적 접근은 집합적 접근에 일정한 양보를 하게 된다.[6] 이 두 규정

6) IRC §741은 1954년 개정 IRC부터 규정되었는데, 그 이전에는 파트너십 지분의 매각에 대해서 실체적 접근과 집합적 접근 중 어느 것이 적용될지 여부가 불분명한 가운데 판례는 일반적으로 실체적 접근을 채용하고 있었던 것 같다. 납세의무자가 실체적 접근을 주장했던 사건으로, Long v. Comm'r, 173 F.2d 471 (5th Cir. 1949); Hatch's Estate v. Comm'r, 198 F.2d (9th Cir. 1952), IRS가 실체적 접근을 주장한 사례로, Pursglove v. Comm'r, 20 T.C. 68 (1953). 결국 IRS도 1950년 이러한 실체적 입장을 용인하였다. Gen. Couns. Mem. 26370, 1950-1 C.B. 58, 59, *declared obsolete* by Rev. Rul. 67-406, 1967-2 C.B. 420.

의 상호 보완적 기능은 양도파트너가 그의 지분 전체를 처분하거나 일부 지분만을 처분하는지에 상관없이 적용된다.

이러한 수정된 실체적 접근을 적용하는데 있어서 양도파트너는 먼저 자본적 자산의 양도에 따른 손익계산 원칙을 정한 IRC §1001(a)에 따라 매각에 따른 총 실현 손익을 계산해야 하는데, 이는 지분매각에 따라 파트너가 실현한 금액에서 매각된 파트너십 지분의 장부상 기준가액(즉, 지분가액) 간의 차이를 말한다. 이 때, Crane 원칙[7]에 따라 파트너십 부채에 대한 양도파트너의 몫은 실현된 금액에 포함된다.[8] 또한 이 때 양도인의 지분가액은 매각일이 속하는 과세연도 始期부터 매각일까지의 파트너십 손익에 대한 그 양도

다만 IRS는 이 Memo에서 파트너십이 과거 제공한 서비스에 대한 수익의 분배할당액을 표상하는 부분은 그 지분의 매각에서 온 수입금액은 아니고 통상소득으로서 취급되어야 한다고 기술하고, 판례도 이 입장을 지지한 바 있다(Trousdale v. Comm'r, 219 F.2d 563 (9th Cir. 1955). 그러나 Swiren v. Comm'r, 183 F.2d 656 (7th Cir. 1950)과 같이 지분을 단일의 자본적 자산으로 본다고 하는 입장에 입각해서 과거의 서비스에 대한 미수금에 귀속하는 부분도 파트너십 지분의 매각수입금액의 일부를 구성함으로써 매각 시의 이익을 (이 미수금에 귀속하는 부분도 포함해서) 전액 자본이익으로 판시한 사건도 있었다. 의회는, 파트너십 지분의 매각교환을 하나의 자본적 자산의 매각교환으로 보아 이러한 판례의 움직임을 제정법화 하였다(H.R. Rep. No. 83-1337, at 70 (1954); S. Rep. No. 83-1622, at 96 (1954)). 그러나 후술하는 바와 같이, 이와 같은 파트너십 지분을 하나의 자본적 자산으로 본 경우에는 통상소득의 자본이득으로의 전환의 문제가 생기므로 연방의회는 IRC §751을 제정한 것이다. 1954년 IRC 제정 전의 판례의 동향과 IRC §741 및 §751의 제정 연혁에 대한 논문으로, Dale E. Anderson & Melvin A. Coffee, "Proposed Revision of Partner and Partnership Taxation; Analysis of the Report of the Advisory Group on Subchapter K (2d Installment)", 15 Tax L. Rev. 497, 498 (1960); J. Paul Jackson, Mark P. Johnson, Stanley S. Surrey & William C. Warren, "A Proposed Revision of The Federal Income Tax Treatment of Partnerships and Partner-ALI Draft", 9 Tax. L. Rev. 109 144-147 (1954) 참조.

7) Crane v. Commissioner, 331 U.S. 1, (1947). 본 장 제2절 제IV항 (특히 137쪽·주74) 참조.

8) IRC §752(d)

인의 배분 몫을 반영하여 조정된 그의 지분가액이다.[9]

위와 같이 양도인의 총 실현손익을 계산한 다음 단계로서, 실현이익 중 어느 부분을 IRC §751(a)에 따라 통상소득으로 분류할 것인지를 결정하는 것이다. 그러한 계산식을 적용하기 전에 먼저 IRC §751에 정한 자산(이하 "§751 자산"이라 하며, 그 밖의 자산을 "비§751 자산"이라 함)의 유형을 살펴보자.

§751 자산은 "미실현매출채권"과 "재고자산"을 포함한다. 먼저 "미실현매출채권"은 일반적으로 파트너십이 공급한 재화와 용역에 대한 청구권으로서 과거 파트너십 소득에 포함되지 않았던 것을 말하는데,[10] 재화의 경우 판매대금은 비자본자산의 매각 또는 교환으로부터 받은 것으로 취급된다. 또한 미실현매출채권은 시가 처분 시 감가상각 또는 기타 과거 비용공제의 환입(recapture)을 야기하는 범위 내에서 단기부채와 일련의 자산을 포함한다. 그 환입 부분은 이러한 자산들의 매각 또는 처분에 따라 통상소득으로 분류되므로 비록 "매출채권"이라는 다소 엉뚱한 이름으로 불리지만 §751 자산에 포함시키고 있다.[11]

IRC §751의 목적상 "재고자산"이란 IRC §1221(a)(1)에 기술된 일반적인 비자본자산의 유형뿐만 아니라 파트너십이 판매할 때 자본자산 또는 IRC §1231 자산으로 간주되지 않는 재산을 포함하여 넓게 정의된다.[12] 그 결과, 어떤 자산은 미실현매출채권이면서 또한 재고자산 모두에 해당될 수 있다. 만일 어느 자산이 §751(a)(1)과 (a)(2) 모두에 해당한다면 이는 오로지 한번만 과세될 것이다.

다음으로 양도파트너의 손익계산을 살펴보기로 한다. 만일 실현된 금액의

9) IRC §705(a)
10) IRC §751(a)(1)
11) Treas. Reg. §1.751-1(c)(4) & (5). 감가상각 자산의 매각에 따른 감가상각 환입을 통상소득으로 구분하는 규정으로서 IRC §1245 참조. 이 책 제3장 제2절 제II항의 1.-나.의 각주 19 참조.
12) IRC §751(a)(2)

일부가 §751 자산에 귀속될 때의 조세효과는 만일 그 파트너십이 보유하는 모든 재산을 시가로 현금을 받으면서 완전 과세거래를 통해 처분한다면 그 양도파트너에게 배분되었을 §751 자산으로부터의 손익금액을 결정하는 것에 의해 통상손익과 자본손익으로 각각 양분된다. 이러한 가정적 매각(hypothetical sale)에서 §751 자산으로부터의 손익에 대한 양도파트너의 몫은 특별배분 및 구제적 배분을 포함하여 IRC §704(c)에 따라 요구되는 배분을 함께 고려하여야 하며,[13] 이렇게 §751 자산에 귀속되는 손익은 통상손익이 된다.

IRC §751(a)에 따른 손익을 결정한 다음에 마지막 단계는 양도파트너의 총손익과 IRC §751(a)에 따라 결정된 통상손익 간의 차액을 결정하는 것이다. 그 차액은 파트너십 지분의 매각에 따른 양도파트너의 IRC §741 자본손익이다. 이것은 차감 방식의 순액계산 과정이므로 그 양도인은 IRC §751(a)에 따른 이득을 가지면서 IRC §741에 따른 손실을 가지는 것이 가능하며, 그 반대도 마찬가지로 가능하다.

다. 예제

위와 같은 과정을 요약하면, IRC §751의 적용은 다음의 3가지의 단계로 나뉘어 행해진다. 즉, ①지분매각에 따른 총 실현액에서 총 손익금액을 계산(총 실현액 - 지분가액) → ②파트너십 모든 자산에 대한 가정적 매각을 통한 §751 자산에 귀속되는 통상손익을 계산 → ③§751 자산 이외에로 귀속하는 자본손익을 계산 등의 절차로 진행된다.[14]

---

13) Treas. Reg. §1.751-1(a)(2)

14) 이러한 IRC §751 규정을 '해산예정파트너십(collapsible partnership)'이라 하는데, 이 말은, IRC §341의 해산예정회사(collapsible corporation)라는 말에서 유래한다. 1986년에 General Utilities 원칙(General Utilities & Operating Co. v. Helvering, 296 U.S. 200 (1935))이 폐지되고 IRC §311(비청산분배의 경우) 및 IRC §336(청산분배)이 개정될 때까지, 자산의 현물분배 시에, 회사는 현물분배된 자산의 내재이익을 인식하

단순한 예를 들면,[15] 동등지분 ABC(파)가 다음과 같은 재무상태표를 가지고 있을 때, A가 자기의 파트너십 지분을 $100에 D에 매각한 경우 A의 손익을 살펴보자.

자산	inside basis	시 가	자본	outside basis	시 가
재고자산	100	130	A	50	100
부동산	50	170	B	50	100
	___	___	C	50	100
	150	300		150	300

① 총 실현손익의 계산: A의 총이득은 총실현금액 $100 − 지분가액 $50 = $50

② IRC §751 통상소득 계산: ($130 − $100)×1/3=$10

③ IRC §741 자본이득 계산: 총 실현이익($50) − IRC §751 통상소득($10) = $40

지 않았다. 그 때문에 장래 통상소득을 발생시키는 자산을 회사가 보유하고 있는 경우, 그 자산을 분배하는 것에 의해, 회사 측에서는 내재이익에 대해서 과세가 되지 않고, 주주 측에서는 주식의 기준가액(원가)과 자산의 시가의 차액을 자본이익으로서 신고하는 것이 가능했다(IRC §§301(c), 331). 분배자산의 기준가액은 시가로 된다(IRC §§301(d), 334). 따라서 장래의 통상소득에 대해서 회사 측의 과세를 피하면서 주주 측에서는, 직접 자산을 보유하고 있으면 통상소득이었던 것을 회사를 사용하여 자본이득으로 전환하는 것이 가능했다. 이와 같은 결과는 주식을 양도하는 경우에도 달성될 수 있는데, 주식의 양도인은 장래의 통상소득을 자본이득으로 전환하고, 양수인은 그 후 회사를 청산해서 자산을 취득해도 손익을 인식하지 않게 된다. 이 문제에 대처하기 위해서, 소위 해산예정회사 조항인 IRC §341이 제정되었던 것이다. 해산예정회사라는 명칭은 조세회피목적이 달성되면 곧바로 해산될 예정이기 때문에(그렇게 하지 않는 경우도 있지만) 붙여진 명칭인데(이상의 논의에 대해서는, Bittker & Eustice(이 책 110쪽·주3), ¶10.61 참조), IRC §751의 제정 연혁과 매우 흡사하다. Donald C. Alexander, "Collapsible Partnerships", 19 Inst. On Fed. Tax'n 257(1961), pp.258-259 & note 9 참조.

15) Laura Cunningham & Noel Cunningham(이 책 112쪽·주8), p.144의 Example 1 참조.

2. 양수파트너에 대한 조세효과

가. 일반원칙 (IRC §742)

양수파트너에 대한 조세효과를 다루는 일반원칙은 파트너십 과세에 대한 실체적 접근을 채택하는데, IRC §742에 따르면 파트너는 매입해서 취득한 파트너십 지분에 대하여 기준가액을 가지며 이 목적상 기준가액에는 파트너십 부채에 대한 그 파트너의 몫을 포함한다.[16)]

나. 내부기준가액 조정 선택권 (IRC §754)

위와 같은 일반원칙은 단지 그 파트너의 지분가액(outside basis)에만 관련이 있을 뿐이며 파트너십의 내부기준가액(inside basis)에 대한 원칙은 매우 복잡하다. 예를 들어,[17)] Mr. Buyer가 장부가 0인 $90,000의 매출채권 및 $30,000의 기타 자산을 보유하면서 현금주의 방식과 曆年의 과세연도를 택하고 있는 어느 역무(service) 파트너십에 대한 지분 1/3을 구매했다고 가정하자. 12월 20일에 Buyer는 그 지분의 대가로 $40,000을 지급하고, 따라서 $40,000의 지분가액을 가진다. 사실, 그는 매출채권의 1/3에 대해 $30,000을, 그리고 기타 자산의 1/3에 대해 $10,000을 지급한 것이다. 다음 해 1월 1일에 모든 매출채권이 파트너십에 의해 회수된다고 하면 실제로 Buyer가 이 회수로 인해 아무런 소득을 가지지 않는다고 말하는 것이 맞다. 결국 Buyer는 매출채권에서의 그의 지분에 대하여 $30,000을 지급했고, 그 회수는 단순히 자본의 회수에 불과하기 때문이다. 하지만 문제는 IRC §743(a)에 의해 파트너십 자산의 내부기준가액(inside basis)은 파트너십 지분양도의 결과로써 조정되지 않는다는 점에 있다. 따라서 그 파트너십은 매출채권이 회수될 때

16) IRC §752(d)

17) Stephen A. Lind(이 책 42쪽·주48), pp.273-275의 사례 참조.

$90,000의 통상소득을 가지며, Buyer를 포함한 각 파트너는 1/3의 배분 몫인 $30,000의 통상소득에 대해 과세된다. 이러한 결과는 비록 Buyer가 매출채권에 대한 그의 몫에 대해 $30,000을 지급하고 그 회수에 따라 아무런 실제의 이득을 갖지 않더라도 마찬가지로 발생한다.

이러한 과세상의 왜곡은 영구적이지 않고 일시적인데, 왜냐하면 Buyer는 IRC §705(a)(1)(A)에 따라 파트너십 소득에 대한 그의 $30,000의 배분 몫만큼 그의 지분가액을 증가시킬 수 있기 때문이다. 즉, 그가 나중에 파트너십 지분을 동일한 시가인 $40,000에 처분한다면, 그는 $30,000의 손실을 보게 됨으로써 과세상의 균형을 회복하게 된다. 그러나 이는 IRC §741에 따라 통상손실이 아니라 자본손실이 되고, 그 손실의 시기 또한 그 매출채권이 소득에 포함된 때보다 훨씬 나중에 발생함으로써 여전히 불합리한 과세상 처우를 받게 된다.

이에 따라 지분 매입일 이전에 파트너십 자산의 비례적인 몫의 가치증가에 대해 양수파트너에 대한 이중과세를 피하기 위해 파트너십은 IRC §754에 따라 IRC §743(b)에 따른 그 자산들의 내부기준가액을 조정할 수 있는 선택을 할 수 있다. 위 사례에서, IRC §743(b) 조정은 Buyer로 하여금 마치 그가 파트너십 지분을 취득할 때 파트너십 자산들에 대한 그의 비례적 몫을 구입했던 것과 마찬가지 입장에 처하도록 하며(즉, 집합적 접근을 적용), 이는 Buyer에게 그 매출채권에 대한 그의 몫에서 ($0이 아닌) $30,000의 개인적인 내부기준가액을 제공한다. 그 매출채권이 회수될 때 다른 파트너들은 그 선택이 없었던 것과 마찬가지로 각자 $30,000에 대해 과세되지만, Buyer는 그의 개인적인 내부기준가액의 상향조정[18]으로 인해 아무런 소득을 실현하지 않게 된다.

---

18) 내부기준가액 조정의 구체적 내용은 아래 마.의 내용 참조.

다. 매각 시 가치하락 자산의 경우

IRC §743(b) 내부기준가액 조정은 매출채권의 회수에 따라 Buyer가 달리 실현하였을 이득을 제거하므로 위 사례에서와 같이 바람직한 과세결과를 낳는다. 그러나 이 규정은 파트너십 자산의 가치가 하락한 경우에도 마찬가지로 파트너십 자산들의 내부기준가액의 하향조정을 요구한다.[19] 즉 파트너십은 내부기준가액에 대한 양도파트너의 비례적 몫이 양수파트너의 지분가액을 초과하는 경우 그 파트너에 대한 자산들의 개별적 내부기준가액을 감소시켜야 한다. 하향 조정금액은 파트너십의 내부기준가액에 대한 양수파트너의 비례적 몫에서 그 파트너의 파트너십 지분의 지분가액을 초과하는 금액이다. 그 결과 양수파트너의 배분 몫은 지분매입 이전에 발생한 파트너십 자산의 가치의 증감을 반영하지 않는다.

라. 강제적 내부기준가액 조정(IRC §743)

위와 같은 방식의 IRC §754 선택권은, ①만일 파트너십 자산이 가치가 증가되어 내재이익을 가지고 있다면 그 선택은 파트너십 소득의 시기 및 성격에서 잠재적으로 불리한 왜곡을 제거하겠지만, ②만일 파트너십 자산이 가치가 하락하여 내재손실이 있는 경우 양수파트너는 파트너십으로 하여금 그러한 선택을 하지 않게 함으로써 유리한 조세회피 전략을 제공한다. 이러한 조세회피행위의 방지를 위해 IRC §743은 만일 파트너십이 그 양도 직후에 '상당한 내재손실(substantial built-in loss)'을 가진다면 파트너십 지분의 양도에 따라 파트너십 재산의 내부기준가액에 대한 조정을 강제한다. 즉, 파트너십은 만일 보유 재산의 내부기준가액이 그 재산의 시가보다 $250,000 이상을 초과한다면 상당한 내재손실을 가진 것으로 본다.

---

19) IRC §743(b)(2)

마. IRC §743(b) 조정의 계산

IRC §743(b) 조정의 목적은 새로운 파트너들에게 파트너십 재산에 대한 그들의 몫에서의 특별한 내부기준가액을 주고 그렇게 하여 마치 그들이 그 자산들을 직접 구매한 것과 같은 입장에 처하도록 하기 위한 것이다. 그 조정을 계산하고 배분하는 과정은 매우 복잡한데, 이를 요약하면,[20]

> ① 조정은 IRC §754에 따라 파트너십이 이러한 선택을 신청하였거나, 파트너십이 '상당한 내재손실'을 가지고 있어야 하며,
> ② 조정금액의 계산: 양수파트너의 지분가액 – '파트너십의 내부기준가액에 대한 양수파트너의 지분 몫'이며(IRC §743(b)),
> ③ 조정금액의 배분: 조정금액은 IRC §755에 따라 파트너십 자산들에 배분되고,
> ④ 조정은 양수파트너에 대해서만 적용되며 다른 파트너들에게는 영향이 없다.

위 ②의 '파트너십 내부기준가액에 대한 양수파트너의 지분 몫'이란 파트너십의 '과거에 과세된 자본(previously taxed capital)'에서의 양수파트너의 지분에 더하여 파트너십 부채에 대한 양수파트너의 몫을 합한 금액과 같고, 파트너십의 '과거에 과세된 자본'에서의 양수파트너의 지분은 파트너십이 그가 보유하는 모든 자산들을 시가의 현금으로 완전한 과세거래로의 가정적 처분시에 받을 현금에 조세상의 손실을 더하고, 그 처분으로부터 그 양수인에게 배분되어질 조세상의 이득을 뺀 금액과 같다.[21]

앞의 예로 돌아가서, Buyer가 원가(기준가액) 0인 $90,000의 매출채권을 가진 파트너십에 대한 1/3 지분을 $30,000에 매입했다고 가정하자. 만일 그 파트너십이 IRC §754 선택권을 유효하게 행사하고 있다면, IRC §743(b) 조정은 Buyer의 지분가액($30,000)과 '파트너십 자산에 대한 파트너십의 내부

---

20) Laura Cunningham & Noel Cunningham, *supra* note 15, p.149 참조.

21) Treas. Reg. §1.743-1(d)(1) & (2)

기준가액 중 Buyer의 몫' 간의 차이가 된다. 모든 파트너십 자산에 대한 가정적 처분의 경우 Buyer는 $30,000의 현금을 받을 것이고 그 거래로부터 $30,000의 조세상 이득을 배분받을 것이다. 파트너십의 과거 과세된 자본에서의 Buyer의 지분 및 파트너십 자산에 대한 파트너십의 내부기준가액 중 그의 몫은 0이 된다(그 파트너십이 가정적 처분 직후에 청산한다면 받을 $30,000－매출채권의 매각에 따라 그 파트너에게 배분될 수 있는 조세상 이득 $30,000). 따라서 IRC §743(b) 조정은 Buyer의 지분가액 $30,000과 파트너십 재산에 대한 파트너십의 장부상 원가 중 그의 몫인 0 간의 차이인 $30,000과 같게 된다. 여기서는 직관적 접근이 정확하고, 총 IRC §743(b) 조정은 Buyer의 지분가액과 파트너십의 0의 내부기준가액에 대한 그의 비례적 몫 간의 차이와 같아진다.

하지만 이러한 산식은 파트너십이 IRC §704(c) 적용을 받는 내재손익을 가진 출자자산을 보유하는 상황에서는 한결 복잡해진다. 만일 파트너가 내재손익이 있는 재산을 파트너십에 출자하고 나중에 그의 파트너십 지분을 양도하면, 내재손익은 그것이 그 양도파트너에게 배분되었어야 하는 것처럼 양수파트너에게 배분된다.[22] 이 원칙은 '파트너십 자산에 대한 파트너십의 장부상 원가 중 양수인 몫'의 계산에서 적용된다. 예를 들어,[23] A는 원가 $400/시가 $1,000의 토지를 출자하고 ABC(파)의 1/3 지분을 받았다고 가정하자. B와 C는 각각 $1,000의 현금을 출자하였다. 토지의 시가가 $1,300이 된 다음 A는 그의 1/3 지분 전체를 IRC §754 선택이 유효한 때에 T에게 $1,100에 팔았다. 파트너십 자산의 가정적 처분의 결과 T에게 배분된 조세상 이득금액은 $700($600의 IRC §704(c) 이득+$300의 추가 이득의 1/3인 $100)이다. 따라서 파트너십의 '과거에 과세된 자본'에 대한 T의 지분은 $400(T가 청산에 따라 받을 현금 $1,100－가정적 처분으로부터의 이득에 대한 T의 몫 $700)이

---

22) Treas. Reg. §1.704-3(a)(7)

23) Treas. Reg. §1.743-1(d)(3) Example 2 참조.

다. 파트너십 자산에 대한 T의 IRC §743(b) 조정은 $700(파트너십 지분에 대한 T의 원가 $1,100 – '파트너십 자산에 대한 파트너십의 내부기준가액 중 T의 몫' $400)이다.

일단 총 IRC §743(b) 조정액이 결정되면 그 조정액은 IRC §755에 따라 파트너십 자산들 가운데 할당되어야 한다. 파트너십은 먼저 그 자산들의 가치를 결정한 다음 (i) 자본자산 및 IRC §1231(b) 자산(이하 "자본이득 자산")과 (ii) 기타 자산(이하 "통상소득 자산")의 2가지 유형으로 나눈다.[24] 다음으로 그 내부기준가액 조정은 양도 직후 모든 파트너십 자산들이 완전한 과세거래에서 시가로 처분된다면 그 양수파트너가 받았을 소득, 이득 또는 손실의 배분(구제적 배분을 포함)을 기초로 자산의 유형 간 및 각 유형 내에서 배분된다.[25] 자본이득 자산에 할당되는 내부기준가액의 감액은 어느 자산에서의 陰(-)의 원가를 만들 수 없다. 따라서 만일 자본이득 자산에 할당된 모든 감액이 그 자산들의 원가를 0으로 줄인다면, 그 초과액은 통상소득 자산의 원가를 줄인다. 즉, 한 유형 내에서 자산의 각 항목에 대한 조정은 IRC §743(b) 조정을 통해 양수파트너에 대한 기준가액과 동일한 금액을 만들도록 고안되었다는 점을 주의할 필요가 있다.[26]

예를 들어,[27] N이 파트너십의 1/3 지분을 $90,000에 매입하고 그 파트너십이 다음과 같은 자산들을 가질 때, $30,000의 IRC §743(b) 조정 권한이 있다고 가정하자.

24) Treas. Reg. §1.755-1(a)
25) Treas. Reg. §1.755-1(b)(1)
26) Treas. Reg. §1.755-1(b)(3)
27) 이 예는 Stephen A. Lind, et al., *supra* note 17, p.278의 사례를 참고한 것이다.

자산	원가	시가
매출채권	$ 0	$ 45,000
재고자산	90,000	105,000
자본자산	30,000	45,000
감가상각자산(미환입)	60,000	75,000
	$180,000	$270,000

IRC §755에 따라, $30,000의 IRC §743(b) 조정은 먼저 자산의 두 유형 사이에 배분된다. 만일 그 파트너십이 N으로의 지분양도 직후에 완전한 과세거래에서 모든 자산을 매각한다면, N에게 배분될 통상소득의 총액은 $20,000(매출채권에서 $15,000+재고자산에서 $5,000)이고, N에게 배분될 총 자본이득 및 IRC §1231 이득은 $10,000(자본자산에서 $5,000+감가상각자산에서 $5,000)이다. 따라서 통상소득 자산에 할당될 조정금액은 $20,000이며, 자본이득 자산에 할당될 조정금액은 $10,000이 된다.

그 다음 단계는, 가정적 매각으로부터 N에게 배분되어질 손익의 액을 기초로 그 유형 내에서 각 자산에 그 조정금액을 할당하는 것이다. 통상소득자산 유형에서는, N은 가정적 거래에서 매출채권으로부터 $15,000의 이득과 재고자산으로부터 $5,000의 이득을 배분받을 것이다. 그러므로 매출채권에 대한 조정금액은 $15,000이고, 재고자산에 대한 조정금액은 $5,000이다. 자본이득 자산 유형에서는, N은 자본자산으로부터 $5,000의 이득과 감가상각자산으로부터 $5,000의 이득을 배분받을 것이다. 그러므로 그러한 자산들 각각에 대한 조정금액은 $5,000이다. 이러한 조정이 있은 후, 그 자산들에서의 N의 개인적인 내부기준가액은 아래와 같이 결정된다.

자산	inside basis에 대한 N의 당초 몫	IRC § 743(b) 조정금액	새로운 inside basis
매출채권	$ 0	$15,000	$15,000
재고자산	30,000	5,000	35,000
자본자산	10,000	5,000	15,000
감가상각자산	20,000	5,000	25,000
총계	$60,000	$30,000	$90,000

위 사례는 모든 자산들이 가치가 상승해 있으므로 비교적 간단하지만 그렇지 않는 경우에는 보다 복잡한 양상을 띨 수 있다.

3. 전반적인 평가

이상 살펴본 바와 같이 미국에서의 파트너십 지분의 양도에 대한 과세는 실체적 접근방식과 집합적 접근방식을 양 축으로 해서 과세환경의 변화에 따라 상당한 우여곡절[28)]을 겪은 끝에 1999년 재무부 규칙[29)]에서 소위 IRC

28) 파트너십 지분양도에 대한 집합적 접근방식과 실체적 접근방식에 기초한 다양한 입법제안은 Subchapter K가 도입된 1954년부터 최근까지 계속되고 있다. 이 중 주목을 끌만한 제안으로는, 1954년 ALI 연구보고서를 비롯하여, 1959년 연방하원 세입위원회 자문그룹의 수정제안 및 1984년의 ALI 연구보고에 따른 소위 완전분할(full-fragmentation) 접근법 등의 다양한 입법제안이 이루어져 왔다. 1954년 ALI 연구보고서의 핵심적 제안은 지분양도에 대해 실체적 접근을 수용하면서 지분양도인 및 양수인 양측에 소위 "상당한 가치상승 테스트"를 적용하여 통상소득자산의 20% 가치상승+그 가치상승액이 파트너십 순자산의 10% 이상인 경우 자본이득 인식을 불허하고 양도인 측에서는 통상소득 인식을, 양수인 측에서는 기준가액 조정을 의무화하였으며, 1959년 자문그룹 제안은 통상소득자산에 귀속하는 소득이 순실현액의 15%를 초과한 경우로 그 기준의 완화를 주장하였다. 한편 1984년 ALI 보고서는 지분양도에 대한 일체의 실체적 접근을 배제하고 모든 파트너십 자산에 있어서의 양도인의 지분매각으로 보는 완전한 집합적 접근방식을 주장하였다. 이

§751에 따른 해산예정파트너십 규정과 IRC §754 선택권 및 IRC §743에 따른 내부기준가액 조정의 방식으로 변경한 이후 커다란 변화 없이 오늘에 이르고 있다. 이를 요약하면 현행 IRC 및 재무부규칙의 기본원칙은 완전한 실체적 접근을 채용하고 있지 않으나 마찬가지로 완전한 집합적 접근을 취하는 것도 아니다. 원칙적으로 실체적 접근방식에 기초해서 지분을 독자적인 경제적 가치를 가지는 하나의 자산으로 인정하되, 각 파트너십 자산의 내재손익 가운데 양도인 또는 양수인에 귀속하는 부분(분배 몫)에 대한 과세효과에 한하여 양도인 측의 소득종류의 전환이나 양수인 측의 이중과세 배제의 문제를 해결하기 위하여 제한적으로 집합적 접근방식을 취함으로써 양도인의 손익 실현의 문제와 양수인의 기준가액 할당의 문제를 해결하고 있는 것으로 평가된다.

파트너십 지분양도에 대한 이러한 미국 Subchapter K상의 대응방식은 투시과세의 적용대상이 되는 다양한 사업체의 설립과 운영상의 유연성을 제고하면서 다른 한편으로 이에 따른 과세상의 공평을 지향한다는 측면에서 그 입법기술이 매우 정교하다. 뿐만 아니라 실체적 접근방식과 집합적 접근방식의 어느 하나에 치우칠 경우 나타날 수 있는 다양한 문제점을 나름대로 잘 조화시킨 과세체계로서 다음에 살펴볼 일본이나 우리나라의 투시과세 제도의 설계에 있어 좋은 본보기가 될 수 있다고 하겠다.

러한 지분양도에 대한 입법론적인 연구동향에 대한 글로는 J. Paul Jackson, et al., *supra* note 6, pp.144-147; Dale E. Anderson & Melvin A. Coffee, *supra* note 6, p.498; William S. McKee, et al.(이 책 35쪽·주37), ¶17.01[1] 및 이에 관한 일본의 문헌으로 高橋祐介, 前揭書(이 책 164쪽·주23), 第4章의 논의 참조.

29) T.D. 8847, 1999-52 I.R.B. 701

III. 일본의 경우

1. 현재의 상황

조합원 지위의 양도(조합원의 교체)에 대해서 일본 민법상의 규정은 없지만 학설·판례는 일반적으로 이것을 인정하고 있고,[30] 실제로 조합원 지위의 양도가 빈번히 생기고 있다. 그러나 후술하는 바와 같이 이와 같은 조합원 지위양도의 조세효과에 대해서는 법령상 아무런 규정이 없고 판례나 해석 및 실무상의 취급 또한 전혀 분명하지 않다.[31]

따라서 조합원 지위의 양도란 개개의 조합자산에 대한 지분의 양도인 것으로 해석되고, 그 개개의 조합자산의 지분들에 과세결과가 산정되어야 하며 조합원의 지위 자체를 하나의 자산으로 보아 과세효과를 부여하는 것은 아니라고 하는 소위 집합적 접근이 일반적인 견해이다.[32] 이러한 일반적 견해의 근거로는 별도의 과세상 입법조치가 없는 한 일본에서 조합과세는 원칙적으로 집합적 접근, 즉 조합 자체를 하나의 독립된 실체인 납세의무자로 보지 않는 태도에 기인한 것으로 판단된다. 또한 입법기술적인 측면에서 볼 때 조합과세 전반에 걸쳐 실체적 입장을 반영하기 위한 기본적 도구로서 미국의 outside basis 개념, 즉 우리나라 동업기업 과세제도상의 지분가액의 개념

---

30) 我妻榮, 前掲書(주266), 841頁 이하, 鈴木祿彌 編,『新版註釋民法(17) 債權(8)』, 有斐閣(1993), 159頁 이하[菅原菊志執筆], 平野嘉秋, 『パ-トナ-シップの法務と税務』, 税務硏究會(1994), 202頁 등. 판례로서는, 大判大正 5年12月20日 民錄22輯 2455頁, 大判大正 9年7月16日 民錄 26輯 1131頁.

31) 金子宏, 前掲書(이 책 62쪽·주1), 398頁. 高橋祐介, 前掲論文(이 책 74쪽·주37), 42-43頁 등.

32) 高橋祐介, 前掲論文(주31), 42-43頁, 植松守雄, "講座所得税法の諸問題 第18回 第1 納税義務者·源泉徵收義務者(續17)", 税經通信 43卷 3号(1988), 65頁; 須田徹,『米國のパートナーシップ事業形態と日米の課税問題』, 中央經濟社(1995), 244頁.

을 채용하고 있지 않은 데서도 그 원인을 찾을 수 있겠다.[33]

2. 비판적 논의와 전망

조합원 지위의 양도에 대한 이러한 일본의 현행 해석을 기초로 과세효과를 살펴보자. 예를 들어,[34] 甲, 乙, 丙 3인은 각각 100을 출자해서 조합을 결성했다. 자본 및 손익에 대한 지분은 평등하다. 현재의 조합의 재무상태표는 다음과 같다. 이 때 甲은 현금 150을 받고서 자기의 지분을 丁에게 매각했다.

〈甲乙丙 조합의 재무상태표〉

자산	장부가	시가	자본	장부가	시가
자산1	100	100	甲	100	150
자산2	50	200	乙	100	150
자산3	150	120	丙	100	150
자산4	0	30		___	___
총액	300	450		300	450

이 경우, 甲은 자기가 보유한 各조합자산의 내재손익을 인식하지 않으면 안 된다. 즉 甲은 자산2에 대해서 50의 내재이익, 자산3에 대해서 10의 내재손실, 자산4에 대해서 10의 내재이익을 인식한다.

---

33) 일본의 조합과세상 이러한 지분가액의 개념을 적용할 수 있겠는지 여부 및 이 개념의 도입에 따른 장단점을 논한 연구로는, 高橋祐介, "パートナーシップ持分の基準價格について", 稅法學 534号(1995), 63頁 이하. 이 글에서 高橋교수는, 일본의 조합과세에서 조합지분을 하나의 자산으로 보지 않는 것은 outside basis를 채용하지 않는 점을 나타내며, 조합소득의 배부, 출자·분배, 지분의 양도 등 全과정에 걸쳐, 일본의 조합과세가 기초로 하는 집합적 접근을 일관하는 한 그 개념은 거의 불필요하다고 평가한다.

34) 高橋祐介, 前揭論文(주31), 42-43頁의 例를 참조.

한편, 양수인인 丁에 대해서는 지분양도 시에 인식된 손익의 이중과세를 방지하기 위해 보다 복잡한 조정이 필요하다. 나중에 조합이 조합자산을 처분해서 손익을 인식하고, 그것이 各조합원에 배부된 경우 丁은 자기에게 배부된 손익 가운데 甲이 인식한 내재손익의 부분을 공제해서 과세결과를 구해야 하는 것이다. 예를 들면 지분양도 후에 조합이 자산2를 매각해서 150의 이익을 인식한 경우, 그것은 乙, 丙, 丁에게 각각 50 배부되지만, 丁은 배부된 50에서 甲이 이미 인식한 50을 빼서 자기의 과세결과를 구하는 것이 된다. 즉 자산2 매각 시에 丁은 어떤 이익도 인식하지 않는다.[35)]

조합원으로서의 지위 양도에 대한 위와 같은 집합적 입장에서의 과세결과는 조합을 통한 사업의 경제적 실질에 부합하는 과세상 효과를 부여할 수 있을 뿐만 아니라 조합을 이용한 다양한 조세회피 행위에 효과적으로 대응할 수 있으므로 공평의 측면에서 바람직하다고 할 수 있다. 하지만 미국의 경우에서 살펴본 바와 같이 조합원의 수가 많거나 지분비율과 손익배부비율이 다르고 조합의 자산구성이 다양할 경우에는 과세당국 뿐만 아니라 납세의무자 입장에서도 지극히 복잡한 과세행정 또는 납세순응 측면에서의 복잡성이 야기될 수밖에 없다. 이는 결국 사업체로서의 조합형식의 활용을 저해하는 주요한 요인으로 작용하므로 입법적 보완이 필요하다는 비판이 많이 제기되고 있다.[36)]

---

35) 이러한 과세결과는 판례나 행정해석에 의한 것은 아니나, 대부분의 학자들이 이러한 결론에 동의하고 있다. 高橋 교수의 논의 및 제안 외에, 長谷部啓, 前揭論文(이 책 12쪽·주2), 151-152頁도 동일한 결론에 이르고 있다.

36) 高橋 교수는, 이러한 집합적 접근에 대한 비판으로서, "일반적으로 양도익의 산정은 수입금액 또는 수익으로부터 취득비 등 또는 양도원가를 공제한다고 하는 과정에서 행해지는 이상(日本 所得稅法 第33條 第3項, 法人稅法 第22條), 개개의 자산양도에 대해서 얼마의 수입금액 등 또는 취득비 등이 있는 것일까를 특정하지 않으면 안 되지만, 특히 복잡한 조합계약이 체결되어 있는 경우에는, 이것을 특정하는 것이 가능하지 않다(그 원인의 중요한 하나는 조합의 채무가 누구에게 귀속하는 것일까라는 소위 부채 할당액의 결정이 불명확한 점을 들고 있음). 또한 마찬가

IV. 우리나라의 경우

1. 공동사업장 과세제도의 경우

일본과 마찬가지로 우리나라의 경우도 조합원 지위의 양도에 대해서는 민법에 아무런 규정을 두고 있지 않았으나 판례와 학설에 의해 이를 인정해 왔다.[37] 이러한 조합원 지분의 양도에 대한 과세상 처리에 대해 세법에 아무런 규정을 두고 있지 않은 상태에서, 판례와 행정해석에 따라 조합원의 지분양도를 개개의 조합재산에 대한 양도조합원의 지분만큼씩을 양도한 것으로 보는 집합적 입장을 취한 것으로 판단된다.[38]

이러한 법원과 행정청의 태도에 대하여, 우리 민법상 조합은 合有의 형태로 조합재산이 귀속되므로 이러한 성질을 반영하여 양도인은 조합재산 중에 개개 자산의 지분을 양도한 것으로 보는 집합적 접근방식이 타당하다거나,[39]

지로 조합원 지위의 양수인이, 그 후의 조합활동에 관한 과세에 있어서, 어떻게 취급되어야 할까도 분명히 하고 있지 않다. 해석만으로는 문제가 해결될 수 없고 무엇인가의 입법적 조치가 필요한 것으로 사고된다"라고 쓰고 있다. 高橋祐介, 前揭書(주28), 198頁 참조.

37) 판례로는, 대판 1958.2.6. 4290민상693, 학설로는, 곽윤직,『채권각론 제6판』, 박영사(2003) 312쪽 및 곽윤직 편,『민법주해(XIV) 채권(9)』, 박영사(1992) (김재형 집필분) 322쪽

38) 대법원 1989.10.24. 선고 89누3175 판결. 제도 46011-10151. 2001.3.19

39) 박훈·이은미, 앞의 글(이 책 106쪽·주43), 397쪽 및 이준규·이은미, 앞의 글(이 책 50쪽·주69), 70쪽. 한편, 실체적 입장에서 조합지분의 양도에 따른 손익의 성격을 양도소득으로 볼 것인지 사업소득으로 볼 것인지에 대한 논의가 있었다(양도소득으로 보는 견해 - 윤병철, "조합과세에 관한 판례연구: 출자, 지분양도 및 노무제공과 관련하여", 조세법연구 VIII-1, 한국세법연구회(2002), 107쪽, 사업소득으로 보는 견해 - 김건일, "내적조합의 세법상 취급", 대법원판례해설 통권 24호(1995), 389쪽). 하지만 현행 판례 및 행정해석과 같이 집합적 입장을 취한다면 조합 개개의 자산의 성격에 따라 그 소득의 성격 또한 달라지므로 이러한 입장에서는 일률적으로 사업소득 또는 양도소득으로 구분하는 것은 논리적으로 취하기 어렵게 된

조합의 설립을 통해 부동산 중과 회피를 방지하기 위해서도 자산을 지분비율만큼 양도하는 것으로 보는 것이 바람직하다는 견해[40] 등이 제기되고 있는 등 학설 또한 대체로 판례와 행정해석의 태도에 동조하는 듯하다.

2. 동업기업 과세제도의 경우

새로 도입된 동업기업 과세제도에서는 동업기업의 지분양도는 양도소득으로 구분하는 소득세법 제94조 제1항 제3호 및 제4호의 주식 등에 관한 규정을 따르도록 함으로써 미국의 방식에 따라 실체적 입장을 택하였다. 이에 따라 개인인 동업자가 지분을 양도하는 경우에는 양도소득세가 과세되고, 법인인 동업자는 각 사업연도의 소득이 되어 법인세가 과세된다.[41] 이 때 양도소득은 양도일 현재의 해당 지분의 지분가액을 취득가액으로 보아 계산한다.[42]

애초 동업기업 과세제도의 도입 논의 과정에서는 자산의 현물출자 시 장부가액 승계방식을 통해 과세이연을 적용한다는 전제하에서 지분양도 시에도 파트너십 자산을 지분비율만큼 양도한 것으로 취급하는 것이 논리 일관적이기 때문에 공동사업장 과세제도에서와 마찬가지로 집합적 접근이 유력하였다.[43] 그러나 입법과정에서 현물출자 시 과세이연 방식이 결국 채택되지 않고 전부양도설에 따라 과세키로 결정됨에 따라 지분양도의 경우에서 이와 논리적 정합성을 따질 필요가 없게 되었다. 더 나아가, 동업기업 과세제도의 적용대상에는 공동사업장 과세제도의 적용을 받던 조합뿐만 아니라 합명회사·합자회사 등의 인적회사와 일부 유한회사까지 포함됨에 따라 지분양도의 경우 미국의 제도와 유사하게 실체적 접근을 채택하게 된 것으로 판

다. 이와 같은 취지의 주장으로, 박훈·이은미, 앞의 글(주39), 383쪽.

40) 안종석, 앞의 글(이 책 78쪽·주40), 34-35쪽

41) 조세특례제한법 제100조의21 제1항

42) 같은 법 시행령 제100조의22

43) TF案(이 책 78쪽·주40), 79쪽

단된다. 또한 법기술적인 측면에서 동업기업 지분 그 자체를 하나의 독립된 자산으로 보아 거기에 일정한 세무상의 값을 부여한 지분가액의 개념을 도입한 점이 이러한 실체적 접근을 가능하게 한 주요한 요인으로 작용하였음은 자명하다 하겠다.[44]

3. 평가와 비판

미국과 일본의 사례에서 살펴보았듯이, 조합지분의 양도에 대하여 집합적 태도를 취하는 경우의 장점은 매우 명백하다. 우선 투시과세의 기본적인 성격의 측면에서 조합재산에 대한 조합원의 소유관계를 합유로 정한 민법의 규정과 수미일관된 과세체계를 짤 수 있다. 더 나아가 조합을 이용한 손익의 성격 전환이나 과세시기의 임의적 선택을 가능케 하는 방법을 통한 조세회피 행위를 원천적으로 방지할 수 있다는 무시할 수 없는 장점이 있다.

하지만 이러한 집합적 태도를 끝까지 관철하는 데는 현실적인 한계가 존재한다. 가장 치명적인 문제점으로 지분 양도가 있을 때마다 각 조합원별 지분가액과는 별개로 각 조합자산별 시가에 대한 평가와 더불어 각 조합자산

44) 동업기업과 같은 투시과세 사업체의 지분을 하나의 독립된 자산으로서 취급하는 것을 전제로 한 지분가액(outside basis)의 개념은, 달리 말하면 동업자의 과세 완료된 투자액을 의미한다고 할 수 있다. 이 개념을 이용하면 동업자들 간의 불균등한 추가출자나 분배 등에 의해 자본지분이 변동할 때마다 파트너십 자산의 내재손익을 인식하지 않더라도 지분청산 시나 지분매각 시점에서 지분가액을 사용해서 최종적인 투자손익을 계산하는 것이 가능해 져서 파트너십 과세제도를 유연하게 하고 과세관계를 간소화시킨다. 바꾸어 말하면, 지분가액을 도입하지 않으면 자본지분이 변동하는(예를 들어, 불균등한 추가출자 시나 분배 시의 여타 또는 신규 파트너 가입 시나 파트너 탈퇴 시) 등에 항상 투자의 내재손익을 인식하지 않으면 안되고(그렇게 하지 않으면 내재손익이 과세되지 않은 채 이전하게 됨), 과세관계는 극히 복잡해질 것이다. 투시과세 체계에서의 지분가액의 의미와 역할에 대해서는, 高橋祐介, 前掲論文(주33) 참조.

별 조합원 지분에 대한 세무상 기준가액과 보유기간이 별도 관리되어야 한다는 점이 지적될 수 있다. 이러한 문제점은 조합원의 수나 조합자산의 유형이 극히 단순한 사업체의 경우 큰 문제가 될 수 없겠다. 하지만 조합원의 수나 조합자산의 유형이 많거나 조합원의 교체가 빈번히 일어나거나 지분비율과는 다른 손익배분비율을 정한 경우 등의 경우에까지 이러한 집합론을 관철하는 데는 분명 한계가 존재한다. 주식회사와 같은 물적회사 이외의 다양한 사업체의 활동에 대해 법인세와 소득세의 이중과세를 해소하고 투시과세의 선택 기회를 제공함으로써 다양한 사업체 활동을 촉진·장려한다는 동업기업 과세제도의 도입 취지를 고려할 때, 집합적 태도를 관철할 경우에 예견되는 위와 같은 여러 문제점은 결코 과소평가할 수 없다. 이러한 측면을 고려할 때, 현행 동업기업 과세제도가 지분가액 제도를 이용하여 원칙적으로 실체적 입장을 취한 점은 제도 설계에서 진일보한 입법태도로서 긍정적으로 평가할 수 있겠다.

하지만 현행 동업기업 과세제도상의 이러한 실체적 입장의 입법태도에 대해서는 여전히 다음과 같은 문제점이 지적될 수 있다.

먼저, 현행 규정에 따르면 양도동업자의 입장에서 양도차익을 계산하는데 있어서 동업기업의 부채에 대한 조정규정이 없다는 점이다. 원칙적으로 지분양도로 인해 조합이 부담하고 있는 채무에 대해 양도 동업자가 동 채무로부터 면제된다면 그 면제되는 채무금액은 지분의 양도가액에 포함되어야 할 것이지만 명문의 규정이 없는 상태에서 이것이 가능한지 여부가 문제가 될 수 있다. 하지만 이 문제는 단지 동업기업의 지분양도의 문제에 국한해서 판단할 수 있는 사안은 아니며, 동업기업 단계에서 차입이 있는 경우 조합원의 지분가액을 상향 조정하는 규정과 양단을 맞추어 해결할 문제이다. 따라서 동업기업의 부채에 대해 지분가액 조정을 허용하지 않는 현행 규정 하에서는 양도가액에만 부채 몫을 포함하여 양도차익을 계산할 수는 없으며, 부채의 성격(recourse vs. non-recourse)이나 지분양도에 따른 당사자들 간의 약정

내용에 따라 개별적으로 판단할 문제이다. 결국 개인인 동업자의 경우 소득세법 제95조 내지 제97조에 따른 양도가액 및 필요경비에 동업기업의 부채에 대한 몫을 포함할 수 있을지에 대한 문제로 귀결된다고 보아야 하겠다. 입법적 해결이 필요한 부분이라 하겠다.

다음으로, 양도동업자의 입장에서 실체적 접근을 택한 입법규정을 이용한 소득유형의 전환에 대한 대비, 즉 미국의 IRC §751에 따른 해산예정파트너십 규정에 준하는 조세회피방지 규정의 미비를 지적할 수 있다. 즉, 현행 우리나라 소득세법상 양도소득세율은 자산별 및 보유기간별로 큰 폭의 세율 차이를 나타내고 있는 점[45] 및 양도자산별 양도차손에 대한 통산방법이 다양한 점 등을 이용한 부동산 양도차손익의 주식 양도차손익으로의 전환이 있을 수 있으며, 이에 대한 적절한 조세회피 방지 규정이 마련될 필요가 있다. 예를 들어, 우리나라는 부동산에 대한 양도차손익과 주식(동업기업 지분을 포함)의 양도차손익을 상호 통산하지 않으므로,[46] 가령 다른 부동산의 매각에서 상당한 양도차익이 있는 해에 시가가 취득가액보다 상당히 하락한 상태이나 조만간 가격상승이 예상되거나 새로운 주택 취득으로 다가구 보유가 예상되는 등의 경우, 가치하락한 부동산을 동업기업에 출자하여 출자 시에 양도차익을 줄인 다음[47] 지분형태로 보유하다가 제3자에 매각하는 경우 부동산 양도차익을 주식양도차익으로 전환하여 세제상 혜택을 누릴 수 있는 등의 조세회피전략이 가능해 진다.

또한 동업기업 지분 양수인의 입장에서 동업기업 자산에 대한 세무상 기준가액의 양수동업자 몫에 대한 세무상 기준가액(즉, 개별 내부기준가액)의

45) 현행 소득세법에 따르면, 토지·건물·부동산에 대한 권리의 경우 법 제55조의 기본세율을 원칙으로 하되 보유기간 및 보유주택 수에 따라 70%(미등기의 경우) ~ 40%(보유기간 1년~2년의 경우)로 다양하다(같은 법 제104조 제1항).

46) 소득세법 제102조 제1항 및 같은 법 시행령 제167조

47) 현물출자의 경우 전부양도설에 따라 과세계기로 보기 때문이다. 본 장 제2절 제II항의 논의 참조.

평가증 또는 평가감에 대한 아무런 규정이 없는 점 또한 입법상의 미비로 판단된다. 일본의 경우처럼 꼭 입법적 조치가 없더라도 해석에 의해 이러한 평가증 또는 평가감이 반드시 불가능한 것은 아니지만, 이러한 조정이 없는 경우 조세 逸失이 예상되는 평가감의 경우에만 이러한 내부기준가액 조정을 강제하고 평가증의 경우 납세의무자의 선택에 맡길 것인가? 아니면 평가증이나 평가감에 상관없이 이 조정을 강제할 것인가? 또한 평가증이나 평가감을 허용한다면 동업기업과 양수동업자 중에서 누구에게 그 선택권을 부여할 것인가? 등의 문제에 대한 정책적 판단과 분명한 입법적 조치가 필요하리라 판단된다.

V. 소결

이상 살펴본 바와 같이, 투시과세 사업체의 지분양도에 대하여 미국의 경우 실체적 접근방식을 기본원칙으로 삼으면서 집합적 접근방식을 폭넓게 적용하는 형태인데 반해, 일본은 여전히 조합의사법상 성질에 따른 과세방식, 즉 집합적 접근방식에 충실한 입법태도를 보이고 있다. 한편 우리나라는 공동사업장 과세제도의 경우 일본의 제도와 매우 유사한 형태를 취하다가 동업기업 과세제도에서는 적어도 원칙에 있어서는 미국식의 실체적 과세방식을 전격적으로 채택하였다. 이러한 입법태도는 이론적으로 집합적 접근방법이 투시과세 사업체의 사법상 성질에 보다 부합한다고 할지라도 현실의 세제에서 이를 그대로 관철할 수 없다는 점을 고려한다면 이러한 과세방식의 변화는 매우 바람직하다고 평가할 수 있겠다.

하지만 새로 도입한 우리나라의 동업기업 과세제도상의 지분양도에 대한 과세체계는 그 동안의 공동사업장 과세방식과는 다른 실체적 접근방식을 채택함으로써 과세원칙의 큰 변화를 시도했음에도 불구하고 이러한 변화의 구체적인 구현방식을 제시하고 있지 못하다. 뿐만 아니라 실체적 접근방식의 채용에 따라 필연적으로 예상되는 각종 조세회피 유형에 적절한 대응책을 제시하고 있지 못하여 앞으로 상당한 입법상의 보완조치가 불가피해 보인다.

이러한 입법상의 보완을 해 나가는데 있어서 견지해야 할 기본적 입장은 집합적 접근과 실체적 접근의 어느 한 입장에 치우지지 않으면서 어느 선에서 이 두 가지 입장을 절충시키면 좋겠는지에 대한 판단이라고 할 수 있겠다. 이에 대하여 원칙적으로 실체적 접근을 취하면서 지분매각 시 동업기업의 개개의 자산에 발생한 내재손익에 한해서 집합적 접근을 취하는 방식이 우선적으로 고려되어야 할 것이며, 이러한 내재이익에 대한 집합적 접근방식의 구체적 입법방식으로는 미국의 해산예정파트너십 규정이나 선택적 기준가액 조정 규정 등이 참고가 될 수 있겠다. 하지만 미국의 제도에서 보듯이 이러한 규정들로 인해 과세규정이 지나치게 복잡해질 수 있고 이로 인해 동업기업 및 동업자의 납세순응 비용이 지나치게 커질 수 있으므로 적절한 수준에서 이러한 원칙의 배제를 규정할 필요가 있겠다. 따라서 그 수준에 대한 구체적 결정은 결국 과세당국의 집행상의 부담과 양도 동업자와 양수 동업자 사이 및 동업자와 개인사업자 간의 과세상 형평 등을 비교해서 결정할 수 밖에 없을 것이다.

제6절 분배(Distribution)에 따른 과세문제

I. 개설

투시과세제도에서 분배(distribution)란 사업체 단계에서 발생한 손익 및 각종 조세특성의 구성원에 대한 세무상의 귀속, 즉 배분(allocation)과 무관하게 사업체의 자산을 그 구성원에게 현실적으로 이전하는 것을 말한다.[1] 이러한 분배에는 청산분배(liquidating distribution)와 비청산분배(non-liquidating distribution)[2]로 구분되는데, 전자는 파트너 지분의 청산으로서 "파트너십으로부터 파트너에 대한 하나 또는 일련의 분배에 의해 그 파트너의 지분 전부가 종료하는 것"으로 정의된다.[3] 이러한 청산분배가 아닌 모든 분배를 비청산분배라고 한다. 이러한 분배를 둘러싼 과세상 취급은 지금까지 살펴본 파트너십 과세의 어지러운 퍼즐게임을 마무리할 수 있는 기회를 제공하지만, 이러한 목표는 여기서도 예외 없이 집합적 접근 vs. 실체적 접근 및 유연성 vs. 공평성 간의 대립과 조화를 염두에 두면서 투시과세제도의 전반에 걸친 숫한 개념들을 한 곳에 초점을 맞추면서 조심스럽게 접근할 때에만 달성가능하다.[4]

A와 B가 100씩 출자하여 AB(파)를 설립한 다음, AB(파)는 자산X와 자산Y를 각각 20과 40에 매입하였다고 가정하자. 그 후 자산X의 가격(시가)이 40

1) 조세특례제한법 제100조의14 8호. IRC §731
2) 이러한 "비청산분배(non-liquidating distributions)"는 논자에 따라 "current distributions" 또는 "operating distributions" 등으로 불린다.
3) IRC §761(d); Treas. Reg. §1.761-1(d)(1). 조세특례제한법 제100조의23
4) Stephen A. Lind, et al.(이 책 42쪽·주48), p.283

으로 상승하고 자산Y의 가격(시가)은 40 그대로인 시점에 자산X를 A에게 분배하고, 자산Y를 B에게 분배한다고 했을 때의 과세결과는 무엇인가?

먼저 분배를 과세의 계기로 보지 않고 AB(파)의 세무상 기준가액(X=20, Y=40)을 그대로 A와 B에 승계시키는 방법의 과세이연 방식을 생각할 수 있다. 이 경우 A와 B 및 AB(파)는 분배 시에 아무런 손익을 인식하지 않은 채 A는 자산X에 대한 세무상 기준가액 20을 승계하면서 지분가액은 100에서 20만큼 감액되어 80이 되고, B는 자산Y에 대한 기준가액 40을 승계하면서 지분가액은 60이 된다. 그 후 A와 B가 자산X 및 자산Y를 각각 40에 매각하면서 동시에 잔존하는 현금(140)을 각각 70씩 분배받으면서 AB(파)를 청산한다면, A는 자산X 매각으로부터 20의 양도차익을 실현[5]하는 한편 AB(파)의 청산분배로부터 10의 손실(분배금액 70 - 지분가액 80)을 인식하게 되며, B는 자산Y 매각으로부터 아무런 손익을 실현하지 않다가 AB(파)의 청산분배로부터 10의 이득(분배금액 70 - 지분가액 60)을 실현하는 것으로 종결된다. 결국 A와 B는 분배 → 매각 → 청산의 일련의 거래로부터 똑같이 10(이는 자산X의 내재이익의 1/2)의 이득을 실현하게 되지만 자산X와 자산Y가 A 및 B의 수중에서 매각될 당시 A가 매각에 따른 이익(양도소득)과 통산할 수 있는 상당한 손실 또는 결손금을 보유하고 있거나 A가 주식 양도차익에 대한 과세가 적용되지 않는 개인인 경우 이러한 과세방식은 남용의 가능성을 남기게 된다.

다른 한편, 위와 같이 과세이연을 인정하지 않고 분배를 과세의 계기로 삼아 이익 또는 손실을 인식하는 방법을 생각해볼 수 있다. 이 경우 A로의 자산X 분배는 AB(파)에 20의 이익을 낳고 이는 A와 B에 각각 10씩 배분되며, A는 자산X에 대한 40의 기준가액을 가지고 지분가액은 70(=100+10-40)이 된다. 한편 B로의 자산Y 분배는, AB(파)에 아무런 이익을 낳지 않고 B는

5) 이 경우 A가 개인인 소액주주이고 자산X가 상장법인 주식이라면 A는 주식양도차익에 대해 비과세된다. 소득세법 제94조 제1항 제3호

자산Y에 대한 40의 기준가액을 가지고 지분가액은 마찬가지로 70(=100+10−40)이 된다. 그 후 AB(파)의 청산에 따라 잔존 현금(140)을 각각 70씩 분배하면 A와 B는 아무런 이익을 실현하지 않게 된다(A, B 모두 분배금액 70−지분가액 70). 분배에 대한 이러한 과세방식은 위의 과세이연 방식에서 야기되는 남용의 가능성은 줄일 수 있다는 장점이 있으나 분배를 과세의 계기로 삼음에 따른 사업체 설립과 운영상의 유연성 측면에서는 상당한 제약이 불가피하게 된다.

위에서 든 분배에 대한 두 가지 과세방식은 (i) (현물이 없는) 현금출자, (ii) (내재손실 없이) 내재이익만 발생하는 단순한 자산구성, (iii) 지분율과 동일한 손익배분비율 등으로 구성된 극히 간단한 사례이지만 현물출자, 내재이익뿐만 아니라 내재손실이 발생하는 복잡한 자산구성, 지분율과 다른 손익배분비율이 함께 등장하는 경우에는 매우 복잡한 과세구조를 띄게 된다. 이에 대해 각국은 위 두 가지 방법을 변형시킨 다양한 형태로 분배에 대한 과세문제를 접근하고 있다. 우리나라의 경우 종래 공동사업장 과세제도 하에서 분배자산에 대하여 이미 과세된 부분을 초과하는 미실현 내재이익에 대해서는 분배를 과세의 계기로 삼아 양도소득 과세를 해야 한다는 것이 일반적인 해석[6]이었다. 하지만 동업기업 과세제도하에서는 지분가액 개념을 활용하여 분배자산의 시가가 지분가액을 초과하는 경우 이를 배당소득으로 과세하되 이때 피분배 동업자는 분배자산에 대한 동업기업의 세무상 기준가액(즉, 미국의 inside basis)을 승계하는 방식이 아니라 분배 당시의 시가만큼을 지분가액에서 감액함으로써 위의 두 가지 과세방안의 절충적 입장을 취한 것으로 평가된다.

이에 본 절에서는 미국의 Subchapter K상의 분배에 대한 과세상의 대응방식과 일본에서의 논의를 살펴본 다음, 우리나라의 동업기업 과세제도상의 분배에 대한 입법태도의 문제점과 개선방안을 검토해 보기로 한다.

---

6) 대법원 1982.9.14. 선고 82누22 판결 외 다수. 아래 각주 105 참조.

II. 미국의 경우

1. 피분배파트너에 대한 조세효과

가. 일반원칙－과세이연

분배 시 파트너십 및 피분배파트너는 원칙적으로 손익을 인식하지 않는다.[7] 파트너십으로부터 파트너에 대한 현금 및 기타 자산의 분배는 일반적으로는 이미 과세된 자본이나 이익이므로 수취한 파트너에 대해서 다시 과세하는 것은 이중과세에 해당하기 때문이다.[8]

이다만 현금 이외의 자산이 분배되는 경우에는 분배된 자산에 대해 아직 과세되지 않은 내재손익에 대한 피분배파트너 또는 기타 파트너의 몫에 대한 과세가 문제가 될 수 있다. 이런 내재손익에 대해서는 아직은 과세가 행해져 있지 않으므로 위에서와 같은 이중과세방지의 이유는 타당하지 않기 때문이다. 그러나 이 경우도 원칙적으로 내재손익은 인식되지 않고 과세가 이연된다. 이러한 과세이연의 이유는 자산분배 시에 내재손익에 과세하는 것은 파트너십으로부터 파트너로의 자산의 흐름을 저해하므로, 이와 같은 과세에 의한 실물경제흐름의 저해를 배제하기 위한 것으로 알려져 있다.[9]

이와 같은 일반적인 과세이연의 예외로서, 다음의 두 가지의 경우에는 피분배파트너가 손익을 인식하여야 한다.

---

7) IRC §§731(a), (b)

8) Mark P. Gergen, “Reforming Subchapter K: Contributions and Distributions”, 47 Tax L. Rev. 173 (1991), p.199; J. Paul Jackson, et al.(이 책 40쪽·주47), p.1211 참조.

9) S. Rep. No. 83-1622(1954), p.96; Paul Little, “Partnership Distributions Under the IRC of 1954 (1st Installment)”, 10 Tax L. Rev. 161 (1954), p.165 & note 23; Mark P. Gergen, *supra* note 8, p.199; Karen Burke, “The Uncertain Future of Limited Liability Companies”, 12 Am. J. Tax Pol’y 13(1995), p.27

① 분배된 현금액이 분배 직전의 지분가액을 초과하고 있는 경우 당해 초과액에 대해서 이익(자본이득)이 인식된다.[10]
예를 들면, 분배 직전의 지분가액이 $10,000인 파트너가 $8,000의 현금과 시가 $3,000의 자산을 수취했더라도 이익은 인식되지 않지만, 만일 이 분배에서 현금만 $11,000 수취하는 경우에는 $1,000의 이익은 인식하여야 한다(이러한 결론은 현금 외의 자산분배 유무와 무관하다).[11]
이와 같은 지분가액을 초과하는 현금분배 시의 이익인식은 현금은 그 시가와 다른 기준가액을 붙이는 것이 가능하지 않고 또한 지분가액은 0보다 아래까지 내려가지 않아[12] 과세이연이 가능하지 않으므로 이익인식을 하지 않을 수 없다.
현금분배의 경우 이익인식이 행해지지만 그 밖의 자산 분배의 경우 이익인식이 행해지지 않는다고 하는 제도는 별개의 비청산분배에 있어서 현금(지분가액 이하의 액)과 자산의 분배 순서에 따라 상이한 과세결과를 낳을 수 있다. 즉 현금분배 후에 자산을 분배하면 이익인식은 없지만 순서를 바꾸어 자산분배 후에 현금을 분배한 경우에는 이익이 인식될 수 있다.

② 분배가 청산분배인 경우 분배된 자산이 현금, 미실현매출채권 및 재고자산뿐이고, 또한 현금분배액과 미실현매출채권·재고자산에 대한 파트너십의 세무상 내부기준가액이 분배 직전의 지분가액을 하회하는 때에는 그 하회하는 액에 대해서 손실(자본손실)이 인식된다.[13]
미실현매출채권과 재고자산으로 구성되는 소위 §751 자산은 통상소득의 자본이득 전환 방지를 위해 피분배파트너의 수중에서 파트너십의 내부기준가액 이상의 기준가액(basis)을 취하는 것이 가능하지 않다.[14] 또한 현금은 액면과 같은 기준가액을 취할 수밖에 없으므로 청산분배 시에 현금과 §751 자산만을 수취한다면 내부기준가액 이상의 손실을 이연하는 것이 가

10) IRC §731(a)(1); Treas. Reg. §1.731-1(a)(1)
11) Treas. Reg. §1.731-1(a)(1)의 Examples 참조
12) IRC §705(a)(2)
13) IRC §731(a)(2); Treas. Reg. §1.731-1(a)(2). 현금 + §751 자산만을 분배한 경우이므로, 청산분배 시에 이러한 자본손실 인식을 피하고자 소액의 비§751 자산을 분배하는 경우가 많이 쓰인다. Arthur B. Willis, "Distributions of Partnership Property and Payments to a Retiring or Decreased Partner", 1955 So. Calf. Tax Inst. 229, p.234
14) IRC §732(c)(1)(A)

능하지 않다. 따라서 청산분배 시에 현금과 §751 자산만을 수취한 경우에 (자본)손실을 인식하는 것이다.

예를 들면,[15] 분배 직전 지분가액이 $10,000인 파트너가 청산분배 시에 현금 $5,000과 내부기준가액 $3,000의 재고자산을 수취한 경우, $2,000의 자본손실이 인식된다. 한편 마찬가지로 분배 직전의 지분가액이 $10,000인 파트너가 청산분배 시에 현금 $4,000과 내부기준가액 $3,000의 재고자산, 그리고 내부기준가액 $2,000의 사업용부동산을 분배받은 경우 현금과 비§751 자산을 수취하고 있으므로 손실은 인식되지 않는다. 이 경우에는 사업용부동산이 피분배파트너의 수중에서 $3,000의 조정기준가액을 받는 것이 된다.

위의 ① 및 ②에 의해 인식된 손익은 자본이득 또는 손실로 취급된다.[16]

나. 분배된 자산의 기준가액(Basis)

현금 이외의 분배된 자산은 피분배파드너의 수중에서 일정한 세무상 기준가액(basis)을 갖게 되는데 이것은 다음과 같이 산정된다.

(1) 비청산분배(Non-liquidating Distributions)

피분배파트너의 수중에 들어온 분배자산은 그 자산의 파트너십 내부기준가액이 원칙적으로 승계된다.[17] 단, 분배자산에 대한 파트너십의 내부기준가액이 분배 직전의 지분가액(－현금분배액)을 초과하는 경우, 분배자산의 기준가액은 그 지분가액을 상한으로 한다.[18]

---

15) 이 예는 Treas. Reg. §1.731-1(a)(2) Examples 1 및 2를 참조한 것이다.

16) IRC §731(a), §741; Treas. Reg. §1.731-1(a)(3)

17) IRC §732(a)(1); Treas. Reg. §1.732-1(a). 미국 세법에서 이러한 기준가액 승계방식을 transferred basis 또는 carryover basis라 하는데, 본 절에서는 IRC §7701(43)의 정의에 따라 "transferred basis" 또는 "승계기준가액"이라 부르기로 한다.

예를 들면, 지분가액 $15,000인 파트너가 분배 직전의 내부기준가액 $10,000의 자산과 $2,000의 현금분배를 수취한 경우, 피분배파트너의 수중에서 그 자산의 세무상 기준가액은 내부기준가액과 같은 $10,000이고, 손익은 인식되지 않는다. 한편, 마찬가지로 지분가액 $10,000의 파트너가 분배 직전의 내부기준가액이 $8,000의 자산과 $4,000의 현금분배를 받는 경우 이 파트너 수중의 그 자산의 기준가액은 $6,000(지분가액 $10,000－현금분배 $4,000)이 되며, 이 경우도 손익은 인식되지 않는다).[19]

(2) 청산분배(Liquidating Distributions)

분배된 자산의 기준가액은 분배 직전의 지분가액(－현금분배액)이 대체된다.[20] 예를 들면, 지분가액 $12,000인 파트너가 분배 직전의 내부기준가액이 $6,000인 자산과 $2,000의 현금을 수취한 경우 그 자산의 기준가액은 $10,000(지분가액 $12,000 － 현금분배 $2,000)이고 손익은 인식되지 않는다.[21]

(3) 분배자산 간의 기준가액의 할당

위 (1)과 (2)에 있어서 분배자산이 exchanged basis를 취하는 경우 분배된 자산이 복수인 때에는 각 분배자산별로 exchanged basis(=지분가액－현금분배액)를 할당하여야 하는데 그 절차는 다음과 같다.

① 분배 직전의 지분가액(－현금분배액)을 분배자산에 할당하는 경우 우선 미실현매출채권과 재고자산에 대하여 그런 자산의 분배 직전 파트너십 내부

18) IRC §732(a)(2). 결국 지분가액이 분배자산의 기준가액에 대체되는 것이며, 이를 exchanged basis 또는 substituted basis라 하는데, 본 절에서는 IRC §7701(44)의 정의에 따라 "exchanged basis" 또는 "교체기준가액"이라 부르기로 한다.
19) 이 예는 Treas. Reg. §1.732-1(a) Examples 1 및 2를 참조한 것이다.
20) exchanged basis. IRC §732(b); Treas. Reg. §1.732-1(b)
21) 이 예는, Treas. Reg. §1.732-1(b) Example을 간소화한 것이다.

기준가액까지 할당한다.[22] 미실현매출채권과 재고자산의 파트너십 내부기준가액에 할당되는 지분가액이 충분하지 않는 경우 그 부족액을 그 자산들의 미실현가치하락 손실(내재손실)에 비례해서 또한 그 내재손실의 범위에서 할당하는 방법으로 기준가액을 할당한다.[23] 배부되는 기준가액의 부족액이 미실현가치하락 손실을 소멸시키고도 남음이 있는 경우에는 그 시점에서의 그런 자산의 상대적 조정기준가액에 따라 그 부족액이 할당된다.[24] 예를 들면,[25] 지분가액이 $9,000인 파트너가 분배 직전의 내부기준가액 $5,000에 시가 $2,000의 재고자산X와 분배 직전의 내부기준가액 $10,000에 시가 $4,000의 재고자산Y의 분배를 받은 경우를 고려해 보자. 우선 지분가액 $9,000은 X와 Y의 분배 직전의 내부기준가액(합계로 $15,000)까지 할당하지 않으면 안 되지만 지분가액이 이에 미치지 못하므로 각 자산의 내재손실(X $3,000, Y $6,000)에 비례해서 그 부족액 $6,000은 X에 $2,000, Y에 $4,000 할당된다. 따라서 분배 후의 X의 기준가액은 $3,000(분배 직전의 내부기준가액 $5,000 - 부족액 $2,000), Y는 $6,000(분배 직전의 내부기준가액 $10,000 - 부족액 $4,000)이 된다. 또한 이 예에서 X와 Y의 시가가 각각 $4,000, $9,000이라고 한다면 X의 내재손실은 $1,000, Y의 내재손실도 $1,000이 되므로 부족액 $6,000은, X에게 $1,000, Y에게 $1,000 할당된다(이 시점에서, X의 기준가액은 $4,000, Y의 기준가액은 $9,000). 또한 나머지 부족액 $4,000은 그 시점에서의 X와 Y의 기준가액(X $4,000, Y $9,000)에 비례해서 할당된다(X에 $1,231, Y에 $2,769). 따라서 분배 후의 기준가액은 X $2,769, Y $6,231이 된다.

② 분배 직전의 지분가액(－현금분배액)을 미실현매출채권과 재고자산에 할당해도 여전히 잔여 지분가액이 남는 경우 그 잔존액은 비§751 자산에 대해서 그 자산의 분배 직전의 파트너십 내부기준가액까지 할당된다.[26] 할당될 지분가액이 비§751 자산의 파트너십 내부기준가액을 초과하는 경우 그 초

22) IRC §732(c)(1)(A): Treas. Reg. §1.732-1(c)(1)(i)
23) IRC §732(c)(3)(A); Treas. Reg. §1.732-1(c)(2)(i)
24) IRC §732(c)(3)(B); Treas. Reg. §1.732-1(c)(2)(i). 또한 이것은 전술한 것이지만, 청산분배 시에 현금과 §751 자산만이 분배되고, outside basis가 현금액과 파트너십에서의 §751 자산의 inside basis를 초과하고 있는 경우, 당해 초과액은 자본손실로서 인식되는 것에는 주의해야 한다. Treas. Regs. §1.732-1(c)(3), §1.732-1(c)(4) Example 4 참조.
25) 이 예는, Treas. Reg. §1.732-1(c)(4)의 Example 1을 참조한 것이다.
26) IRC §732(c)(1)(B); Treas. Reg. §1.732-1(c)(1)(ii)

과액은 그 자산의 미실현가치상승익(내재이익)에 비례해서, 또한 그 내재이익의 범위에서 할당된다.[27] 그러고 나서도 초과액이 남는 경우 각 자산의 시가에 비례해서 할당된다.[28] 반대로, 할당될 지분가액이 비§751 자산의 파트너십 내부기준가액에 미치지 못할 경우 그 부족액은 그 자산의 미실현가치하락손실(내재손실)에 비례해서, 또한 그 내재손실의 범위에서 할당된다.[29] 할당된 기준가액의 부족액이 미실현가치하락 손실을 소멸시키고도 여전히 남아 있는 경우에는 그 시점에서의 그 자산의 상대적 조정기준가액에 따라서 그런 부족액이 배부되도록 기준가액이 할당된다.[30]

예를 들면,[31] 지분가액이 $5,500인 파트너가 분배 직전의 내부기준가액이 $500이고 시가 $4,000의 자산X와, 내부기준가액 및 시가가 모두 $1,000인 자산Y의 분배를 받은 경우를 고려해 보자. X와 Y는 비§751 자산이라고 하자. 우선 지분가액 $5,500은 X와 Y의 분배 직전의 내부기준가액까지 할당된다(이 시점에서 X에 $500, Y에 $1,000). 또한 할당된 지분가액이 남아 있으므로 우선 X와 Y의 내재이익에 따라 각 자산에 할당된다. X의 내재이익은 $3,500, Y는 0이므로 잔여 지분가액 $4,000 가운데 X에 $3,500(Y는 0) 할당된다. 잔여 $500은 X와 Y의 상대적 시가에 따라서 할당되므로 X에 $400(500 x 4,000/(4,000+1,000)), Y에 $100(500 x 1,000/(4,000+1,000))이 할당된다. 결국 할당 후의 X의 기준가액은 $4,400, Y는 1,100이 된다.

이상의 분배에 관한 Subchapter K에 따른 과세효과를 그림으로 정리하면 위의 [그림 3-6-1]와 같다.

---

27) IRC §732(c)(2)(A); Treas. Reg. §1.732-1(c)(2)(ii)
28) IRC §732(c)(2)(B); Treas. Reg. §1.732-1(c)(2)(ii)
29) IRC §732(c)(3)(A); Treas. Reg. §1.732-1(c)(2)(i)
30) IRC §732(c)(3)(B); Treas. Reg. §1.732-1(c)(2)(i)
31) 이 예는, Treas. Reg. §1.732-1(c)(4)의 Example 4를 참조한 것이다.

[그림 3-6-1] Subchapter K의 파트너십 분배에 따른 과세효과 개관

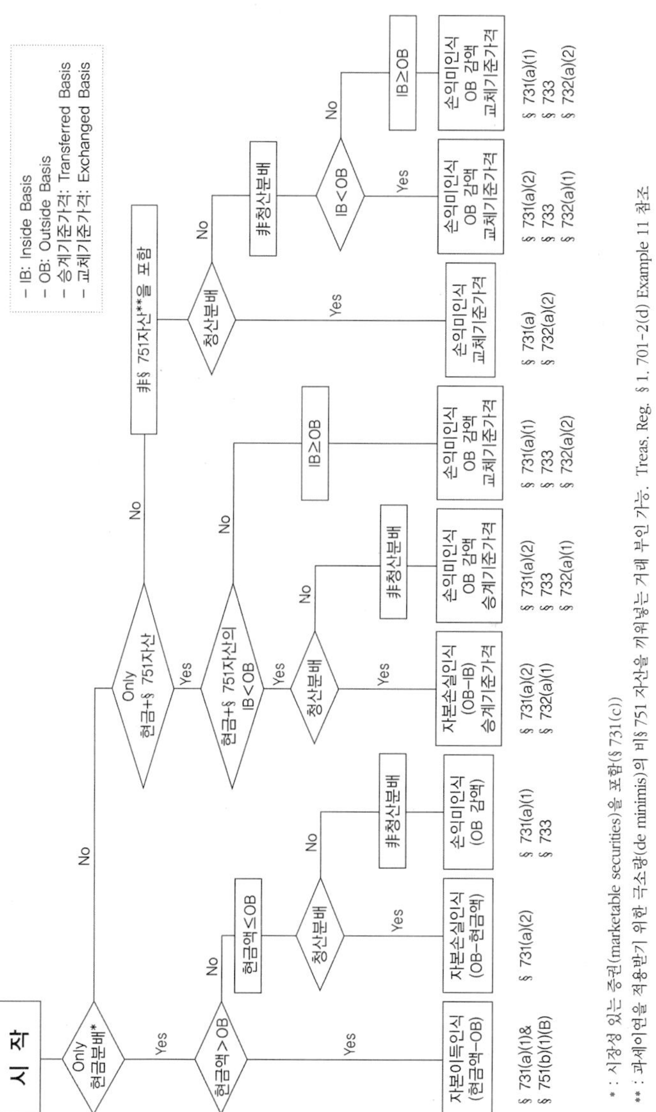

* : 시장성 있는 증권(marketable securities)을 포함(§ 731(c))

** : 과세이연을 적용받기 위한 극소량(de minimis)의 비§ 751 자산을 끼워넣는 거래 부인 가능. Treas. Reg. § 1. 701-2(d) Example 11 참조

다. 분배자산의 분배 후 처분 시의 손익

본 장 제5절(지분양도)에서 살펴본 바와 같이[32] 납세의무자들이 파트너십을 이용하여 파트너십 단계의 통상소득(자본손실)을 자본이득(통상손실)으로 전환하고자 하는 전략은 분배의 경우에도 그대로 유효하다. 이러한 전략에 대한 대응책으로서 지분양도에서와 마찬가지로 분배된 자산이 미실현매출채권인 경우 피분배파트너가 나중에 그 미실현매출채권을 처분하여 손익을 낳는 경우 그 손익의 성질은 항상 통상소득 또는 통상손실로 구분한다.[33] 또한 분배된 자산이 재고자산인 경우에는 피분배파트너가 나중에 그것을 분배일로부터 5년 이내에 매각 또는 교환한 때의 손익은 통상소득 또는 통상손실로 구분한다.[34]

이는 결국 파트너십에 있어서 통상소득의 성질을 그대로 파트너에게 승계시키는 것에 의해 그 동기를 제거하고자 하는 것이 이와 같은 취급의 목적이다.[35] 또한 IRC §735(a)의 적용대상이 되는 자산이 피지배 회사로의 현물출자[36]와 같은 과세이연 거래에 의해서 처분(다른 자산과 교환)된 경우, 당해 다른 자산(대체기준가액 자산)도 또한 IRC §735(a)의 적용대상이 된다.[37]

또한 피분배파트너의 수중에서 분배된 자산의 보유기간을 결정하는데 있어서도 파트너십의 보유기간이 산입된다.[38]

---

32) 본 장 제5절(지분양도) 제II항의 1-가(손익특성의 전환 및 그 대책) 참조.
33) IRC §735(a)(1); Treas. Reg. §1.735-1(a)
34) IRC §735(a)(2); Treas. Reg. §1.735-1(b)
35) S. Rep. No. 83-1622(1954), p.394; H.R. Rep. No. 83-1337(1954), p.A229
36) IRC §351 참조
37) IRC §735(c)(2)(A). 단, 회사설립을 위한 IRC §351 거래에 있어서 수취한 C법인 주식에는 적용되지 않는다. IRC §735(c)(2)(B)
38) IRC §735(b)

라. 불균형 분배의 치유: IRC §751(b)

(1) 규정의 골자

IRC §751(b)에 따르면, 피분배파트너가 ①파트너십이 보유하는 §751 자산에 대한 자기지분의 일부 또는 전부와 교체로 파트너십이 보유하는 비§751 자산을 분배받는 경우 및 ②파트너십이 보유하는 비§751 자산에 대한 자기지분의 일부 또는 전부와 교체로 파트너십이 보유하는 §751 자산을 분배받는 경우, 당해 거래를 피분배파트너와 파트너십 간의 매각 또는 교환으로 취급한다고 규정하고 있다.

전술한 바와 같이 파트너십으로부터의 분배에 따른 과세결과가 결정되는데 있어서 통상소득의 자본이득으로의 전환을 방지하는 규정이 적용된다.[39] 그러나 이런 규정만으로는 이 목적이 달성되지 않는다. 다음의 예를 보자.[40]

예: ABC(파)는 다음의 재무상태표를 보유하고 있다.

자산	inside basis	시가	자본	outside basis	시가
현금	260	260	A	100	130
재고자산	40	130	B	100	130
	___	___	C	100	130
총액	300	390		300	390

A, B 및 C는 대등한 파트너이다. A는 파트너십으로부터 탈퇴하면서 청산분배로서 재고자산을 받았다.

이 경우에, IRC §751(b)의 적용이 없다고 하자. 일반원칙 하에서 A는 수취

39) IRC §§732(C), 735(A)

40) 이 예는, William S. McKee, et al.(이 책 35쪽·주37), ¶21.03[3]의 Example 21-4를 참조한 것이다.

한 재고자산에 대해서 $40의 기준가액을 취하고,[41] $60의 자본손실을 인식한다.[42] 파트너십은 손익을 인식하지 않고 잔존자산인 현금도 당연히 기준가액에 변동은 없다. 이 분배 후에 파트너십에 남은 B와 C가 파트너십을 청산하고 분배를 받았다고 하면 B와 C는 각자 $130의 현금분배를 받고 $30의 자본이득을 인식한다.[43] 또한 분배 시 재고자산을 수취한 A가 분배 직후 그 자산을 매각한다면 통상소득 $90을 인식한다.[44]

분배 전 ABC(파)는 통상소득의 내재이익 $90을 가지고 있고 이것은 A, B 및 C에 각 $30씩 귀속하고 있었다. 따라서 A, B 및 C는 각자 $30의 통상소득을 가지고 있었던 것이다. 한편 분배가 행해지면 일련의 거래에서 A는 통상소득 $90과 자본손실 $60, B와 C는 각각 자본이득 $30을 가지고 있다. 이는 결국 분배를 통해서 A는 자본손실 $60과 통상소득 $60을 추가적으로 인식하는 것이 되고, 또한 B와 C는 통상소득 $30을 자본이득으로 전환하고 있는 것이 된다. 이것을 종합해 보면, 결국 B와 C의 통상소득 합계 $60이 A에 대한 불균형 분배에 의해서 A에 이전하는 꼴이 된다.

IRC §751(b)[45]의 목적은 이와 같은 파트너 간의 통상소득의 자본이득으로의 전환을 방지하는 것에 있다. 즉, IRC §751(b)는 이 분배를 ①A가 현금의 1/3($86.67)의 분배를 받아서 이것을 파트너십이 보유하는 재고자산 2/3(내부기준가액 $26.67, 시가 $86.67)와 교환으로 파트너십에 양도한 것으로 취급하는 것이다. 결국, A는 재고자산 2/3를 파트너십으로부터 구입한 것이 된다. 또한 ②A는 파트너십으로부터 남은 재고자산 1/3(내부기준가액 $13.33, 시가 $43.33)의 분배를 받은 것으로 취급되고, 이는 일반원칙에 따라 과세결과가

41) IRC §§732(b), 732(c)
42) IRC §731(a)(2)
43) IRC §731(a)(1)
44) IRC §735(a)
45) IRC §751(b)는 같은 조(a)와 함께, '해산예정파트너십(collapsible partnership)' 조항이라 불리지만, 이 말에 대해서는, 본 장 제5절 제II항 각주 14 참조.

결정된다.[46]

위 ①의 거래에서 A는 현금 $86.67의 분배를 받고 있으므로 지분가액은 $13.33까지 감소하며[47] 손익을 인식하지 않는다. 한편, 파트너십(B와 C)은 재고자산 2/3를 매각하고, $60의 통상소득을 인식한다. 이것은 B와 C에 똑같이 배분되어 B와 C의 지분가액은 각각 $130까지 증가한다.[48]

또한 ②의 거래에서 A는 재고자산 1/3의 분배를 받고 그 내부기준가액은 $13.33이다.[49] 지분가액과 분배자산의 내부기준가액이 같으므로 손익은 인식되지 않는다. 결국 A는 재고자산 전부(시가 $130)에 대해서 기준가액 $100(구입분 $86.67+분배분 $13.33)을 취한다. ②의 거래에 있어서 파트너십은 어떠한 손익도 인식하지 않는다.

이 분배 직후에 A가 재고자산을 매각하면 $30의 통상소득을 인식하게 되고, 한편 B와 C가 파트너십을 청산해도 손익은 인식되지 않는다(분배된 현금액이 지분가액과 동일).

IRC §751(b)가 적용된 경우 최종적으로 A가 인식한 이익은 통상소득 $30이고, B와 C도 마찬가지로 통상소득 $30씩이다. 이것은 분배 직전의 A, B 및 C의 통상소득 내재이익과 완전히 같은 것이다. 결국 IRC §751(b)의 적용에 의해 통상소득의 파트너 간 이전(통상소득의 자본이득으로의 전환)이 방지된다. 바꾸어 말하면, 통상소득이 내재이익의 꼴로 발생한 때에 그 내재이익을 가진 자산에 지분을 가지는 자에 대해서 통상소득 과세를 강제한다고 하는 것이다.

---

46) 또한 IRC §751(b)의 또 하나의 기능으로는, 이익의 조기인식이라고 하는 측면도 있다. Karen C. Burke(이 책 164쪽·주23), p.352; Karen C. Burke, "Partnership Distributions: Options for Reform", 3 Fla. Tax Rev. 677 (1998), p683; William D. Andrews, "Inside Basis Adjustments and Hot Asset Exchanges in Partnership Distributions", 47 Tax L. Rev. 3 (1991), p.46 등 참조.

47) IRC §705(a)(2)

48) IRC §705(a)(1)

49) IRC §732(b), §732(c)

위 예는 가장 단순한 예이지만[50] 여기에서도 그 적용이 꽤 어려운데 자산이나 파트너의 수가 많고 파트너십 계약에 있어서 손익배분이 복잡하게 되면 그 적용이 얼마나 곤란할지는 충분히 상상할 수 있다. 또한 파트너십과 피분배파트너 간의 자산의 매각·교환이라 하는 개념을 사용함에 따라 그 목적이 완전히 달성되지 못하는 경우도 발생한다.[51] 이런 이유로부터 몇 차례에 걸쳐 이 조항의 폐지가 제안되어 오고 있다.[52]

(2) § 751 자산과 "상당한 가치상승(substantial appreciation)" 기준

§751 자산은 미실현매출채권과 재고자산으로 되어 있는데, 본 장 제5절(지분의 양도에 따른 과세문제) 제II항에서 다룬 §751 자산과 동일하며, 결국 통상소득을 발생시키는 자산의 총칭이다.

또한 IRC §751(b)의 적용대상이 되는 재고자산은 상당히 가치상승해(appreciated substantially) 있을 것이 요구된다.[53] 이 "상당한 가치상승" 요건에 의해 소액의 가치상승밖에 없는 재고자산은 IRC §751(b)의 적용대상이 되지 않으며, 따라서 그 범위에서 통상소득의 자본이득으로의 전환이 가능하다.

파트너십의 재고자산(모든 재고자산을 합계한 것)은 그 시가가 파트너십 내부기준가액의 120%를 초과하고 있는 경우에 상당히 가치상승하고 있는

---

50) IRC §751(b)의 구체적인 적용절차는 Subchapter K에서 가장 난해하고 복잡한 규정의 하나로 악명이 높은데, 현재까지 알려진 이에 대한 가장 이해하기 쉬우면서 권위있는 설명으로, William S. McKee, et al., *supra* note 40, ¶21.03의 7단계 분석법이 널리 알려져 있는데, 이 책에서는 이에 대한 설명을 생략키로 한다.

51) IRC §751(b)가 적절히 작용하지 않는 경우의 예로서 William S. McKee, et al., *supra* note 40, ¶21.04[2] Example 21-13 참조. 이렇듯 적절히 작용하지 못하는 이유로는 IRC §751(b)가 파트너십 자산에 포함되어 있는 통상소득 내재이익의 이전에 초점을 맞추지 않고, 시가의 이전을 기준으로 하고 있기 때문이라고 한다. ALI, *Federal Income Tax Project, Taxation of Private Business Enterprises*(1999), pp.295-296 & note 466; William S. McKee, et al., *supra* note 40, ¶21.04[2]

52) S. Rep. No. 99-313, 99th Cong., 2nd Sess.(1986) pp.58-65 참조.

53) IRC §751(b)(1)(A)(ii)

것으로 된다(소위 120% test).[54] 이 test를 회피할 목적으로 분배 직전에 재고자산을 구입하여, 말하자면 그 내재이익을 작게 해서 120% test를 회피하는 것을 방지하기 위해 재고자산을 취득한 주된 목적이 IRC §751(b)의 적용을 회피하는(결국 120% test를 회피하는) 것에 있는 경우 그 자산은 재고자산으로부터 제외된다고 하는 남용방지 규정을 두고 있다.[55]

2. 파트너십의 선택적 내부기준가액 조정: §§ 734(b)·754·755

가. 문제의 소재와 개요

분배에 관한 일반원칙에 의하면 파트너십으로부터 자산이 분배된 경우 파트너십에 잔존하는 자산의 세무상 내부기준가액은 조정되지 않는다.

예[56]: ABC(파)는 다음과 같은 재무상태표를 가지고 있다. 각 파트너의 지분은 대등하다.

자산	inside basis	시가	자본	outside basis	시가
현금	6,000	6,000	A	3,000	6,000
자본자산	3,000	12,000	B	3,000	6,000
			C	3,000	6,000
총액	9,000	18,000		9,000	18,000

파트너 A는 파트너십을 탈퇴하면서 청산분배로서 현금 $6,000을 수취했다.

54) IRC §751(b)(3)(A)
55) IRC §751(b)(3)(B)
56) 이 예는, Treas. Reg. §1.734-1(b)(1) Example 1을 참조한 것이다.

일반원칙에 의하면 청산분배 시 A는 $3,000의 자본이득을 인식하고 파트너십 자산의 내부기준가액은 변동하지 않는다.[57] 하지만 분배 후 파트너십은 다음과 같은 왜곡된 재무상태표를 가지는 것이 된다.

자산	inside basis	시가	자본	outside basis	시가
자본자산	3,000	12,000	B	3,000	6,000
			C	3,000	6,000
총액	3,000	12,000		6,000	12,000

그 후 파트너십이 자본자산을 매각한 경우 파트너십은 $9,000의 이익을 인식하고, B와 C에 각자 $4,500씩 배분한다. 그러나 분배 전 B와 C의 자산 내재이익은 각자 $3,000인데도 불구하고 자본자산 매각 시에 $4,500의 이익을 인식하는 결과가 된다. 이는 결국 A가 파트너십으로부터 탈퇴한 때에 $3,000을 인식하고 있지만 이것은 결국 분배 전 자산 내재이익 $9,000의 1/3인 $3,000이 현금분배액과 지분가액의 차액이라는 형태로 분배 시에 인식되어 있는 것이다. 그러나 그것에 관계없이 파트너십이 보유하는 자본자산의 내부기준가액이 조정되지 않음으로 인해 분배 전 A의 내재이익이었던 것이 B와 C에게 다시 과세되고 있는 것이다.

이와 같이 동일한 이익이 별개의 납세의무자에 중복해서 과세된다고 하는 의미에서의 이중과세는 일시적인 것이다. 앞의 예에서 파트너십이 자산을 매각한 후 B와 C의 지분가액은 각각 $7,500이 된다(당초 기준가액 $3,000 + 자산매각 시에 배분된 이익 $4,500). 그 후 파트너십이 청산되었다고 한다면 B와 C에 현금이 $6,000씩 분배되고, 지분가액과 현금분배액의 차액 $1,500이 자본손실로서 인식된다.[58] 분배가 개시될 때부터 파트너십이 완전히 청산될 때까지 B와 C는 각자 $4,500의 자본이득(자산매각 시) + $1,500의 자

---

57) IRC §731(a)(1) & IRC §734(a)
58) IRC §731(a)(2)

본손실(파트너십 청산 시)을 인식하고, 결국 순액 $3,000의 자본이득으로 귀결된다. 따라서 B와 C에 대한 이중과세는 어디까지나 일시적인 것이고 일련의 거래에서 과세된 이익의 순액은 분배 이전의 내재이익과 동일하다. 그러나 B와 C에 대해서는 자산매각 시에 $1,500만큼 과대하게 과세가 행해지고 그것이 후에 같은 금액의 손실을 만드는 것이 되므로 일종의 소득 조기인식이 일어나고 있는 것이다.

A에 의한 지분의 청산은 경제적으로 보면 B와 C가 각각 현금 $3,000의 분배를 받은 후 A의 지분을 구입한 것과 같다. 따라서 IRC §743(b)가 대처하고 있는 문제[59]와 실제로 같은 성질의 문제라고 할 수 있다. 또한 분배 전에는 현금과 자산의 내부기준가액이 각 파트너의 지분가액 합계액과 등가였으나 분배 후에는 등가가 아니게 된 점도 주목할 필요가 있다.

이와 같은 이중과세나 소득종류의 전환을 방지하고자 IRC §734(b)는 §754 선택을 행하고 있는 경우[60]에 분배 후 파트너십에 남아 있는 자산의 내부기준가액을 조정하는 것을 인정하고 있다("§734(b) 내부기준가액 조정"). §734(b) 내부기준가액 조정이 발생하는 것은 분배 시에 인식된 손익을 파트너십 잔존자산에 반영시키는 경우(위 예의 경우)뿐만 아니라 분배자산에 대해서 교체기준가액(exchanged basis)이 취해진 경우에 그것을 파트너십 잔존자산에 반영시키는 경우 등이 있을 수 있지만[61] 이는 모두 분배 전후에 있어서 잔존파트너의 파트너십 자산에 대한 내재손익을 유지하는데 그 목적이 있고,[62] 달리 말하면 파트너십의 지분가액 총액과 내부기준가액 총액을 일

---

59) 본 장 제5절(지분양도) 제II항의 2..-나.의 논의 참조.

60) §754 선택에 대해서는 본 장 제5절 제II항 참조. 이렇듯 §754 선택을 행한 경우, IRC §734(b) 기준가액조정과 IRC §743(b) 기준가액조정의 양쪽을 모두 행하지 않으면 안 된다.

61) 이러한 경우의 예로, Treas. Reg. §1.734-1(b)(1) Example 2 참조.

62) William D. Andrews, *supra* note 46, p.15. 본 절에 있어서 §734(b) 기준가액조정의 취지 설명은 대체로 이 논문에 의하고 있다.

치시키는 시스템이라고도 말할 수 있다.[63]

사례로 돌아가서, IRC §734(b)(1)(A)는 파트너십이 A가 인식한 $3,000의 이득만큼 자본자산의 기준가액을 증가시키도록 허용하며 이 경우 파트너십의 재무상태표는 다음과 같다.

자산	inside basis	시가	자본	outside basis	시가
자본자산	6,000	12,000	B	3,000	6,000
			C	3,000	6,000
총액	6,000	12,000		6,000	12,000

나. 조정액의 결정 및 할당: IRC §734(b)·§755

IRC §734(b)는 전체적인 조정금액을 결정한다. 그 다음에 조정금액을 파트너십 자산들 가운데로 할당하는 것을 규율하는 IRC §755로 이동한다. 지분양도에 따른 IRC§743(b) 조정에서와 같이 초기 단계는 파트너십의 자산들을 평가하는 것이다. 다음으로 그 자산들을 자본이득 자산(자본자산 + §1231(b) 자산)과 통상소득 자산의 2가지 유형으로 구분한다.[64] 위 사례에서 피분배파트너가 인식한 이득의 성격은 자본이득이므로 재무부 규칙에 따르면 그 조정은 파트너십의 자본이득 자산의 기준가액에 대해서만 일어나게 된다.[65] 이와 같은 할당방식은 양수파트너에 대해서만 특별한 인적 내부기준가액을 만드는 IRC §743(b) 조정을 규율하는 원칙들과는 달리, IRC §734(b) 조정은 그 반대의 특별배분이 없다면 모든 잔존 파트너들에게 적용된다.

또한 IRC §734(b)는 분배된 자산의 기준가액이 IRC §732(a)(2)에 따라 피분배파트너의 지분가액에 제한될 때에도 조정을 허용한다. 예를 들면,[66]

---

63) Arthur B. Willis, et al.(이 책 33쪽·주32), ¶13.05[1]; S. Rep. No. 83-1622(1954), pp.94-96 및 H.R. Rep. 83-1337(1954), pp.68-69

64) Treas. Reg. §1.755-1(a)

65) Treas. Reg. §1.755-1(c)(1)(ii)

66) 이 예는, Treas. Reg. §1.734-1(b)(1) Example 2를 참조한 것이다.

ABC(파)는 다음과 같은 재무상태표를 가진다고 가정하자.

자산	inside basis	시가	자본	outside basis	시가
현금	$3,000	$3,000	A	$5,000	$ 5,000
자본자산X	9,000	3,000	B	5,000	5,000
자본자산Y	3,000	9,000	C	5,000	5,000
	$15,000	$15,000		$15,000	$15,000

이 시점에서, 각 파트너는 자본자산X의 가치하락에 따른 $2,000의 미실현 손실과 자본자산Y의 가치상승에 따른 $2,000의 미실현이득을 가진다. 만일 자본자산X가 A에게 분배되면, 그 자산에 대한 A의 기준가액은 그의 지분가액인 $5,000에 제한된다. A가 그 자산을 매각할 때 그는 $2,000의 손실 몫을 인식하지만, $4,000의 기준가액이 분배 시점에 증발해버리므로 동 $4,000의 출자 전 내재 자본손실은 사라진다. 조정이 없다면, 파트너 전체는 자본자산X에 대하여 $2,000의 손실만 인식하지만 자본자산Y에 대해서는 $6,000 전체의 이득을 인식한다. 이러한 왜곡을 치유하기 위하여 IRC §734(b)는 파트너십이 잔존자산들에 대한 기준가액을 분배된 자산에 대한 파트너십의 기준가액과 피분배파트너가 그 자산에 대해 취한 기준가액 간의 차액에 해당하는 금액만큼 증가하도록 허용한다.[67]

IRC §755는 다시 그 조정의 할당을 정한다. 총손익의 적정금액과 성격을 보존하기 위하여, 그 조정은 분배의 결과로써 기준가액이 변하는 분배된 자산과 같은 유형의 자산에서 이루어진다.[68] 만일 한 유형의 자산 내에서 할당된 기준가액의 증가가 있다면, 이는 그들의 가치증가에 비례하여 미실현 내재이익을 가진 자산들에 먼저 할당된다. 나머지 증가는 그 자산들의 시가에 비례하여 할당된다.[69] 한 유형의 자산 내에서 할당된 기준가액의 감소는, 그

67) IRC §734(b)(1)(B)

68) Treas. Reg. §1.755-1(c)(1)(i)

69) Treas. Reg. §1.755-1(c)(3)

감소 전 이들의 미실현 가치 감소액을 기초로 자산들에 할당된 다음, 그 자산들의 조정된 기준가액에 비례하여 할당된다. 어떠한 경우에도 자산의 기준가액은 0 미만으로 감소할 수 없다. 만일 파트너십이 조정대상 성격의 자산을 갖고 있지 않거나 만일 유사한 성격의 모든 자산의 기준가액이 0으로 감소되면, 그 조정은 그 파트너십이 조정대상 유형의 자산을 취득할 때까지 중단된다.[70]

이상의 규정에 대해서, 예를 가지고 살펴보기로 한다.

예[71]: ABC(파)는 다음의 재무상태표를 가지고 있고, 각 파트너의 지분은 대등하다.

자산	inside basis	시가	자본	outside basis	시가
자본이득자산U	80	160	A	200	300
자본이득자산V	110	160	B	200	300
자본이득자산W	140	160	C	200	300
통상소득자산X	80	140			
통상소득자산Y	140	140			
통상소득자산Z	50	140			
총액	600	900		600	900

파트너십은 §754 선택을 행하고 있다. 파트너 A는 파트너십을 탈퇴하면서 청산분배에서 자본이득자산U와 통상소득자산X를 수취했다.[72]

70) Treas. Reg. §1.755-1(c)(4)

71) 이 예는, William S. McKee, et al., *supra* note 40, ¶25.02[1] Example 25-5를 참고한 것이다.

72) 이 예에서는, IRC §704(c)(1)(B) 및 IRC §737의 양방이 적용되지 않는다고 가정하고 있다. 또한, 분배 전후에서 A의 통상소득자산에 대한 지분은 변동하지 않으므로, IRC §751(b)는 적용되지 않는 것에 주의.

A는 수취한 U와 X에 대해서 각각 $120, $80의 기준가액을 취하므로,[73] U의 기준가액은 분배 전과 비교해서 $40 증가한다($80에서 $120). 따라서 IRC §734(b) 하에서, 파트너십의 잔존 자본이득자산V와 W에 대해서 $40의 하향 기준가액조정이 행해진다. V와 W는 각각 내재손실을 가지지 않으므로 각 자산의 내부기준가액(V: 110, W: 140)에 비례해서 할당되는 것이 된다. 따라서 V의 내부기준가액은 $17.6 하락해서 $92.4, W의 그것은 $22.4 하락해서 $117.6이 된다.[74]

3. 기타 주요 남용방지 조항

가. 시장성있는 증권(Marketable Securities)의 분배: IRC §731(c)

시장성 있는 주식은 쉽게 평가되고 현금처럼 유동성이 높으므로, IRC §731(c)에 따르면 IRC §731(a)(1) 및 IRC §737의 목적상, 시장성 있는 증권의 분배는 분배 당시 그 증권의 시가 범위 내에서 현금의 분배로 취급된다. 원래 IRC §731(a)(1)에 따르면 현금 이외의 자산의 분배의 경우 그 자산의 시가가 아무리 지분가액을 초과하고 있더라도 이익은 인식되지 않고 과세는 이연된다. 따라서 현금과 같이 시가평가가 용이하고 유동성을 가진 증권을 분배한 경우 경제적으로 이 거래가 현금매각에 유사하더라도 이익은 인식되지 않는다. 이에 따라 시장성 있는 증권을 현금으로 취급하여 과세이연 취급에 제한을 가하고자 하는 것이 이 규정의 목적이다. 만일 어느 파트너가 시장성 있는 주식의 분배에 따라 이득을 인식한다면 그 파트너의 주식에 대한 기준가액은 IRC §732에 따른 기준가액에 그 파트너가 인식한 이득금액만큼 증가할 것이다.[75]

---

73) IRC §§732(b), 732(c)

74) William S. McKee, et al., *supra* note 40, ¶25.02[1][b]

75) IRC §731(c)(4)

IRC §731(c)의 기능을 설명하기 위해서, A와 B가 동등 파트너십인 AB(파)를 설립하면서, A는 원가 $250/시가 $1,000의 재산을 출자하고 B는 현금 $1,000을 출자했다고 가정하자.[76] 그 파트너십은 나중에 $500에 시장성 있는 주식을 매입하고 즉시 그 주식을 A에게 분배했다. 그 주식의 분배는 $500의 현금의 분배로써 취급되고, A는 $250의 자본이득을 인식하게 된다. 그 주식에 대한 A의 원가, 즉 기준가액은 IRC §732(a)에 따른 원가 $250에 $250의 인식된 이득이 증가되어 총 $500이 된다.

나. Mixing Bowl 거래 제한: IRC §704(c)(1)(B)·§737

IRC §704(c)(1)(A)의 일반원칙에 따르면, 내재손익을 가진 재산을 출자하는 파트너는 대개 파트너십이 나중에 그 재산을 처분할 때 그 손익을 배분받는다.[77] 1954년 Subchapter K 입법 시, IRC §704(c)는 출자재산의 파트너십 매각에 제한되었다. 그 결과, 출자파트너는 만일 파트너십이 그 출자재산을 매각하지 않고 다른 파트너에게 분배하면 출자 전 이득의 배분을 피할 수 있다. 파트너십은 대개 재산의 분배에 따라 손익을 인식하지 않으므로 출자파트너는 분배에 대하여 과세되지 않으며, 내재이익은 기준가액 승계방식을 통하여 피분배파트너에게 이전된다.[78]

이런 형태의 mixing bowl 거래를 막기 위하여 1989년 IRC §704(c)(1)(B)가 제정되었는데, 이에 따르면 만일 어느 파트너가 출자한 재산이 그 파트너십에 출자된 후 7년 이내에 다른 파트너에게 분배된다면 출자파트너는 마치 파트너십이 그 재산을 분배 시점에 시가로 매각한 것처럼 IRC §704(c) 손익을 인식하는 것으로 취급한다. 그 손익의 성격은 마치 그 파트너십이 출자재산을 피분배파트너에게 매각한 경우와 같다. 이에 따라 출자파트너의 지분

76) Treas. Reg. §1.731-2(j) Example 1을 참조.
77) Treas. Reg. §1.704-3 및 본 장 제3절 제V항의 논의 참조.
78) IRC §732

가액은 그 분배의 결과로써 인식한 손익의 액만큼 증감한다. 이 때, 손익의 이중 인식을 피하기 위해 파트너십의 내부기준가액은 출자파트너가 인식한 손익을 반영하기 위하여 그 분배 전에 증감한다.[79]

예를 들면,[80] A가 원가 $12,000이고 시가 $20,000인 토지X를 출자하고, B는 현금 $20,000을 투자하여 AB(파)를 설립했다. 3년 후 파트너십이 토지X의 시가가 $23,000일 때 B에게 분배했다고 가정하자. IRC §704(c)(1)(B)에 따라, A는 파트너십이 그 재산을 분배하지 않고 매각한 것처럼 $8,000의 출자전 이득을 배분받게 되고, A는 동 금액만큼 그의 지분가액을 증가시킨다. 추가로, 토지X의 원가는 B에 대한 분배 전에 $20,000로 증가하고, B는 $20,000의 원가를 승계하게 된다.

4. 평가

미국 Subchapter K상의 분배(distribution)에 대한 과세규정의 특징을 살펴보면,

무엇보다 먼저, 출자에 따른 과세이연과 동일한 취지, 즉 새로운 사업체의 형성단계에서 뿐만 아니라 운영에 따른 청산적 또는 비청산적 사업형태나 구성원의 변경단계에 대해서도 원칙적으로 투시과세의 근본목적인 조세의 중립성에 터잡아 이러한 분배를 과세의 계기로 삼지 않는 점이다.[81] 이를 위한 개념적 도구로써 파트너십 분배에 있어서 파트너십 지분에 하나의 기준가액(= 지분가액)을 붙여서 분배된 현금과 지분가액의 차액을 이익으로 인

---

79) IRC §704(c)(1)(B)(iii)

80) Treas. Reg. §1.704-1(b)(5)의 Example 13(i) 참조.

81) 하지만 공동사업의 설립과 성장을 촉진할 목적으로 출자 시에는 과세이연이 필요하지만, 사업이 진행한 후 사업자산을 분배하는 경우까지 이러한 과세이연을 지속할 정책적 필요성은 없다는 주장으로, Curtis Berger, "Whither Partnership Taxation", 47 Tax L. Rev. 105(1991), pp.154-155 & n.202-203 참조.

식하는 등 기본적으로 실체적 접근에 기초한 취급, 즉 파트너가 개개의 자산을 공유하는 것이 아니고 파트너십 지분이라 하는 개개의 자산과 별개의 독립된 경제적 실체를 소유한다는 사고에 기초하고 있다.

다음으로, 분배란 파트너 입장에서 보면 공동사업으로부터 부분적 또는 최종적 인 청산을 의미하므로 분배 전 파트너십 단계에서 발생한 내재손익에 대한 과세는 설립에 따른 출자 전 내재손익에 대한 과세의 경우보다 한결 과세에 대한 정당성이 클 뿐만 아니라 과세이연 시 남용의 가능성 또한 매우 크다. 따라서 불가피하게 복잡한 조세회피 방지규정을 둘 수밖에 없다.[82] 이로 인해 분배(distribution)와 관련된 각종 남용방지 규정은 배분(allocation)에 대한 IRC §704(b) 규칙과 함께 Subchapter K를 이해하는데 있어서 가장 어려운 분야로 인식되고 있다. 이러한 남용방지의 구체적인 수단으로 IRC §751(b)의 해산예정파트너십 규정이나 IRC §734(b)의 선택적 내부기준가액 조정 규정은 분배에 대한 집합적 접근이 실체적 접근을 깊이 잠식해 들어가는 것을 허용한 것으로써 나름대로 조화를 이루고 있는 것으로 볼 수 있다. 하지만, 집합적 접근을 수미일관하게 관철할 수 없는 현실적 제약으로 인해 이러한 남용방지 규정은 파트너십 자산의 모든 내재손익과 손익특성의 자산별 유지·보존이 아닌 유형별(ex. §751 자산 vs. 비§751 자산 등)로 적용됨에 따라 지극히 복잡한 규정에도 불구하고 모든 남용가능성을 완전히 배제하고 있다고 보기는 어렵다.[83]

여전히 여러 가지 문제점을 안고 있기는 하지만, 미국의 Subchapter K에 따른 분배에 대한 과세규정은 과세이연을 통한 공동사업의 유연성을 우선에 두면서 조세남용 방지라는 공평성의 확보를 소홀히 하지 않는 점 및 투시과세에 대한 실체적 접근과 집합적 접근간의 적절한 조화와 타협 등의 측면에

---

82) 이의 구체적인 예가, IRC §751(b)에 따른 불균형 분배에 따른 손익인식 규정과 IRC §734(b)에 따른 선택적 기준가액 조정 규정이라 할 수 있다.

83) 이러한 점을 지적한 미국 내의 비판적 글로는, ALI, *supra* note 51, pp.298-299

서 투시과세대상 사업체의 분배에 대한 전반적인 과세체계의 완결성이나 현실적 타당성의 측면에서 높게 평가할 수 있겠다. 하지만 이러한 Subchapter K에 따른 분배상의 과세제도는 그 자체의 복잡성뿐만 아니라 설립에 따른 현물출자에 대한 과세이연 문제, 지분가액과 자본계정 개념의 도입, 다양한 손익배분비율의 허용 여부, 파트너십 자산에 대한 시가와 별개로 내부기준가액의 별도 관리 등과 상호 밀접한 관련을 가지고 있다. 결국 이러한 문제들과의 종합적인 검토를 통한 세제 전체의 정합성 유지가 큰 관건이 될 것이다. 무엇보다 자산이나 파트너의 수가 많고 지분구조나 손익배분구조가 복잡한 경우 이에 대한 적절한 회계처리가 가능할지 여부 및 IRC §§751(b)·734(b) 등의 적용에 있어서 분배 시 파트너십이 보유한 全자산의 시가평가[84]가 필요한데 이것이 가능할지 여부 등의 문제가 실무상 큰 걸림돌이 될 수 있을 것이다.

III. 일본의 경우

일본에서 조합의 분배에 대한 과세상 취급에 대해서는 세법상 아무런 규정이 없다. 결국 일반원칙에 따른 해석에 의존할 수밖에 없는데, 高橋祐介 교수의 최근의 의욕적인 논문과 저서[85] 外에는 이 문제에 대한 학계의 논의 또한 거의 찾아볼 수 없는 형편이다. 일본의 조합과세에 있어서 분배와 관련된 과세상 문제로는, 먼저 분배된 현금 기타의 자산 자체가 과세의 대상이 되는지 여부(피분배조합원의 문제), 다음으로 조합으로부터 현금 이외의 자산이

84) 시가평가의 문제는 IRC §704(b)에 따른 자본계정 유지원칙을 준수하기 위해서도 요구되는 것으로 자본계정 개념의 도입과 밀접한 관련이 있으며, 그런 차원에서 분배에 국한된 문제는 아니라고 할 수 있다.

85) 高橋祐介, "パートナーシップからの分配と所得課税", 岡山大學法學會 雜誌 52卷 1号(2002) 및 高橋祐介, 前揭書(이 책 164쪽·주23) 참조.

분배된 경우 자산의 양도가 있었던 것으로 보아 양도소득과세를 할 수 있는지, 과세할 수 있다면 그 과세의 구체적 방법은 무엇인지(분배하는 조합과 피분배조합원의 문제)의 문제로 나눌 수 있다.

분배받은 자산을 그 자체로서 과세할지 여부의 문제는 비교적 간단하다. 현행법상 조합은 인격 없는 사단 등[86]에 해당하지 않는다고 일반적으로 해석되고 있다.[87] 따라서 소득세법·법인세법상의 납세의무자로는 되지 않으므로,[88] 조합이 가득한 소득은 조합원에 직접 과세되는 것이 된다. 결국 세법상으로는 조합의 자본증가나 이익이 직접 조합원에 귀속하는 이상 개인사업자의 경우와 마찬가지로 그것이 자기의 자본 및 과세된 이익인 한 과세되지 않는다. 이 점에 대해서는 아마 異論이 없는 듯하다.[89]

그러나 현금 이외의 자산분배 시 조합단계에서 발생한 내재손익을 과세상 인식할지 여부에 대한 문제에 대해서는 설립 시 현물출자에 대한 과세문제와 같은 맥락에서 어려운 점이 있다.[90] 먼저 조합의 자산은 원래 조합원의 것인 이상 자산의 양도는 있을 수 없으므로 어떠한 경우에도 과세할 수 없다는 무양도설, 조합의 자산은 조합원의 공유이고[91] 자산의 분배란 공유물 분할[92]에 다름 아니므로 공유지분권의 교환이 있는 범위에서는 양도가 있었던 것으로서 과세해야 한다는 일부양도설, 그리고 조합에 있어서 공유는 개개의 조합자산의 지분을 처분하는 것이 가능하지 않고 또한 청산 전에 조합재산의 분할을 청구하는 것이 가능하지 않는[93] 등 통상의 공유와는 다른 소위 합유이고, 이와 같은 조합으로의 출자 또는 분배는 공유지분권의 교환이 아

86) 日本 所得稅法 第2條 第1項 第8号, 日本 法人稅法 第2條 第8号
87) 日本 所得稅基本通達 2-5 및 法人稅基本通達 1-1-1
88) 日本 所得稅法 第4條 및 第5條, 日本 法人稅法 第3條 및 第4條
89) 高橋祐介, 前揭書(주85), 308頁
90) 본 장 제2절 제II항의 2.의 논의를 참조.
91) 日本 民法 第668條
92) 日本 民法 第256條
93) 日本 民法 第676條

니라 출자자산 또는 분배자산의 전체로 물권변동이 미친다고 사고되므로[94] 분배자산 전체가 양도된 것이라고 보는 전부양도설 등이 그것이다. 입법적 해결이 지연되고 있는 가운데 현물출자 시와 마찬가지로 실무와 학설의 다수는 사법상의 조합의 법적 성질과 가장 부합하는 일부양도설에 따르는 것으로 알려져 있다.[95]

한편 일부양도설의 전제로서 개개의 자산의 공유지분권을 각 조합원이 보유하고 있다고 사고하는 것이지만, 이는 조합원 및 자산의 수가 극히 소수이고 매우 단순한 배분비율로 이루어진 조합에서만 현실적으로 과세가능하게 된다. 따라서 이와 같은 극히 단순한 형태 이외에는 조합에 대한 과세를 불가능하게 만들어 공동사업 형태로서의 조합 자체의 사용을 어렵게 한다는 비판을 받고 있다.[96] 즉 조합은 출자나 분배, 조합원의 가입탈퇴 등에 의해서 각 자산에 대한 조합원 간의 공유지분권이 빈번히 변동하지만 이와 같은 경우에 일일이 양도소득과세를 행하는 것은 불가능하고, 실제로 과세된다고 하더라도 납세의무자에 있어서 조합의 사용편의성이 현저히 떨어지게 되기 때문이다. 또한 분배 시에만 공유지분권이 교환된다고 사고하더라도 미국의 파트너십 과세의 IRC §751(b) 해산예정파트너십 규정과 같은 시스템을 조합의 분배 시 과세에 도입해야 하는 것이므로 이것도 실행불가능하다. 또한 손익의 배분에 관해서 조합계약이 복잡한 경우나 조합이 채무를 부담하고 있는 경우 자산의 어떤 부분과 어떤 부분이 상호 교환되는지의 문제가 여전히 불분명하다는 지적이 있다.[97]

일본에서 조합의 분배에 대한 이러한 과세상의 어려움 속에서 최근 高橋祐介 교수가 제안한 방식에 주목할 필요가 있는데, 이 제안에 따르면 양도소득 과세의 본질을 "자산의 가치상승에 의해 그 자산의 소유자에게 귀속하는

94) 鈴木祿彌 編, 前揭書(이 책 252쪽·주30), 87頁
95) 高橋祐介, 前揭書(주85), 309頁 참조
96) 高橋祐介, 前揭書(주85), 309頁 참조
97) 高橋祐介, 前揭書(주85), 309頁 참조

증가익을 소득으로 보되, 그 자산이 소유자의 지배를 떠나서 다른 사람에게 이전하는 것을 기회로 이것을 청산해서 과세하는 취지"[98]로 파악한다. 이에 따라 조합으로부터의 자산 분배가 조합단계에서 발생한 내재이익에 대해서 그 자산의 소유자에 대해 과세할 수 있는 최후의 기회에 과세하는 것으로 전제한다. 그 다음 각 조합원이 개개의 조합 자산에 대하여 가지는 내재손익[99]이 분배 전후에 어느 정도 변동하는지에 따라 각 조합원은 분배 후의 내재이익(또는 내재손실)이 분배 전의 내재이익(또는 내재손실)보다 감소한 경우 그 감소액만큼 내재이익(또는 내재손실)을 인식하고, 인식된 내재이익(또는 내재손실) 만큼 조합에 잔존하는 자산 및 조합원에 분배된 자산의 장부가(세무상 원가)를 증가(또는 감소)시킨다.[100]

하지만, 이러한 분배에 따른 과세방식은 일부양도설에 의할 경우 불가피하게 노정하게 되는 조합과세에 대한 근본적인 취약점을 치유하고 미국의 IRC §751(b)의 불균형 분배에 대한 방지책에서 사용하는 §751 자산과 비§751 자산 간의 의제적 교환 개념의 사용에 따르는 번잡함을 피할 수 있는 매우 유력한 방안임에는 분명하다.[101] 하지만 高橋교수가 자평하듯이 분배 전후의 내재손익에 대한 측정을 위해서는 배분(allocation)에 대한 과세규칙의 정비, 특히 지분가액과 자본계정 제도의 도입이 불가피하다는 점, 조합으로의 출자 시 현행 행정해석의 입장[102]과 같이 일부양도설을 취하는 경우 자기지분에 해당하는 출자 전 내재손익과 출자 후 조합단계에서 발생한 내재손익에 대한 구분계리가 필요함에 따라 한층 복잡한 계산구조를 띨 수밖에

98) 最判昭和43年10月31日訟月14巻12号 1142頁. 同旨, 最判昭和50年5月27日民集29巻5号 641頁
99) 분배되는 자산뿐만 아니라 조합에 잔존하는 자산의 내재손익의 변화도 함께 고려하는 점에 주의
100) 이에 대한 구체적인 예제는, 高橋祐介, 前掲書(주85), 313頁의 例 18 참조. 이 책에서 이에 대한 자세한 설명은 생략
101) 高橋祐介, 前掲書(주85), 316-319頁 참조
102) 國稅廳, 前掲書(이 책 118쪽·주29). 본 장 제2절 제II항의 2.의 논의 참조.

없는 등의 문제[103]가 지적될 수 있으며 앞으로 일본에서의 입법적 대응을 주시할 필요가 있겠다.

IV. 우리나라의 경우

1. 공동사업장 과세상의 분배

공동사업장 과세제도 하에서 조합으로부터 조합원으로의 분배에 대한 과세효과를 다루는 법령은 존재하지 않았다. 한편 행정해석은 분배를 "공동사업에 참여한 조합원이 공동사업을 탈퇴함에 따라 자기지분(탈퇴자의 현물출자분 및 출자 후 조합이 취득한 자산 중 탈퇴자의 지분을 말함)에 상당하는 대가를 잔여 또는 신규가입 조합원으로부터 받는 경우 그에 상당하는 지분이 사실상 유상으로 양도된 것으로 보며, 자기지분을 조합의 현물자산 그대로 반환받는 경우에는 양도로 보지 아니한다"[104]고 하여 분배를 지분양도와 동일한 맥락에서 조세효과를 부여해야 한다는 태도를 취하였다. 또한 이 같은 해석은 탈퇴를 전제로 한 것으로서 일종의 청산분배에 대한 것이나 비청산분배에도 그대로 적용 가능한 것으로 해석된다.

조합으로부터의 분배를 잔존조합원에 대한 조합지분의 양도로 파악하는 경우, 지분양도의 경우에서와 동일하게 개개의 조합재산에 대한 지분의 양도로 볼 것인지(집합적 접근), 아니면 조합재산 일체에 대한 포괄적 지분의 양도로 볼 것인지(실체적 접근)에 대한 견해의 대립이 있을 수 있다. 이 점에서

103) 이러한 문제점 외에, 高橋 교수는 입법기술적인 문제로서 분배 자산뿐만 아니라 조합에 존속하는 자산의 내재손익도 함께 고려하는 방법이므로 "총수입금액 - 필요경비"라고 하는 양도소득의 기본과세구조를 벗어나는 새로운 입법적 조치가 필요하다고 주장하고 있다. 高橋祐介, 前掲書(주85), 316-317頁 참조.

104) 재경원 재재산 46014-302, 1997.8.30.

우리나라의 판례는 일관되게 전자의 입장에 따라 조합 재산 개개에 대한 자기지분의 양도로 파악하였다.[105] 하지만 이렇듯 개개 자산에 대한 지분의 양도로 파악할 경우 조합의 재산은 토지, 건물 등의 부동산, 각종 사업용/비사업용 고정자산, 재고자산, 유가증권, 미수채권, 영업권 등 각종 자산의 형태로 구성될 수 있다. 이러한 자산(자산 중 피분배조합원의 지분 몫)의 양도에 따른 양도소득으로 볼 것인지, 아니면 사업소득으로 볼 것인지에 대하여 법원의 판단은 일치하지 않고 어떤 때는 양도소득으로, 어떤 때는 사업소득으로 판단하였으며 학설 또한 나뉘어져 있었다.[106] 만일 양도소득으로 본다면 양도소득이 발생한 원천이 되는 조합재산별로 따져서 양도소득과세대상 재산에 대한 지분의 양도에서 발생하는 소득만을 양도소득으로 과세하게 되며, 그 결과 사업소득의 경우보다 과세소득의 범위가 다소 좁아진다고 할 수 있다. 하지만 조합지분의 양도를 개개의 조합재산에 대한 지분의 양도로 파악하는 한 "조합의 지분양도에 따른 소득"을 "조합의 사업으로 인한 소득"과 동일시하는 것은 논리적으로 취하기 어려울 뿐 아니라 세수의 확보 이외에 달리 정책적 고려를 생각하기도 어려우므로 양도소득으로 파악하는 태도가 정당하다고 본다.

한편, 위에서와 같은 소득구분의 문제와 더불어, 소득금액 산정에 있어서

---

105) 대법원 1982.9.14. 선고 82누22 판결(동업으로 건물신축 분양 중 청산분배로서 받은 대가 중 출자액을 초과한 금액을 양도소득으로 판단한 사례), 대법원 1989. 10.24. 선고 89누3175 판결(동업으로 건물 임차 후 나이트클럽 운영 중 청산분배로 인한 소득을 부동산임차권 양도소득으로 판단한 사례), 대법원 1992.3.31. 선고 91누8845 판결(동업으로 공유수면매립사업을 하다가 청산분배로서 수취한 정산분배금을 사업소득으로 판단한 사례) 등 참조.

106) 사업소득으로 본 판결로 대법원 1992.3.31. 선고 91누8845 판결, 대법원 1995. 11.10. 선고 94누8884 판결, 양도소득으로 본 판결로는 대법원 1982.9.14. 선고 82누22 판결 및 대법원 1989.10.24. 선고 89누3175 판결. 사업소득으로 보자는 주장으로 김건일, 앞의 글(이 책 255쪽·주39), 381-394쪽, 양도소득으로 보자는 주장으로 윤병철, 앞의 글(이 책 255쪽·주39), 84-116쪽 참조.

분배금액 중에는 분배 전에 수행된 조합의 사업활동으로 인하여 이미 발생한 소득이 있는 경우, ①조합원에게 배분되어 이미 과세된 부분에 대해서는 비과세하여야 할 것이며, ②아직 과세되지 않은 부분은 일반적인 조합과세 원칙에 따라 사업소득으로 과세되어야 한다는데 별다른 異論이 없었다.[107] 또한 현물출자에 대해 자기지분 몫까지 양도소득 과세하는 점에 비추어볼 때 출자의 환급에 해당하는 부분 또한 당연히 비과세 된다.[108]

2. 동업기업 과세제도상의 분배에 대한 과세원칙

가. 현행법의 규정

동업기업 과세제도하에서는, 동업기업의 소득은 현실적 분배 여부와는 상관없이 동업기업의 과세연도 말에 각 동업자의 손익배분비율에 따라 배분(allocation)되어 해당 과세연도의 동업자의 소득으로 과세된다. 따라서 사후적인 동업기업 재산의 분배(distribution)는 원칙적으로 과세의 계기로 보지 않는다. 즉, 동업기업 과세제도 전반에 걸쳐 지분가액 제도를 도입한 것을 기초로 동업자가 동업기업으로부터 자산을 분배받는 경우 분배자산의 시가가 분배일의 해당 동업자의 지분가액을 초과하지 않는 한 과세되지 않는다.[109] 분배자산의 시가가 지분가액을 초과하면 동업자는 분배일이 속하는 과세연도의 소득금액을 계산할 때 그 초과하는 금액을 배당소득으로 과세한다.[110] 동업기업의 해산 등의 사유[111]에 따른 분배, 즉 청산분배의 경우 분

107) 같은 취지로서, 윤병철, 앞의 글(주106), 96쪽; 박훈·이은미, 앞의 글(이 책 106쪽·주43), 381쪽 참조.

108) 대법원 1986.6.24. 선고 86누111 판결

109) 조세특례제한법 제100조의22 제3항

110) 조세특례제한법 제100조의22 제1항. 따라서 이러한 배당소득을 지급하는 동업기업은 동 배당소득금액에 대한 원천징수 및 납부의무를 진다. 소득세법 제127조 제1항 제2호

배자산의 시가가 동업자의 지분가액에 미달하면 소득세법 제94조 제1항 제3호 또는 제4호 다목에 따른 자산(주식 등)의 양도손실로 보므로[112] 동업자의 다른 주식 및 출자지분 등의 양도소득에서 공제를 허용한다. 이와 같이 현행법은 그 동안 조합과세에 있어서 판례와 학설이 대립하면서 분배에 따른 소득의 구분 및 소득금액 산정에 있어서의 불투명했던 점들을 입법적으로 해결한 것으로 평가된다.

즉, 분배에 있어서 지분양도의 경우와 마찬가지로 기본적으로 실체적 입장에 따르되, 지분가액을 초과하는 분배에 대하여 출자금을 초과하는 회사로부터의 분배를 의제배당으로 여기는 소득세법 규정[113]과 맞추어 배당소득으로 구분하였다.[114] 또한 소득금액 산정에 있어서 시가를 기준으로 한다는 점을 분명히 함으로써 현물출자의 경우와 마찬가지로 장부가의 승계를 통한 과세이연을 허용하지 않는 것으로 평가된다. 특히 현금 외의 자산의 분배에 있어서 애초 입법논의 단계에서는 지분가액에서 분배자산의 장부가액을 차감하고 분배자산의 장부가액이 지분가액을 초과하는 경우 "지분가액을 분배자산의 장부가액에 비례하여 할당한 금액"으로 하는 결과가 나타나도록 취득가액을 조정하는 방식으로 과세를 이연하는 방안[115]이 유력하게 검토되었다.[116] 그러나 결국에는 현물출자를 출자자산 전부의 유상양도로 보는 입장과의 일관성을 유지하면서 과세규칙의 명확성을 확보하고 남용가능성을 차단하는데 유리한 시가방식이 채택된 것으로 판단된다.

---

111) 미국의 청산분배의 요건과 동일. 조세특례제한법 시행령 제100조의23

112) 조세특례제한법 제100조의22 제2항

113) 소득세법 제17조 제2항

114) 그 동안 판례에서는 양도소득이나 사업소득으로 파악하였다. 상기 각주 498 참조.

115) 이는 결국 미국의 교체기준가액(exchanged basis), 즉, 분배자산의 inside basis > outside basis인 경우 outside basis를 각 분배자산의 inside basis에 할당하는 방식과 동일하다.

116) 안종석, 앞의 글(이 책 78쪽·주40), 36쪽

나. 평가 및 입법적 대안

(1) 과세이연 불허 원칙에 관한 점

현행법은 자산분배에 따른 과세이연을 불허함으로써 동업기업으로의 出資 및 동업기업으로부터의 분배에 따른 과세이연을 통한 유연성을 희생하면서 과세규칙의 간명성과 조세회피의 남용방지를 우선적으로 추구하고자 하는 입법태도를 분명히 한 것으로 평가된다. 이러한 태도는 현금 이외의 자산의 분배에 대하여 장부가액 승계방식이 아닌 시가를 기준으로 소득금액을 산정함으로써 출자 시 출자자산 전부를 유상양도한 것으로 보는 입장과 앞뒤를 맞춘 것으로 볼 수 있다.

이러한 현행법의 태도에 대해서는 다음과 같은 문제점과 이에 따른 입법적 대안이 고려될 수 있겠다.

먼저 분배에 따른 소득금액 산정에 있어서 장부가액 대신 시가를 적용함으로써 분배를 그 때까지 동업기업 단계에서 발생한 자산의 미실현이익에 대한 과세계기로 삼고 있다. 하지만 이는 현물출자를 출자자산 전부의 유상양도로 보는 입장과 논리의 앞뒤를 맞춘 것으로 보이나 현물출자에 대한 과세상의 문제점이 분배에 있어서도 그대로 적용될 수 있다. 즉, 동업기업 자체를 납세의무자로 삼지 않고 투시의 대상으로 삼아 동업기업으로의 출자와 동업기업으로부터의 분배를 과세계기로 보는 경우에 발생하는 동결효과를 제거하고 동업기업 과세제도의 본래 목적인 기업활동의 유연성을 확보하자는 목표를 달성하기 어려워진다.[117]

이러한 문제점에 대한 대안으로서 미국에서와 같이 동업기업 단계의 분배

---

117) 이러한 비판에 대해서는, 양도손익의 기본성격을 자산이 소유자의 지배를 완전히 떠나서 다른 사람에게 이전하는 것을 과세기회로 삼아야 한다는 일종의 청산과세설에 입각할 때, 조합에 대한 출자는 이러한 지배의 최종적 이탈로 보기 어려우므로 이러한 출자와 조합으로부터의 분배에 대한 취급이 대칭적일 필요가 없다는 지적으로, 高橋祐介, 前揭書(주85), 317頁 참조

자산의 장부가액을 피분배동업자에게 그대로 승계시키거나 피분배동업자의 지분가액을 분배자산의 기준가액으로 대체하는 방식을 생각해 볼 수 있겠다. 이와 같은 방식의 장점으로는, 동업기업 단계에서 발생한 내재손익에 대해 현금 이외의 자산의 분배를 계기로 소득을 인식하지 않고 미실현손익인 채로 그대로 동업자에게 이전시킨 다음 동업자가 분배자산을 처분할 때까지 과세를 이연할 수 있다는 점이다. 이는 결국 동업기업의 분배에 있어서 조세상의 고려를 배제하는 효과를 거둘 수 있다는 점인데, 미국의 경우에서 보았듯이 이 경우 동업자들의 조세특성을 이용한 다양한 형태의 남용가능성과 이에 따른 복잡한 남용방지규정이 불가피하다는 단점이 있다.

이와 관련, 일본의 高橋교수가 제안한 방법은 상당히 주목할 만한데, 이 제안의 골자는 분배 전후의 내재이익의 변동액을 기준으로 내재이익(내재손실)이 감소하고 있는 자는 그 감소액만큼 내재이익(내재손실)을 인식하고 그렇게 인식한 금액만큼 분배 후 자산의 장부가를 증가(감소)시키는 방식[118]이다.

예를 들면, 甲과 乙이 100씩 출자하여 A주식을 30에, B주식을 170에 매입한 다음 A와 B 주식의 시가가 각각 150이 되었을 때 甲에게 A주식을 분배하고 청산했다고 가정하자. 먼저 분배에 따른 과세효과를 배제하고 분배 전후의 甲과 乙의 내재이익(내재손실)을 계산하면,

	甲		乙	
	분배 전	분배 후	분배 전	분배 후
A주식	60	120	60	0
B주식	-10	0	-10	-20

따라서 甲은 B주식의 내재손실이 10만큼 감소하므로 10의 내재손실을 인

118) 高橋祐介, 前揭書(주85), 313-315頁 참조. 유사한 방식을 제안하는 미국의 문헌으로서 Karen C. Burke, *supra* note 46, pp.723-726 참조.

식하고 B주식의 장부가는 동일한 액(10)만큼 감소하여 160이 되며, 乙은 A주식의 내재이익이 60만큼 감소하므로 60의 내재이익을 인식하고 A주식의 장부가는 동일한 액(60)만큼의 증가되어 90이 된다. 즉 분배에 따라 甲은 10의 내재손실을 인식하고 시가 150인 A주식에 대해 장부가 90을 승계하게 되며, 乙은 60의 내재이익을 인식하고 시가 150인 B주식에 대해 장부가 160을 승계하게 된다. 분배 직후 甲과 乙이 A주식과 B주식을 같은 시가(150)에 매각하면 甲은 60의 이익을 인식하며, 乙은 10의 손실을 인식하게 된다. 이러한 방식에 따를 경우 분배 시 내재손익의 일부만을 과세계기로 삼으면서 내재손익의 나머지 부분은 피분배동업자 및 잔존 동업자의 내재손익으로 그대로 유지시키는 결과가 된다. 이는 과세규정의 간소화를 추구하는 우리나라의 현행 제도와 과세이연을 통한 유연성 확보에 치중하는 미국의 파트너십 과세제도의 중간형태로 평가할 수 있다. 하지만 이러한 방식에 있어서도, 甲은 10의 손실 인식(분배 시) → 60의 이익 인식(A주식 양도 시)인데 반해, 乙의 경우 60의 이익 인식(분배 시) → 10의 손실 인식(B주식 양도 시)의 순서가 되어 甲과 乙의 조세특성에 따른 남용의 가능성을 남기게 되는 문제가 발생한다.

(2) 지분가액 초과분을 배당소득으로 구분한 점에 대하여

다음으로 현행법은 분배자산의 시가가 지분가액을 초과하는 경우 그 초과분을 배당소득으로 구분함으로써 공동사업장 과세제도하에서 이를 사업소득으로 보는 견해와 양도소득으로 보는 견해의 대립을 입법적으로 해결하였다. 애초 입법 논의단계에서 이를 사업소득으로 구분하자는 안이 유력하였으나[119] 그 초과액의 성격이 주식의 지분을 초과하는 출자의 환급으로서 소득세법 제17조 제2항에 열거된 각종 의제배당에 유사한 성격을 가진다는 점 및 사업소득이나 양도소득 모두 필요경비 공제가 가능하고 결손금이나 양도

119) 안종석, 앞의 글(주116), 36쪽

손실과의 통산가능성이 존재한다는 점 등을 고려할 때 배당소득으로 구분한 현행법의 태도는 동업기업 과세제도로 인한 조세일실을 염려하는 측면에서는 일응 수긍할 수 있다. 하지만 동업기업과 동업자 단계에서의 소득유형의 전환을 가능하게 함으로써 불필요한 거래를 유발할 수 있다는 문제점이 지적될 수도 있다.

예를 들어, 甲과 乙이 100씩 출자한 동업기업 甲乙(동)이 원가 100/시가 200인 토지와, 마찬가지로 원가 100/시가 200인 주식을 보유한다고 가정하자. 이 때 토지를 甲에게, 주식을 乙에게 분배하는 경우 甲과 乙은 각각 100의 배당소득을 인식하고(지분가액은 0으로 감소), 분배 직후 분배자산을 시가 200에 처분한다면 아무런 손익을 인식하지 않게 된다. 하지만, 만일 甲과 乙이 별도로 보유하는 토지 또는 주식 등에서 통산이 가능한 양도손실 등을 가지고 있다면 위와 같이 분배하는 대신 동업기업 단계에서 토지와 주식을 매각하여 이로부터 발생한 양도차익을 각각 甲과 乙에 배분한 다음(甲과 乙의 지분가액은 100에서 200으로 상승) 곧바로 甲과 乙에게 현금 200씩 분배하고 청산한다면 경제적 실질에서 분배 → 매각의 경우와 아무런 차이가 없는 거래가 동업자들의 선택(매각 → 분배)에 따라 때로는 양도소득으로, 때로는 배당소득으로 임의로 선택할 수 있는 자의가 개입될 우려가 있게 된다. 입법적 보완을 고려할 필요가 있어 보인다.

V. 소결

본 절에서는 미국의 파트너십 과세제도의 상세한 내용을 바탕으로 일본의 조합과세와 우리나라의 공동사업장 과세 및 동업기업 과세상의 분배에 대한 문제점과 개선방안을 모색해 보았다. 미국의 제도에서 알 수 있듯이, 투시과세제도상의 분배에 대한 과세원칙을 설계하는데 있어서 원칙적으로 과세이연을 허용하면서 손익의 인식여부와 방법, 손익의 특성과 관련한 복잡하기 짝이 없는 규정을 두고 있는 이유는 결국 분배에 따른 과세이연을 제공하여 투시과세 사업체의 경영의 유연성을 확보하고자 하는 취지이다.

분배에 관한 과세문제를 다루는데 있어서 핵심적인 사항은 결국 투시사업체 단계에서 발생한 미실현이익에 대해 분배를 과세계기로 삼아 과세할 것인지, 아니면 이를 과세의 계기로 삼지 않고 장부가액 승계방식 등을 통하여 과세이연할 것인지의 문제가 가장 핵심이다. 이에 대해 미국은 후자의 방식을 택하면서 이로 인해 야기되는 각종 조세회피가능성을 차단하기 위한 복잡한 남용방지 규정으로 구성되어 있는 반면, 우리나라의 동업기업 과세제도는 전자의 방식을 취하여 매우 단순한 과세구조를 띠지만 그 만큼 동업기업 활용에 있어서의 유연성을 희생시키고 있는 것으로 평가된다. 결국 이러한 입법적 대안 중에서 어느 쪽을 택할 것인지는 정책적 판단의 문제이기는 하나, 투시과세제도의 도입취지를 고려한다면 가능한 한 동업기업의 유연성을 살리는 쪽으로 입법적 개선노력을 기울일 필요가 있겠다. 이러한 개선을 실행하기 위한 핵심적 고려사항으로는, 동업기업의 손익에 대한 각 동업자들의 정확한 내재손익을 측정할 수 있도록 각종 배분(allocation) 규칙의 정비, 특히 자본계정 규칙의 정비가 필요하며, 동업기업의 구성 자산들에 대한 세무상 장부가액과 시가측정이 가능하도록 동업기업 회계제도의 정비 및 전산시스템의 확충, 동업기업으로의 출자, 배분, 지분양도 등과 관련된 규칙들과의 정합성의 확보 등을 들 수 있겠다.

제7절 소결

본 장에서의 논의를 정리하면,

투시과세 제도의 이론적 체계를 세우고 이에 따라 구체적인 과세방식을 설계하기 전에 먼저 고려할 사항은 이러한 투시과세 방식의 적용을 어떤 사업체까지 확대할 것인가의 객관적 적용범위 문제와 투시과세 사업체의 설립과 해산·청산에 있어서 조세부담을 덜어 줌으로써 이러한 사업체의 활용을 어느 정도까지 확대할 것인가라는 과세이연의 허용 여부에 대한 결정이라고 할 수 있다. 이 점에 있어서 미국은 C Corporation과 PTP 이외의 공동 사업체에 대해서는 전적으로 납세의무자의 선택에 맡기는 방식을 취하는 한편 이러한 사업체의 설립과 해산·청산에 있어서 출자 전 또는 청산(분배) 전 내재손익에 대해서는 폭넓게 과세이연을 허용하고 있다. 이를 통해 미국의 투시과세 제도는 소득세제 및 법인세제에 버금가는 소득세제의 중요한 축으로 역할을 하고 있으며, 실제 사업체의 활용 측면에서 투시과세 사업체는 법인과세 사업체를 압도하고 있는 실정이다. 이와 대조적으로 일본의 경우 법인격 유무를 잣대로 법인과세 또는 조합과세 여부를 결정하는 전통적 입장을 고수함은 물론 과세이연을 불허함으로써 투시과세 사업체에 대한 실무에서의 수요를 전통적 틀에 맞추어 매우 제한적으로 수용하고 있다. 이를 통해 비록 미국에서와 같이 독자적인 투시과세 체계를 구축하고 있지 않아 투시과세 사업체의 활성화라는 목표를 희생하면서 사법상의 원칙과 이에 입각한 전통적 소득과세 체계를 나름대로 일관하고 있다고 평가할 수 있다. 이에 반해 우리나라에서 새로 도입한 동업기업 과세제도는 그 객관적 적용범위에 있어서 법인격의 굴레를 벗고 미국의 방식에 따라 납세의무자의 선택을 대폭 확대하였음에도 불구하고 사업체의 설립과 해산·청산(또는 분배)에서 과세이연을 허용하지 않음에 따라 새로운 제도의 활용은 지극히 제한적일 수밖에 없는 구조를 취하고 있다. 동결효과에 대한 대응방안으로서 과세이연이 과연 적절한가에 대해 많은 논란이 있지만 실현주의를 소득세제의 일부로 인정하는 것이 불가피하다면 과세이연은 논리의 문제가 아니라 현실의 이해득실을 따져 결정할 문제이다. 법인과세의 본질에 비추어볼 때 법인과세의 폭을 줄이고 투시과세의 적용범위를 넓히는 것이 조세의 중립성 또는 효율의 측면에서 바람직할 뿐만 아니라 법인과세에서 현물출자에 대한 과세이연의 폭을 넓혀가는 추세 등을 감안할 때 동업기업 과세제도에서 과세이연의 허용을 전향적으로 고려할 필요가 있겠다.

투시과세제도의 전반적인 틀을 짜는데 있어서 집합적 접근방식과 실체적 접근방식은 이론적으로 일관된 과세체계를 세우는 측면과 집행상의 편의를 추구하는 측면에서 각각 장단점을 지니며, 현실의 세제에서 이 중 어느 하나에 전적으로 의존하는 데에는 뚜렷한 한계가 존재한다. 따라서 현실의 세제는 이 양자의 혼합과 절충일 수밖에 없다. 이 점에 있어서도 미국의 Subchapter K는 과세상의 효율과 공평을 나름대로 조화하고자 두 가지 접근방식 중 어느 한쪽에 치우지지 않으면서 양자를 적절히 혼용함으로써 독자적인 투시과세 체계를 구축하고 있는데 반해, 일본의 경우 조합의 사법상 성격에 기초한 집합적 접근방식을 대체로 일관함으로써 미국과 같이 독자적인 투시과세 체계를 구축하지 않은 채 전통적인 소득과세 체계의 틀 속에서 제도를 운용하고 있는 것으로 평가된다. 우리나라에서 새로 도입한 동업기업 과세제도는 지분가액 제도를 위주로 설립, 운영 및 청산의 제도 전반에 걸쳐 미국의 제도를 본받아 실체적 접근방식을 대폭 수용한 형태로 평가된다. 그러나 세제 전반에 걸쳐 과세이연을 일관되게 불허함은 물론 단일의 손익배분비율만 인정한다든지, 동업자-동업기업간 해당 영업의 용역거래에서 실체적 접근방식을 배제하는 한편, 과세의 공평을 추구하는 차원에서 미국이 취하고 있는 집합적 접근방식에 기초한 다양한 남용방지 규정은 도입하지 않음으로써 집행 편의성 이외에는 세제 전체를 꿰뚫는 일관된 원칙을 찾기가 어려운 것으로 평가되며, 지속적인 개선 노력이 필요하리라 본다.

제 4 장

결 론

이 책에서는, 먼저 사업체를 통해 번 소득에 대한 과세방법으로 법인세와 같이 사업체 자체를 독립된 납세의무자로 삼지 않고 사업체 단계의 손익 및 각종 조세특성을 그 사업체를 구성하는 구성원들에게 그대로 통과시키는 투시과세 방식이 역사적으로 어떻게 형성되고 발전해 왔는지를 살펴보았다. 그런 다음, 현실의 세제에서 이러한 투시과세가 수행하는 역할과 기능이 무엇인지를 밝히고 이러한 제도의 이론적 바탕과 그 취지를 달성하기 위하여 견지하여야 하는 제도 운영상의 원리가 무엇인지를 고찰하고 투시과세 사업체에 있어서 그 사업체의 설립, 운영, 구성원의 변동 및 청산의 각각의 단계에 있어서 과세상의 쟁점들을 고찰해 보았다. 연구의 방법으로는 이러한 투시과세 제도에 대하여 오랫동안 학계와 실무계에 걸쳐 가장 활발한 논의가 있어왔고 그 결과 가장 정교한 방식의 투시과세 체계를 구축한 미국의 세제를 주요 비교대상으로 하면서 역사적으로 우리나라의 공동사업장 세제에 영향을 많이 미쳤으나 미국식 파트너십 과세제도를 도입하지 않고 있는 일본의 조합과세 제도를 함께 비교·연구하면서 우리나라가 2009년부터 새로 시행에 들어간 동업기업 과세제도의 문제점과 입법상의 개선점을 찾고자 하였다. 이러한 연구의 결과 우리나라에서 투시과세 제도의 바람직한 개선 방안을 위한 제언을 정리하면 다음과 같다.

먼저, 현실의 세제에서 투시과세 제도가 갖는 올바른 정책적 지향점을 바로 세우고 이를 통해 이 제도의 활용 범위를 점차 넓혀나갈 필요가 있다는 점이다. 오랫동안 공동사업장 과세제도뿐만 아니라 동업기업 과세제도에 있어서 이러한 투시과세는 어디까지나 사업체 과세에 있어서 법인과세에 대한 보조적이고 부수적인 기능을 수행하는데 머물러왔다. 하지만 일정한 사업체에 대해 법인과세할지 투시과세할지 에 대한 판단에 있어서 법인격의 유무와 같은 선험적 교의(dogma)로부터 탈피한다면 결국 어느 쪽이 더욱 효율적인가라는 기준으로 구분할 수 있다. 또한 효율의 요체라 할 수 있는 조세의 중립성과 사적자치에 기초한 사업활동에서의 유연성 제고의 측면에서 볼 때 법인과세 방식보다는 투시과세 방식이 오히려 더욱 바람직하다고 평가할 수 있겠다. 이러한 입장을 견지한다면 투시과세의 적용범위를 논리필연적으로 민법상의 조합이나 상법상의 익명조합 또는 인적회사 등에 국한할 필요가 없다. 즉 유한회사나 주식회사와 같은 물적회사일지라도 투시과세의 적용에 따르는 세수감소 효과나 과세행정상의 부담 및 사업체의 납세순응비용이 수인할 수 있는 범위 내라면 투시과세를 허용하는 전향적 입법 자세가 요구된다고 볼 수 있겠다.

다음으로, 투시과세 제도는 실체적 접근방식과 집합적 접근방식의 혼용이 불가피하며, 이러한 이중적 성격으로부터 필연적인 결과로서 출자자산의 시가에 터잡은 출자자의 지분 몫, 즉 자본계정과 출자자산의 세무상 원가에 터잡은 출자자의 지분가액을 개념적으로 분리하여 별도로 유지·관리할 필요가 있다. 출자자의 지분에 대하여 자본계정과 지분가액이라는 두 가지 형태의 개념과는 별개로 사업체 자산에 대하여도 시가와는 별개로 각 자산에 대한 세무상 원가인 내부기준가액(미국의 inside basis)에 대한 별도의 유지·관리가 불가피하다. 우리나라의 동업기업 과세제도에 있어서 자본계정의 도입 없이 지분가액 제도만 들여온 태도는, 동업기업으로의 현물출자를 완전한 과세계기로 삼는 한편 동업자로의 자산 배분 또한 시가를 기준으로 지분가액 초과분에 대해 완전한 과세계기로 보는 규정들과 논리적으로 일관한다고 볼 수 있다(그 결과 미국식 inside basis의 개념도 당연히 불필요). 그러나 출자 및 분배에 있어서 어느 정도 과세이연의 기회를 제공하는 것이 투시과세 제도를 통해 달성하고자 하는 정책적 목표의 첫 출발점이자 제도설계상의 핵심적 요소임을 고려할 때 그 전제로서 자본계정 도입을 적극 검토할 필요가 있겠다.

투시과세 사업체의 설립에 대한 과세문제에 있어서 설립 시 현물출자에 따른 과세이연을 허용할 것인지의 문제는 이러한 투시과세 제도를 소득세제 전체의 틀 속에서 어느 정도의 폭과 비중을 가지고 운영해 갈 것인지에 대한 정책적 판단을 필요로 한다. 현물출자 시 과세이연을 불허하는 현행법의 태도는 이 제도의 적용대상이 되는 사업체의 설립과 운영을 활성화시키고자 하는 정부와 입법자의 정책목표[1]에 가장 큰 장애요인이라고 할 수 있겠다. 사업체의 설립이나 청산·재조직에 있어서 동결효과를 제거하기 위한 방법으로서의 과세이연이 과연 바람직한가에 대한 이론적 비판이 있다. 하지만 실현주의를 소득세제의 일부로 인정하는 것이 불가피하다면 과세이연은 논리의 문제가 아니라 현실의 이해득실을 따져 결정할 문제이다. 논점을 이렇게 잡는 경우, 현물출자에 따른 과세이연의 허용은 투시과세 제도를 사업체의 설립·운영·청산의 전 과정에 걸쳐 통일적이고 정합적으로 운영하는데 있어서 출발점이 되는 매우 중요한 요소라고 할 수 있으며, 이를 허용하는 쪽으로 입법상의 개선이 필요해 보인다. 또한 최근의 법인세법 개정을 통해 기업재조직 및 현물출자에 대한 과세이연의 허용범위를 대폭 확대하고 그 방법도 보다 직접적인 방식으로 개선한 점과의 형평을 고려하더라도 투시과세에서의 과세이연의 정당성은 더욱 커졌다고 볼 수 있겠다. 만일 현물출자에 따른 과세이연을 허용하는 경우 출자 전 내재손익의 사후적 실현에 따른 과세효과에 대한 입법상의 정비가 필요하다. 이는 결국 투시과세 사업체 단계에서의 손익의 배분(allocation) 및 출자자산의 분배(distribution)와 관련된 문제로서 배분 및 분배의 일반원칙과 조화를 이루면서 남용가능성을 차단하기

---

1) 정부는 동업기업과세제도의 도입배경으로 "기업과세를 선진화하고 조합 및 인적회사 설립을 통한 공동사업 활성화를 세제측면에서 지원"하기 위한 것이라고 밝힌 바 있다. 기획재정부, "동업기업과세특례의 이해", 2009.3.9., 1쪽 참조. 또한 국회는 이 제도의 도입배경으로 "기업과세의 선진화 및 지식기반 서비스업 등을 영위하는 인적회사의 발전토대를 마련함으로써 경제활성화에 기여"하기 위한 것이라고 밝힌 바 있다. 국회 검토보고(이 책 78쪽·주39) 54쪽 참조.

위한 입법적 조치가 함께 요구된다. 이와 함께 과세이연의 구체적인 방법으로 기준가액(및 보유기간)의 승계방식을 고려할 필요가 있으며 이 경우 시가와 세무상 원가의 구분 계리가 필요한데 이는 곧 자본계정 제도의 도입 및 내부기준가액의 유지·관리를 필요로 한다. 또한 노무출자에 대해서도 투시과세 제도를 활용하고자 하는 사업체가 대개 인적 색채가 강한 특성을 지닌다는 점을 고려할 때 노무출자에 대한 현실적 필요성이 적지 않다. 따라서 이에 대한 과세효과를 입법적으로 정비해 둘 필요성이 크며, 이는 이러한 노무출자를 이용한 조세회피 행위에 대응할 필요가 있다는 점에서도 그 의의가 있다고 할 것이다.

투시과세 사업체에서 발생한 손익 및 조세특성을 어떤 방식으로 구성원들에게 전달할 것인지에 대한 문제는 이에 대한 구성원들간의 합의, 즉 손익배분비율을 세법상 어디까지 인정할 것인가 하는 문제이다. 이는 결국 투시과세 제도의 정책적 지향점이라 할 수 있는 사업운영에 있어서의 유연성을 어디까지 허용할 것인가를 정하는 기준이 된다고 할 수 있다. 다른 한편 이러한 유연성을 폭넓게 인정하는 경우 필연적으로 수반하는 남용가능성에 대한 대책을 필요로 한다. 이러한 점에 있어서 우리나라의 제도는 단일의 손익배분비율만을 허용하는 입법적 태도를 보이고 있다. 이는 유연성이라는 투시과세 제도의 핵심적 가치를 희생시키면서 오히려 이 제도로 인한 남용가능성의 배제 및 과세행정상의 지나친 부담을 피하는데 정책적 우선을 둠으로써 우리나라의 투시과세 제도를 미국은 물론이고 일본의 제도에 비해서도 매우 취약한 형태의 투시과세 제도로 자리매김하고 있는 특징적 요소로 평가된다. 하지만 조세회피 가능성의 측면에서 볼 때, 우리나라의 세제가 취하고 있는 세율구조, 자본이득 세제구조, 배당성향 및 공세적 조세전략에 소극적인 납세의식 등을 고려할 때 다양한 손익배분비율을 허용하더라도 그 남용가능성은 매우 제한적이라고 평가할 수 있다. 그렇다면 우리나라에서도 투시과세 제도 본연의 장점을 살릴 수 있도록 좀 더 유연한 제도설계가 가능하다고 판단되며 그 출발점은 다양한 손익배분비율을 허용하는 방향으로 점차 확대하는 것이다. 한편 다양한 손익배분비율을 허용함으로써 예상되는 남용가능성을 차단하기 위해서는 일반적인 실질과세의 원칙, 증여의제 규정 및 부당행위계산 부인의 원칙에만 의존할 것이 아니라 자본계정 제도의 도입을 통한 이의 엄격한 유지 규정을 만들고 당사자들 간의 경제적 실질관계가 이러한 자본계정에 따라 형성될 수 있도록 관련 법령과 파트너십 회계제도를 정비할 필요가 있겠다.

투시 사업체 단계에서 발생한 부채에 대한 과세상 처리 기준을 분명히 제시함으로써 입법적 해결을 도모하는 것이 바람직하다. 투시 사업체 단계에서 차입을 이용해 자산을 취득하더라도 그 수익적 소유자가 바로 투시사업체라면 동 차입금은 자산의 기준가액에 가산하여야 하며, 감가상각에 따른 비용공제 또한 사업체 구성원들에게 전달되어야 하는 점은 불가피하다. 그렇다면 부채의 성격에 맞게 과세상 효과를 주는 것은 경제적 실질의 측면과 공평의 측면에서 불가피하다. 그런 점에서 구성원들의 인적 책임을 기준으로 recourse 부채와 non-recourse 부채로 구분하여 그 성격에 맞게 지분가액을 증감시키는 규정과 함께, 실질적으로 아무런 인적 책임을 지지 않는 non-recourse 부채를 통해 지분가액을 증가시킨 다음 이를 이용하여 가공 손실 또는 비용공제를 시도하는 조세은신처에 대한 규제 요건을 분명히 밝히는 것 또한 입법적 정비가 필요하다.

투시 사업체와 그 구성원간의 거래는 독립적인 제3자간 거래의 성격과 자기 사업을 직접 수행한다는 성격이 불가피하게 혼합되어 있다고 볼 수 있고, 이 중 어느 쪽으로 보는가에 따라 과세상 효과에 상당한 차이가 발생한다. 한편 이러한 거래가 어느 성격에 해당하는지에 대한 판단은 거래의 내용(기술적이고 제한적인 것인지 포괄적이고 사업수행에 필수적인 것인지 여부 등), 대가의 지급방식과 공정성, 거래의 대체가능성 등 거래의 전반적인 특성에 대한 분석을 통해 개별적으로 판단되어져야 할 사항으로서 입법상으로 그 판단기준을 분명히 제시하는 것이 바람직하다. 이와 함께 이러한 거래의 이중적 성격을 이용한 조세회피행위에 대처하기 위한 개별적 남용금지 조항을 마련하는 것도 필요하다. 하지만 현행 동업기업 과세제도에서와 같이 "동업기업이 영위하는 사업에 해당하는 용역"에 대하여 위에서 밝힌 그 거래의 여러 특성을 무시하고 무조건 제3자와의 독립적 거래 가능성을 배제하는 것은 바람직하지 못하며 입법상의 개선이 요구된다.

투시 사업체 지분의 양도 및 동 사업체 자산의 분배에 따른 과세원칙은 과세의 공평과 세무행정의 부담완화 및 납세의무 이행의 편의성 제고를 염두에 두면서 투시과세 전반에 걸친 집합적 접근방식과 실체적 접근방식 모두를 적절히 활용하면서 조화를 추구하여야 한다. 기본적으로 투시과세의 대상을 민법상 조합이나 상법상 익명조합을 넘어 상법상 인적회사 및 일부 유한회사나 각종 신종 투자회사에까지 확대시키는 추세에 비추어볼 때, 우리나라의 동업기업 과세제도가 실체적 접근방식에 따라 새로 도입한 지분가액을 지렛대로 삼아 지분의 양도차손익을 소득세법상 양도소득 또는 법인세법상 익금으로, 지분가액을 넘는 자산의 분배에 대해서 배당소득으로, 지분가액에 미달하는 청산분배에 대하여는 양도차손으로 각각 소득 구분하는 태도는 충분히 수긍할 수 있다. 하지만 이러한 입법적 조치로서 소득구분을 강제한 것은 세제의 명확성과 예측가능성을 제고시키는 긍정적 측면이 존재하지만 미국과 일본의 경우에서 보았듯이 이를 이용하여 소득유형을 전환시키는 남용의 우려가 있으므로 이에 대한 충분한 대비가 필요하며, 이와 함께 지분을 양수한 동업자나 피분배동업자 외의 잔존 동업자에 대한 과세상 왜곡이 발생하므로 이에 대한 입법적 해결 또한 필요하리라 본다.

오랫동안 우리나라에서 투시과세 제도는 공동사업장 과세제도의 틀 속에서 매우 제한적이고 초보적인 형태를 띠어 왔고 이로 인해 투시과세 본연의 기능과 역할을 수행하는데 근본적인 한계가 있었다. 이러한 문제의식에서 새로 탄생한 동업기업 과세제도는 여러 가지 측면에서 미국의 파트너십 과세제도를 매우 간결한 방식으로 받아들인 것으로 평가된다. 그러나 다양한 사업체의 설립과 운영에서 유연성과 사적 자치를 제고한다는 제도 본래의 정책적 취지에서 볼 때 제도 시행 초기임을 감안하더라도 지나치게 과세행정상의 사무부담의 완화 및 새로운 제도를 통한 남용가능성의 배제에 치중하고 있음을 부인할 수 없다. 그 결과 대부분의 과세상 쟁점에서 지나치게 경직된 입법태도를 벗어나지 못하고 있어 투시과세 제도로서 본연의 역할을 충분히 수행할 수 있을지는 매우 회의적이라고 평가할 수 있다. 전통적 사업조직 형태를 탈피하여 다양성과 창의성 및 가변성을 특징으로 하는 새로운 사업조직의 역할과 수요가 갈수록 커지는 경제 현실을 고려할 때 투시과세 제도가 본연의 기능과 역할을 충실히 수행할 수 있도록 좀 더 유연한 방식으로 제도의 틀을 갖추는 것이 바람직하다. 이를 통해 궁극적으로 경제의 효율을 증대시키는 한편, 이와 병행하여 보다 더 정교한 방식으로 구체적 상황에 따른 남용가능성을 줄여나가고자 하는 입법적 노력이 경주되기를 기대해 본다.

參考文獻

I. 국내문헌

1. 단행본

곽윤직, 『채권각론』, 박영사, 2003
곽윤직 편, 『민법주해(XIV) 채권(9)』, 박영사, 1992
이태로·한만수, 『조세법강의』, 박영사, 2009
이창희, 『세법강의』, 박영사, 2009

2. 논문

김건일, "내적조합의 세법상 취급", 대법원판례해설 통권 24호, 1995
김석환, "미국 소득세제의 기원에 대한 소고", 조세법연구 XV-2호, 한국세법학회, 2009
______, "동업기업 과세제도상의 자본계정을 통한 다양한 손익배분비율 허용 여부에 대한 고찰", 세무학 연구 제26권 제4호, 한국세무학회, 2009. 12.
박훈·이은미, "파트너십 과세제도 도입에 대비한 공동사업과세의 개선방안", 2007년 춘계학술발표대회 발표논문집, 한국세무학회, 2007
안경봉, "합자회사(LP), 유한책임회사(LLC)의 도입과 법적 문제점", 상사법연구 제25권 제4호, 2007
안종석, "파트너십 과세제도 도입방안", 한국조세연구원 정책토론회 자료, 2007. 6.
윤병철, "조합과세에 관한 판례연구: 출자, 지분양도 및 노무제공과 관련하여", 조세법연구 VIII-1, 한국세법연구회, 2002
윤지현, "동업기업 세제도입에 따른 기업형태별 적절한 과세방안에 관한 연구", 조세법연구 XIV-2호, 한국세법학회, 2008
윤현석, "새로운 기업유형의 도입에 관한 연구", 상사법연구 제23권 제1호, 2004
이용우, "동업기업 과세제도를 이용한 조세회피행위의 사례 및 그 규제방안에 대한 검토", 법원조세커뮤니티·한국세법학회 공동학술세미나 자료집, 2009. 9.
이은미, "조합의 과세에 대한 연구", 한양대 박사학위 논문, 2007
이정수, "미국 LLC, LLP제도의 도입과 세법상 대응", 조세법연구 XIII-2, 한국세법학회, 2007
이준규·이은미, "조세특례제한법상 동업기업 과세특례제도의 타당성에 관한 연구" 조세법연구 XIV-1호, 한국세법학회, 2008
______·______, "동업기업에의 출자와 관련한 과세상의 쟁점", 조세법연구 XIV-3호, 한국세법학회, 2008
이창희, "독일법상의 인적회사와 조합의 과세", 조세학술논집 제19집, 한국국제조세협회, 2003
______, "조합 및 회사의 설립과 자본출연 - 세법의 시각에서 본 법인격의 의의", 법학 제43권 제1호, 서울대 법학연구소, 2002
______, "미국법상 파트너십 세제의 정책적 시사점", 21세기 한국 상사법학의 과세와 전망(심당 송상현 선생 화갑기념논문집), 박영사, 2002
한국조세연구원, "파트너십 과세제도 TF 논의 결과", 정책토론회 자료, 2007. 6.
황인경, "인적회사의 과세방안", 조세법연구 XI-1호, 한국세법학회, 2005

II. 외국문헌

1. 단행본

ALI, Federal Income Tax Project: Subchapter K, 1984
___, Federal Income Tax Project, Taxation of Private Business Enterprises, 1999
Bank & Stark eds., Business Tax Stories, Foundation Press, 2005
Bishop & Kleinberger, Limited Liability Companies: Tax and Business Law, WG&L, 2003
Bittker & Eustice, Federal Taxation of Corporation and Shareholders, WG&L(7th ed.), 2006
Bittker & Lokken, Federal Taxation of Income, Estates and Gifts, WG&L(3d ed.), 2001
Burke, Karen C., Federal Income Taxation of Partners and Partnerships, West(3d

ed.), 2005
Cunningham & Cunningham, The Logic of Subchapter K: A Conceptual Guide to Taxation of Partnerships, West Group, 2006
Gunn & Repetti, Partnership Income Taxation, Foundation Press(4th Ed.), 2005
Lind, Schwarz, Lathrope, & Rosenberg, Fundamentals of Partnership Taxation, Foundation Press, 2005
McKee, Nelson & Whitmire, Federal Taxation of Partnerships and Partners, WG&L(3rd ed.), 1996
Seligman, Edwin E., The Income Tax: A Study of the History, Theory and Practice of Income Taxation at Home and Abroad, The MaCmillan Co.(1911) (Reprinted by Kessinger Publishing)
Streuling, Boyd & Heller, Federal Taxation of Partners and Partnerships, Pearson Education Canada(2d ed.), 1992
Wiedenbeck & Berger, Cases and Materials on Partnership Taxation, West, 1989
Willis, Pennell & Postlewaite, Partnership Taxation, WG&L(6th ed.), 1997 & Supp., 2007
江頭憲治郎,『株式會社法』, 有斐閣, 2006
高橋祐介, 『アメリカ·パートナーシップ所得課税の構造と問題』, 清文社, 2008
金子宏,『租稅法 第14版』, 弘文堂, 2009
森泉章,『新版註釋民法 (17) 債權(8)』, 有斐閣, 2003
神田秀樹,『會社法 第8版』, 弘文堂, 2006
須田徹, 『米國のパートナーシップ事業形態と日米の課稅問題』, 中央經濟社, 1995
我妻榮,『債權各論 中巻 二(民法講義·3)』, 岩波書店, 1962
竹內敏夫,『新精說商法』, 中央經濟社, 1975
中里實·神田秀樹 編著,『ビジネス·タックス』, 有斐閣, 2005
平野嘉秋,『パ-トナ-シップの法務と稅務』, 稅務硏究會, 1994
品川孝次,『新版註釋民法(17)』, 有斐閣, 2003
鴻常夫·河本一郎·北譯正啓·戶田修三 編,『新版商法(會社) 講義』, 青林書院新社, 1982

2. 논문

Alexander, Donald C., "Collapsible Partnerships", 19 Inst. On Fed. Tax'n 257(1961)

Anderson & Coffee, "Proposed Revision of Partner and Partnership Taxation; Analysis of the Report of the Advisory Group on Subchapter K (2d Installment)", 15 Tax L. Rev. 497, 498 (1960)

Andrews, William D., "Inside Basis Adjustments and Hot Asset Exchanges in Partnership Distributions", 47 Tax L. Rev. 3 (1991)

Bank, Steven, "Corporate Managers, Agency Costs, and the Rise of Double Taxation", 44 Wm. & Mary L. Rev. 167 (2002)

Berger, Curtis, "Whither Partnership Taxation", 47 Tax L. Rev. 105(1991)

Burke, Karen C, "The Uncertain Future of Limited Liability Companies", 12 Am. J. Tax Pol'y 13(1995)

____________, "Partnership Distributions: Options for Reform", 3 Fla. Tax Rev. 677 (1998)

Gergen, Mark P., "Pooling or Exchange: The Taxation of Joint Ventures Between Labor and Capital", 44 Tax L. Rev. 519 (1989)

____________, "Reforming Subchapter K: Contributions and Distributions", 47 Tax L. Rev. 173 (1991)

Hellerstein, Jerome R., "Mergers, Taxes, and Realism", 71 Harv. L. Rev. 254 (1957)

Jackson, Johnson, Surrey, Tenen & Warren, "The Internal Revenue Code of 1954: Partnerships", 54 Colum. L. Rev. 1183 (1954)

Jackson, Johnson, Surrey & Warren, "A Proposed Revision of The Federal Income Tax Treatment of Partnerships and Partner-ALI Draft", 9 Tax. L. Rev. 109 144-147 (1954)

Little, Paul, "Partnership Distributions Under the IRC of 1954 (1st Installment)", 10 Tax L. Rev. 161 (1954)

Postlewaite & Bialosky, "Liabilities in the Partnership Context - Policy Concerns and the Forthcoming Regulations", 33 UCLA L. Rev. 733 (1986)

Postlewaite, Dutton & Magette, "A Critique of the ALI's Federal Income Tax Project-Subchapter K: Proposals on the Taxation of Partners", 75 Geo. LJ. 423 (1986)

Rabkin & Johnson, "The Partnership Under the Federal Tax Law", 55 Harv. L. Rev. 909 (1942)

Snoe, Joseph, "Economic Realty or Regulatory Game Playing?: The Too many Fictions of the §752 Liability Allocation Regulations", 24 Seton Hall L. Rev. 1887 (1994)

Surrey, Stanley S., "Income Tax Problems of Corporations and Shareholders: ALI Tax Project - ABA Committee Study on Legislative Revision", 14 Tax. L. Rev. 1 (1958)

U.S. Department of Treasury, "Tax Reform for Fairness, Simplicity, and Economic Growth: The Treasury Department Report to the President, November, 1984"

Willis, Arthur B., "Distributions of Partnership Property and Payments to a Retiring or Decreased Partner", 1955 So. Calf. Tax Inst. 229

高橋祐介, "組合課税 - 簡潔·柔然·公平な組合課税の立法提案", 租稅法硏究 30号, 2002

________, "民法上の組合の稼得した所得の課稅に關する基礎的考察 - 課稅時期, 所得種類, 歸屬を中心に-", 稅法學 543号, 2000

________, "パートナーシップ持分の基準價格について", 稅法學 534号, 1995

________, "パ-トナ-シップからの分配と所得課稅", 岡山大學法學會 雜誌 52巻 1号, 2002

金子宏, "任意組合の課稅關係", 稅硏 125号

大渕博義, "任意組合による航空機リ-ス事業の損失は利益配當契約による雜所得の損失として損益通算を否認した課稅處分の可否(上)", 稅務事例 37巻 7号

武田昌補, "勞務出資と不平等配當", 稅經通信 05年 9月号

森信武樹, "新たな事業体と組合稅制", フィナンシャル·リビュ- 69号, 2003. 12.

________, "わが國における法人形態の多樣化と稅制の展望", 稅務弘報 52巻 3号

植松守雄, "講座所得稅法の諸問題 第18回 第1 納稅義務者·源泉徵收義務者(續17)", 稅經通信 43巻 3号, 1988

日本銀行金融硏究所, "組織形態と法に關する硏究會 報告書", 金融硏究, 2003. 12.

長谷部啓, "パス·スルー課稅のあり方 - 組合事業における組合員の課稅關

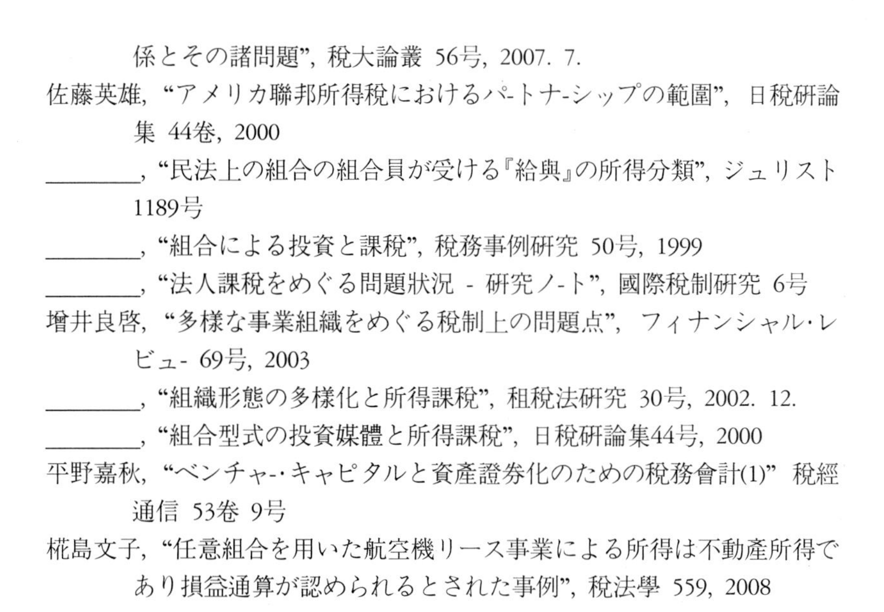

係とその諸問題", 稅大論叢 56号, 2007. 7.

佐藤英雄, "アメリカ聯邦所得稅におけるパ-トナ-シップの範圍", 日稅硏論集 44巻, 2000

________, "民法上の組合の組合員が受ける『給與』の所得分類", ジュリスト 1189号

________, "組合による投資と課稅", 稅務事例硏究 50号, 1999

________, "法人課稅をめぐる問題狀況 - 硏究ノ-ト", 國際稅制硏究 6号

增井良啓, "多樣な事業組織をめぐる稅制上の問題点", フィナンシャル·レビュ- 69号, 2003

________, "組織形態の多樣化と所得課稅", 租稅法硏究 30号, 2002. 12.

________, "組合型式の投資媒體と所得課稅", 日稅硏論集44号, 2000

平野嘉秋, "ベンチャ-·キャピタルと資産證券化のための稅務會計(1)" 稅經通信 53巻 9号

椛島文子, "任意組合を用いた航空機リース事業による所得は不動産所得であり損益通算が認められるとされた事例", 稅法學 559, 2008

찾아보기

B

B

D

E

F

G

L

M

N

O

P

김석환

고려대 법대 졸업
연세대 경영대학원 석사(회계학)
미국 Washington大(St. Louis) 법대 LLM 및 Tax LLM
서울대학교 대학원 법학박사
미국 뉴욕주 변호사
(주)하이닉스반도체 법무팀 및 이사회사무국 팀장
(現)강원대학교 법학전문대학원 조교수

파트너십 과세제도의
이론과 논점

초판 인쇄 | 2010년 11월 25일
초판 발행 | 2010년 11월 30일

저　　자 | 김석환
발 행 인 | 한정희
발 행 처 | 경인문화사
등록번호 | 제10-18호(1973년 11월 8일)
편　　집 | 신학태 김지선 문영주 정연규 안상준
영　　업 | 이화표
관　　리 | 하재일 양현주
주　　소 | 서울특별시 마포구 마포동 324-3
전　　화 | 718-4831~2
팩　　스 | 703-9711
홈페이지 | www.kyunginp.co.kr
이 메 일 | kyunginp@chol.com

ISBN 978-89-499-0749-9 94360
값 23,000원